U0896467

本书受国家资助博士后研究人员计划资助，为中国传媒大学中央高校基本科研业务费专项资金项目研究成果

中华优秀传统文化与视听传播

意义、话语和认同

翁旭东——著

人民日报出版社
北京

图书在版编目（CIP）数据

中华优秀传统文化与视听传播：意义、话语和认同 / 翁旭东著. -- 北京：人民日报出版社, 2025. 8.
ISBN 978-7-5115-8491-5

Ⅰ. K203; G206.2

中国国家版本馆CIP数据核字第202454DK77号

书　　名：中华优秀传统文化与视听传播：意义、话语和认同
ZHONGHUA YOUXIU CHUANTONG WENHUA YU SHITING CHUANBO：YIYI、HUAYU HE RENTONG
著　　者：翁旭东

责任编辑：刘　悦
封面设计：郭旭峥

出版发行：人民日报出版社
社　　址：北京金台西路2号
邮政编码：100733
发行热线：（010）65369527　65369846　65369509　65369512
邮购热线：（010）65363531
编辑热线：（010）65363105
网　　址：www.peopledailypress.com
经　　销：新华书店
印　　刷：三河市中晟雅豪印务有限公司
法律顾问：北京科宇律师事务所 010-83632312

开　　本：710mm × 1000mm　1/16
字　　数：283千字
印　　张：18.25
版次印次：2025年8月第1版　2025年8月第1次印刷

书　　号：ISBN 978-7-5115-8491-5
定　　价：79.00元

目 录

绪　论　中华优秀传统文化与视听传播

一、现代化进程中的传统文化与文化主体性

新旧世纪之交，费孝通先生基于对中国社会转型与民族文化发展的长期审视提出了“文化自觉”与“文化主体性”的学术概念，思考在中国社会“三级两跳”①的变迁与经济全球化的大潮中，我国文化应该如何被定位和发展，成为我国学术界在探讨关于现代化进程里中国传统文化继承与发展的若干问题的重要范式之一。在费孝通看来，“文化自觉”是一个民族对其文化全面、深度的了解，是对本土文化的来源、形成、特色以及发展趋势等方面的“自知之明”②。其目的是在明确文化权力归属的前提下，当本土文化与现代化诉求相矛盾时，能够能动、自主地进行转型与适应，从而“取得决定适应新环境、新时代文化选择的自主地位”③，这便是“文化主体性”的主要体现。

费氏命题的思想来源，是近代社会以降中国知识分子对于“中国往何处去”这一历史母题在思想文化领域的上下求索与代代追问。中西文化的全面碰撞自鸦片战争开始，并由此持续激荡。国人被迫开启救亡图存的现代化进程，中国文化的中心问题也从对“天人关系”的探讨转向对自身文化体系的

---

① “三级两跳”为费孝通先生对20世纪中国社会所经历的三种社会形态与两大转变的形象概括，其中“三级”指的是农业社会、工业化社会，以及20世纪90年代以来逐渐进入的信息社会，“两跳”指的是发生在三种社会形态之间的两次社会转型。

费孝通．经济全球化和中国“三级两跳”中的文化思考——在“经济全球化与中华文化走向”国际学术研讨会上的讲话 [J]. 中国文化研究，2001（1）：2-8.

② 费孝通．对文化的历史性和社会性的思考 [J]. 思想战线，2004（2）：1-6.

③ 费孝通．关于“文化自觉”的一些自白 [J]. 群言，2003（4）：18-21.

深刻反思，具体表现为围绕“古”与“今”、“中”与“西”开展的一系列探索与实践。从早期围绕器物与制度变革的“体用之辩”，到新文化运动振臂高呼的“以西化中”“全盘西化”；从中国共产党在推动马克思主义中国化时代化进程中积极开展的一系列改造和探索，到改革开放以来“文化热”“国学热”所引发的新一轮讨论和反思。这些探索归根到底是为了解决一个问题：是维系原有之文化认同，还是必须树立新的认同。而一种对待传统文化与现代化的基本立场在多种观点与力量的反复拉扯中也逐渐清晰，即努力对传统文化自身进行向内挖掘，从而寻找同现代化规律的接榫之处，在主动参与现代化的过程中重建自身文化个性。

高瑞泉指出，这场横亘于近一百八十年中国思想文化史上的“古今中西”之辩仍未终结[①]。如今我们依旧处于这一问题的历史延长线上。对于看待和理解冷战后的世界政治秩序，塞缪尔·亨廷顿（Samuel P. Huntington）以“文明冲突论”的论断为世人提供了一个极具挑战性的分析框架：文化的区别将超越意识形态、政治等成为形塑世界格局的决定力量。“文化与文化认同形成冷战后世界的结合、分裂和冲突模式”[②]，故西方文化与非西方文化之作用将成为时代主轴。尽管围绕亨氏观点的争论持续至今，但其唤起了 21 世纪以来人们对于文化因素的关注。着眼世界百年未有之大变局，经济全球化背景下多元文化与价值激荡交融，强势的现代西方文化与资本大量涌入。传统文化被蚕食、文化认同被消解的压力与日俱增。立足实现中华民族伟大复兴的战略全局，优秀传统文化是中华民族的根和魂，是中华民族于世界文化激荡中站稳脚跟的根基[③]。唯有深入挖掘、传承创新，才能培育好中华民族的精神家园，为中华民族伟大复兴的实现源源不断地提供文化养分与精神动力。在上述诸种困境、挑战与机遇之下，中国文化的主体性建构不可避免地

① 高瑞泉．动力与秩序——中国哲学的现代追寻与转向 [M]. 南宁：广西师范大学出版社，2019：2.

② 亨廷顿．文明的冲突与世界秩序的重建 [M]. 周琪，刘绯，张立平，等译．北京：新华出版社，2009：7.

③ 习近平在中共中央政治局第三十九次集体学习时强调 把中国文明历史研究引向深入 推动增强历史自觉坚定文化自信 [EB/OL]. 新华网．（2022-05-28）[2022-07-13]. http://www.news.cn/politics/2022-05/28/c_1128692207.htm.

承担着双重时代使命：既要做到推陈出新，推动传统文化的现代转型，也要重塑民族自信，强化当代国人的文化认同。

自党的十八大以来，中华优秀传统文化的继承与发展开启新的篇章。2013 年 12 月 30 日，“努力实现中华传统美德的创造性转化、创新性发展”的表述在第十八届中共中央政治局第十二次集体学习中提出①，此后在党和国家领导人的一系列重要讲话中得到不断强调与进一步发展。2017 年 1 月，中共中央办公厅、国务院办公厅印发《关于实施中华优秀传统文化传承发展工程的意见》（下简称《意见》），首次以中央文件形式推动延续中华文脉、传承中华文化基因，坚持创造性转化和创新性发展被明确为基本原则。《意见》从深入阐发文化精髓、贯穿国民教育始终、保护传承文化遗产、滋养文艺创作、融入生产生活、加大宣传教育力度、推动中外文化交流互鉴等方面进行重点任务部署，到 2025 年基本形成中华优秀传统文化的传承发展体系，文化自觉与文化自信得到显著强化。针对新闻传播领域，《意见》指出要“善于从中华文化资源宝库中提炼题材、获取灵感、汲取养分，把中华优秀传统文化的有益思想、艺术价值与时代特点和要求相结合，运用丰富多样的艺术形式进行当代表达”，“融通多媒体资源，统筹宣传、文化、文物等各方力量，创新表达方式，大力彰显中华文化魅力”②。2022年，党的二十大报告提出“全面建成社会主义现代化强国、实现第二个百年奋斗目标，以中国式现代化全面推进中华民族伟大复兴”的中心任务，在社会文化发展方面指出要“增强中华文明传播力影响力”，“加快构建中国话语和中国叙事体系，讲好中国故事、传播好中国声音，展现可信、可爱、可敬的中国形象”③。2024年，党的二十届三中全会进一步强调，传承中华优秀传统文化，加快适应信息技

① 习近平．提高国家文化软实力 [M]// 习近平谈治国理政·第一卷 .2 版．北京：外文出版社，2018：160–162.

② 中共中央办公厅，国务院办公厅．关于实施中华优秀传统文化传承发展工程的意见 [Z/OL]. 中国政府网．（2017–01–25）[2022–07–13].http://www.gov.cn/zhengce/2017–01/25/content_5163472.htm.

③ 习近平：高举中国特色社会主义伟大旗帜 为全面建设社会主义现代化国家而团结奋斗——在中国共产党第二十次全国代表大会上的报告 [Z/OL]. 中国政府网．（2022–10–25）[2023–05–1]. https://www.gov.cn/xinwen/2022–10/25/content_5721685.htm.

术迅猛发展新形势，培育形成规模宏大的优秀文化人才队伍，激发全民族文化创新创造活力[①]。

如何在新时期接续绵延至今的、关于传统文化现代化与文化主体性建构的历史性追问？怎样回答“优秀传统文化如何实现创造性转化与创新性发展”的现实问题？是当下学界上下求索的时代命题，更是构建中国自主知识体系的重要组成部分。而由数字媒体技术的井喷式发展而引发的信息传播模式变革，以及随之产生的对社会的形塑作用，则是我们在当下语境展开这一问题的探讨时一种不可忽视的关键变量。

二、信息网络社会与认同的变迁

安东尼·吉登斯（Anthony Giddens）将媒介的本质理解为关于社会建构的叙事，若脱离大众传媒，现代性认同的建构则无法实现[②]。信息网络社会的到来，使信息传播的核心过程得以重新塑造，特别是 Web 2.0 与 Web 3.0 技术分别掀起的读写交互与智能应用的变革浪潮，加速了传统大众传播模式的瓦解，更对整个社会意识形态的运作方式产生深刻影响。曼纽尔·卡斯特（Manuel Castells）在对信息社会的分析中所体察到的“认同的力量”正越发显见。

当下，社会化信息网络以开放的结构与操作利用上的便利性，激活了民间场域中的生产力与创造力，更大程度实现了用户在自我表达、信息传播、内容生产与消费上的自主性，是大众传播模式转向卡斯特所说的“大众自传播”模式（mass self-communication）[③]的分水岭。这种媒体生态的重组正深刻影响着当代文化认同的发展轨迹。第一，不同于大众传播清晰的“一对多”单向层级结构，信息传播结构已演化为一种吉尔·德勒兹（Gilles Deleuze）

① 中共中央关于进一步全面深化改革 推进中国式现代化的决定 [Z/OL]. 中国政府网 .（2024-07-21）[2024-08-04]. https://www.gov.cn/zhengce/202407/content_6963770.htm.

② 吉登斯 . 现代性与自我认同 [M]. 赵旭东，方文，王铭铭，译 . 北京：生活·读书·新知三联书店，1998：29.

③ 卡斯特 . 传播力 [M]. 汤景泰，星辰，译 . 北京：社会科学文献出版社，2018：1.

所认为的“块茎[①]式”网络（rhizome），其中任何主体都能作为传播节点相互连接，每个节点都有可能形成一个新的网络，整个网络始终处于不断繁殖、向往无限延伸的状态，呈现出去中心、去边界、多元异质的特征。大众媒体在信息传播中的绝对中心地位被瓦解，无法再用一种声音来实现均质化的大众认同。第二，4G、5G 技术的普及使互联网络与智能手机进一步联姻，虚拟的赛博空间得以向现实社会深度渗透。“真实虚拟”（real virtuality）成为当下网络空间的重要特征，通过虚拟而构建起的象征环境成为人们感知真实的日常路径。吉登斯所言的“脱域”（disembeding）问题正成为普遍现象，社会关系在通过时空穿越的重新建构中同地域性的关联与互动相脱离[②]。地域、国家、民族等传统观念被淡化，基于个人兴趣爱好的趣缘关系成为缔结认同的重要因素。第三，易得（甚至免费）、操作简单的数字媒体技术极大释放了网络信息的生产力，人人都有麦克风，人人都可以随时制作和发布内容。传统媒体把握的大众文化不断受到更具活力与多样性的民间亚文化的冲击。信息生产主体的多样化，文化内容的极大丰富，带来的是文化自主性与选择性的空前膨胀。用户个性化的消费诉求不断高涨，文化认同的标准和类型无疑呈现出差异化、多元化的发展趋势。特别是青年群体更主动参与到文化认同的建构当中，有意识地运用媒介技术提升自身话语权。

在技术乐观派积极拥抱信息传播技术为数字参与和网络赋权所带来的无限可能性[③]的同时，随着互联网大发展而产生的新的问题与风险则从另一个侧面展现出其对认同的影响。传媒产业以个人为核心，围绕用户的个性化

① 在植物学意义上，“块茎”指半夏、马铃薯等植物的地下变态茎，往往在土层中不规则地匍匐蔓延，并不断在地面生成新的枝蔓。德勒兹将这一术语引入他与费利克斯·加塔利（Félix Guattari）对西方哲学的后现代主义思考中。德勒兹认为，西方社会自古希腊时代以来所形成并长期实践的是一种二元对立的、结构化的树状思维，这种思维方式简化了人类对事物的认识，限制了人类思想的发展，应以多元连接、异质共生的块茎思维取而代之，从而形成一种发散性的思维创新。参见德勒兹，加塔利．资本主义与精神分裂（卷 2）：千高原 [M]. 姜宇辉，译．上海：上海书店出版社，2010：2.

② 吉登斯．现代性的后果 [M]. 田禾，译．南京：译林出版社，2000：18.

③ 参见詹金斯．文本盗猎者：电视粉丝与参与式文化 [M]. 郑熙青，译．北京：北京大学出版社，2016；BURGESS J，GREEN J. YouTube: Online Video and Participatory Culture[M]. John Wiley & Sons, 2018; BRUNS A. Blogs, Wikipedia, Second Life, and Beyond: From Production to Produsage[M]. Peter Lang, 2008.

逻辑组织生产与服务。媒体一方面最大限度争取获得“全民生产”的信息内容，一方面致力于最大限度满足用户对内容与服务的个性化定制①。在这一逻辑下，媒体平台与个性化算法得到快速发展，并为人们的媒体使用带来极大便利。然而这也导致用户在算法的投喂下只关注自己选择的或自己感兴趣的内容，久而久之桎梏于“信息茧房”，对其以外的世界缺乏了解。与此同时，相近声音的不断重复催生“同温层效应”，使人们更容易认同自己所频繁接触到的观点与立场，并进一步固化。如此，在进行公共对话的时候，人们很难在各自封闭与狭隘的信息环境中达成意见的“最大公约数”，因此共识性认同也难以达成②。

卡斯特认为，“对于集体或个人认定与建构之认同的追寻，成为社会意义的基本来源”③，这成为信息化范式的基本特征之一。在信息化时代，意义的建构不再是单向主导的，而是在多元主体与多元认同的互动、选择中实现的。这无疑也暗示了一种权力的流动，其正由机构、组织和符号控制者之手扩散至符号与影像之中。优秀传统文化的现代性媒体建构，正是在媒介生态所缔造的新的文化范式中展开的，一场卡氏意义的“围绕社会文化的符码的无休止战斗”，其发挥作用的场域就是人的“心灵”④。在彼此走向区隔的个体与群体间实现广泛连接，在多元认同的喧嚣与驳杂中有效整合形成共识与共鸣，从而为中华优秀传统文化这一极具规模性的核心文化认同提供有益的再生产，这是我国走向深度融合的主流媒体所面临的，也必须解决的现实问题。

三、媒体深度融合与中华优秀传统文化视听传播实践

2024 年，媒体融合发展作为国家战略已进入第十一个年头。可以较为

① 袁瑾．媒介转型与当代认同性的变迁 [J]. 华南农业大学学报（社会科学版），2011，10（1）：120–125.

② 彭兰．假象、算法囚徒与权利让渡：数据与算法时代的新风险 [J]. 西北师大学报（社会科学版），2018，55（5）：20–29.

③ 卡斯特．网络社会的崛起（信息时代三部曲：经济、社会与文化·第一卷）[M]. 严铸九，王志弘，译．北京：社会科学文献出版社，2001：3.

④ 卡斯特．认同的力量 [M] 曹荣湘，译 .2 版．北京：社会科学文献出版社，2006：416.

清晰地观察到，主流媒体融合创新的实践侧重点已由转型初期的以技术赋能为重点，转向融合深水区的以内容建设为根本。融到深处，回归内容。当制约融媒体建设的硬件因素随多轮基础设施建设与“军备”竞赛而不再突出时，新时期下主流媒体生存与发展的重心重新回到软实力的建设与较量之上。技术革新、政策调整、组织形态、宏观体制等均成为内容生产的驱动要素①。这一重点的明确亦可见于政策话语的变迁中。对比中共中央办公厅、国务院办公厅于 2014 年与 2020 年联合印发的《关于推动传统媒体和新兴媒体融合发展的指导意见》与《关于加快推进媒体深度融合发展的意见》，后者直接围绕内容建设进行全媒体传播体系的建设部署，着重强调，“推进内容生产供给侧结构性改革，更加注重网络内容建设，始终保持内容定力，专注内容质量，扩大优质内容产能，创新内容表现形式，提升内容传播效果”②。高质量内容建设成为主力军全面挺进主战场、占领传播新阵地的重要目标。

从短视频到网络直播，从可视化交互报道到全景叙事，“大视听”③作为媒体内容建设主要发力点的实践逻辑越发清晰。深度融合发展进程中，无论是主流媒体还是商业平台，都在以视听为核心搭建内容生产模式④，并谋求新的创新突破点。在主流媒体对视听化内容产品的集中发力与精心耕耘下，诞生了一批批兼具信息量、可看性、文化性与社会价值的“爆款”产品，在信息服务、文化创新、价值引领等方面取得可观的成果。这些宝贵的技术和经验积累也极大地推动了中华优秀传统文化的视听建构与传播。从全民关注的《中国汉字听写大会》，到网友自发宣传的《唐宫夜宴》；从以个性和创意征服青年受众的《如果国宝会说话》，再到以传统文化元素引爆热点的中央广播电视总台（以下简称“总台”）龙年春晚……传统文化类视听内容异军突

① 严三九．中国传统媒体与新兴媒体内容融合发展研究 [J]. 新闻与传播研究，2017，24（3）：101-118，128.

② 中共中央办公厅 国务院办公厅印发《关于加快推进媒体深度融合发展的意见》[EB/OL] 中国政府网．(2020-09-26) [2022-07-18].http://www.gov.cn/xinwen/2020-09/26/content_5547310.htm.

③ 高宪春．构建“大视听”新媒体——论媒体融合背景下广电媒体发展着力点 [J]. 电视研究，2017（11）：41-44.

④ 曾祥敏，刘思琦．视频化传播为核心的深度融合探索——2022 年总台全国两会报道的创新实践思考 [J]. 电视研究，2022（4）：4-8.

起，成功引爆大小屏收视热潮，更激发了网络用户二次创作与体验参与的热情。屏幕内外刮起的“国风”热，成为当下社会文化的一大突出现象，为中华优秀传统文化在当下的创新与传承描绘出一种全新的想象力。

可以说，深度融合背景下的视听传播深刻影响着中华优秀传统文化在今天的传承与创新：其再造了中华优秀传统文化的媒介景观，并在网络圈层与多元认同的张力中努力进行着内容消费与媒介参与的广泛动员。中华优秀传统文化作为一种新的文化生态正重新走进日常生活的场域之中。立足中华优秀传统文化现代化转型与传播模式变革的经纬之间，扎根传统文化类视听内容由屏幕“清流”迈向引领“主流”的媒体文化实践，中华优秀传统文化如何在社会化传播的新语境中得以建构，面向青年群体，特别是“Z世代”的文化认同如何凝聚，这些问题应当得以更为深入、系统地体察与认识。

四、本书的研究内容与框架结构

在对时代背景与传播生态的层层辨析中，科学系统地考察、认识当下中华优秀传统文化的传播实践活动与实际认同情况的价值不言而喻。尽管围绕中华优秀传统文化传播展开的相关研究正不断在学界涌现，但就针对目前已有成果的整体性分析来看，新闻传播学科视域下的中华优秀传统文化研究仍是一项正在进行的“探索性工程”，需要更为系统的理论探讨和科学的方法研究来搭建起相对独立的知识体系，这是一个学术领域成长为一门成熟的学科应具备的基本条件[①]。鉴于此，本书尝试将话语的研究进路引入对于中华优秀传统文化视听传播研究当中，依托话语理论在认识论与方法论两个维度的优势与借鉴，充分结合我国以推动中华优秀传统文化创造性转化与创新性发展为目标的视听传播活动的本土经验与实践，以期拓展、完善中华优秀传统文化视听传播研究的理论话语和方法体系，在超越一般经验探索、深化基础理论的探索上有所贡献。

本书从人们当前日常生活中最常见，也接触最多的传统文化类媒介内容

① 刘涛．视觉修辞学 [M]. 北京：北京大学出版社，2021：33.

形态着手，聚焦以传承和弘扬中华优秀传统文化为主题的电视节目与网络短视频，兼顾 H5、VR 等多元视听内容形态。从话语的理论视角出发，研究将主流媒体对上述类型的中华优秀传统文化视听内容的生产传播视为一种典型的主流话语实践，围绕代表国家声音的主流媒体与社会民众在话语实践中的互动这一视角，挖掘、揭示该话语实践体系内部的运作机制与认同效应的生成机理。

在篇章结构上，本书主要分为上下两部分，各包含四章内容。上篇包含一到四章，从认识论的维度探讨对中华优秀传统文化视听传播活动的理解方式，揭示传播过程中的基本意义机制与认同原理，尝试通过对该研究命题的重新锚定与再理论化形成一套成体系的分析框架。在此基础上，进一步讨论方法论层面的操作性问题，提供通向视觉文本与话语互动分析的研究路径与操作方法。下篇覆盖五到八章，基于上篇四章构建的理论体系与方法体系，立足中华优秀传统文化视听传播的客观实践与典型案例进行实证分析。该部分首先从历史发展的视角对中华优秀传统文化视听传播的话语实践流变与现实社会情境进行纵向的分析，之后从构成中华优秀传统文化视听传播过程的三大环节——话语生产、话语流动以及认同建构依次展开横向分析。也就是说，在上篇构建起的学术范式的引导下，下篇从不同历史阶段、不同传播环节、不同主体视角深入媒体专业实践与受众日常消费的行动探微之中，在实证化分析与论证中提炼、构建关于中华优秀传统文化视听化传播的一种系统知识观与本土方法论。本书的总体框架结构见表 0–1。

表 0–1　本书总体框架结构

总体问题	基本结构	核心问题	具体章节
概述	绪论	研究意义与价值	绪　论　中华优秀传统文化与网络传播
如何理解、分析中华优秀传统文化与视听传播	上篇 重新锚定中华优秀传统文化视听传播研究	研究现状	第一章　中华优秀传统文化视听传播的研究全景
		意义原理	第二章　重点概念重访
			第三章　话语理论分析范式与媒介传播研究
		分析进路	第四章　作为话语实践的中华优秀传统文化视听传播

续表

总体问题	基本结构	核心问题	具体章节
中华优秀传统文化视听传播客观实践与热点现象的实证分析	下篇 中华优秀传统文化视听传播的实践逻辑与认同建构机制	实践语境	第五章　中华优秀传统文化视听内容的话语流变与历史语境
		意义生产	第六章　中华优秀传统文化的视听表征与意义生产
		话语互动	第七章　“破圈”与连接：传播主体的行动逻辑
		认同建构	第八章　网络用户群体的媒介参与与认同塑造
	结语	总体作用机制	结　语

（一）上篇：重新锚定中华优秀传统文化视听传播研究

上篇从整体研究现状、核心概念界定、话语理论的研究范式等多个维度对中华优秀传统文化视听传播研究进行重新定位，为本书所开展的研究标定原点，锚定研究的认知方向与分析进路，基于话语理论重新构建整体性的理论框架。上篇共包括四章内容。

第一章采用文献计量学的方法，通过科学知识图谱的绘制分析关于中华优秀传统文化视听传播的已有研究成果，挖掘当前文献的研究重点分布与近 20 年的演变趋势，识别出当前中华优秀传统文化视听传播研究的五个主要分析维度，指出理论品质、实证品格与分析系统性是该研究领域需进一步提升强化的着力点。第二章依托文献梳理，对本研究涉及的重点概念逐一廓清内涵，包括中华优秀传统文化、创造性转化与创新性发展、视听传播、话语、认同等重要概念。通过对这些概念定义的理论重访与深入探讨，为划定相对清晰的研究范围、准确思考和理解传统文化视听传播过程中的各种现象创造前提条件。第三章对话语分析展开学术史考察，介绍、阐释作为话语研究领域最新发展成果的第三代话语分析，由作为意义 / 再现的话语与以社会作为语境的两个核心观点切入，重点把握宏观的话语理论分析的概念体系与理论逻辑，探讨、论证其引入我国本土新闻传播研究领域的可能性。第四章基于话语理论分析的概念逻辑体系同我国视听传播发展与中华优秀传统文化创新发展的实际关切，将主流媒体对上述类型的中华优秀传统文化视听内容的生产传播理解为一种典型的主流话语实践，并围绕本研究的中心问题，构建起涵盖内容生产、传播运营、用户参与在内的全流程分析模型，同时形成一套质性为主、混合探索、具有系统操作性的实证分析工具包。

（二）下篇：中华优秀传统文化视听传播的实践逻辑与认同建构机制

在上篇提出的分析框架与方法体系的指引下，下篇扎根中华优秀传统文化视听传播的客观实践进行实证探究。该部分内容先从历史语境的角度进行历时性分析，之后转向兼顾内容生产、传播运营、用户参与的共时性考察，通过话语建构、话语互动以及认同建构的理论审视，将中华优秀传统文化视听传播的各个环节整合为意义流动的整体进行动态分析。下篇共包括四章内容。

第五章采用麦克卢汉“后视镜”的分析方法，在充分占有文献与历史资料的基础上，对中华优秀传统文化类电视节目到新媒体视听内容的发展历程做发生学式考察，从而建立起对于整体性历史语境流变的认知链条。在梳理、分析其发展变革与历史条件的同时，本章也对各发展阶段的话语特征与流变轨迹进行勾画。走向日常生活的传统文化视听传播从 20 世纪 80 年代兴起至今共经历了四个主要时期，整体呈现螺旋上升的发展态势。传统文化视听内容由偏安一隅的电视文艺节目逐渐走向社会文化和国家战略的舞台中心，其传播逻辑也由早期的精英式宣讲到过度倚重市场需求最终转变为强调唤起社会个体的主动认同。第六章从话语内部的意义接合实践着眼，考察在主流话语中中华优秀传统文化的形象与意义如何得以建构。研究借助质性分析工具 MAXQDA 对 2020—2022 年兼具较强代表性与传播影响力的 78 个传统文化视听内容文本进行扎根分析，挖掘出民族性、生命力和时代性三个核心的话语性节点，在关于中华优秀传统文化的话语接合活动中实现对中华优秀传统文化意义与内涵的相对固定，由此形成中华优秀传统文化视听转化与创新的内在语法。第七章解决的是作为主流话语的中华优秀传统文化视听内容如何同作为认同召询客体的受众建立连接，并在其日常生活中获得可见性的问题。该章就时下学界、业界关注的“圈层”概念进行思辨性认识，在半结构访谈（semi-structured interview）的基础上，萃取凝练传播主体在推动中华优秀传统文化视听内容“破壁出圈”过程中所践行的主要行动逻辑，并尝试通过定性比较分析的方法探索中华优秀传统文化视听内容可能实现高热度传播的有效条件组合。第八章将视角转向既是认同召询客体也是参与式文化实践与话语表达主体的网络用户，解析、厘清认同所包含的认知共识、情感共鸣与群体性行动的三个维度，并通过两组具有典型代表性案例的分析，在具体情境中对认同的效应机制做了更为细致、深入的描述与阐释。

本书结语部分在回顾、梳理各章研究发现与观点的基础上，构建起整体的阐释模型，描述、勾勒当前中华优秀传统文化视听传播话语实践的总体机制，同时就现存矛盾关系所形成的张力结构进行认识与反思。

第一章　中华优秀传统文化视听传播的研究全景

第一节　基于文献计量学的研究设计

一、文献计量学视角：科学知识图谱

文献综述的工作旨在以科学的方法尽可能详尽地检索、搜集与研究课题相关的已有学术成果，通过对几十篇甚至上百篇文献的研究发现、存在问题与争论焦点的梳理与归纳，研究者能够深入某一特定领域并对其基本情况形成理性认识，从而在前人研究的基础上发现新的学术生长点，科学确立自己的研究问题。从某种意义上讲，"越多越好""越全越好"是研究者在文献工作的实践中形成的一种默契，更是孜孜以求的理想目标。我们通常使用的文献方法是"以自身作为工具"，研究者需要大量甚至穷尽式地搜集学术文本，并通过自己的阅读理解进行提炼与分析。然而受课题周期、研究者时间精力等客观因素所限，研究者很难对搜集到的所有文本进行阅读分析，实际操作中往往是在所搜集到的文本中进一步拣选代表性资料研读。这一拣选标准连同对文献的理解和判断，不免受到研究者主观因素的影响。如此，文献工作犹如暗室里的火把，对已有研究现状的认知可能产生一定的偏差与局限。回到本文的具体研究情境中，深度融合背景下中华优秀传统文化的视听建构是近年来的一种新兴文化实践，也是当下新闻传播学科中的热点，对其的研究兴趣与热情在短时间内集中迸发，总体来看文献的体量较大。同时这一领域中的学术观点较为模糊，研究背景相对驳杂，而且尚未出现较为全面的综述类文献可以参考借鉴。这些现实情况也要求研究者对相关研究的整体实际做

一次全面、系统的分析与把握。

基于以上几点考量，本书在文献综述的工作中引入文献计量学的视角。文献计量学是基于文献学与情报学发展而来的一门交叉学科，其以定量的视角对知识载体进行梳理和分析[①]。在具体方法上，研究采用科学知识图谱（mapping knowledge domains）的方法，以知识域（knowledge domain）为对象，以图谱的形式将知识单元或知识群间的网络、结构、交叉、互动等复杂关系进行可视化、序列化呈现[②]。分析软件选择CiteSpace，该软件工具由学者陈超美设计，是时下较为常用的知识图谱绘制软件（图 1-1）。该工具的优点在于能够对知识的发展态势、研究热点、合作关系等关键信息进行深入挖掘，且操作相对简便，可视化效果好。自 2005 年引入中国后，CiteSpace 工具得到广泛的使用。科学知识图谱方法的使用主要集中于管理学领域，在教育学、社会学亦有所分布[③]。近年来，这一方法也逐渐引起新闻传播学界的关注，但应用的规模相对较小。

二、数据来源

鉴于研究对象为“中华优秀传统文化视听传播”，在对国内外文献进行初步检索和调查后发现，由于该选题较新，且具有突出的本土性、情境性，加之国内外学者在地域、文化以及研究兴趣偏向等方面存在客观差异，外文文献中鲜见同中华优秀传统文化创造性转化与创新性发展、推动相关视听内容优化创新的相近研究。故本研究的文献综述工作主要着眼于国内学术界，选取中国知识基础设施工程项目“中国知网”作为科学知识图谱绘制的数据来源。对传统文化的视听传播研究进行检索。检索条件设定为：主题 =（“优秀传统文化”+“传统文化”+“中华文化”）*（“视听传播”+“视听”+“节

---

① 潘佳宝，喻国明 . 新闻传播学视域下中国舆论研究的知识图谱（1986—2015）——基于文献计量学的研究 [J]. 现代传播（中国传媒大学学报），2017，39（9）：1-11.

② 陈悦，陈超美，刘则渊，胡志刚，王贤文 .CiteSpace 知识图谱的方法论功能 [J]. 科学学研究，2015，33（2）：242-253.

③ 同上。

目”+“内容”+“产品”）；学科 = 新闻与传播。检索范围设定为“学术期刊”“学位论文”“学术辑刊”三个数据库。共得到中文文献 6800 条，含期刊文章 4381 篇，硕博士学位论文共 2361 篇，辑刊论文 58 篇。对数据样本进行清洗后获得有效样本 5975 篇。对于研究文献的检索与整理共经历三次。首次检索时间为 2022 年 2 月 26 日，第二次检索时间为 2022 年 7 月 19 日，2024 年 1 月 12 日第三次更新。上述检索结果均为第三次更新、完善后的数据。

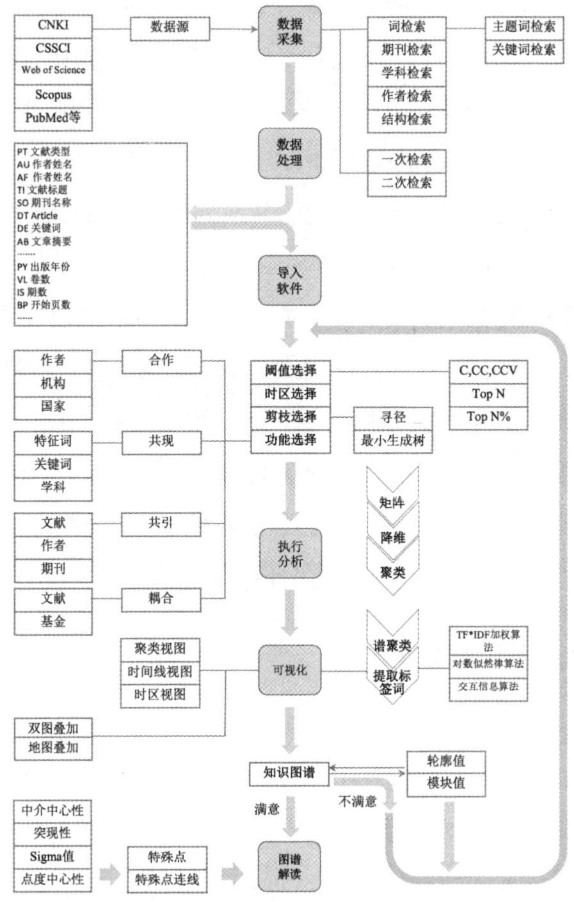

图 1–1　CiteSpace 科学知识谱图绘制流程[①]

① 图片参照陈悦、陈超美、刘则渊、胡志刚、王贤文《CiteSpace 知识图谱的方法论功能》论文中“图 3 CiteSpace 的应用流程”重绘，并根据 CiteSpace5.8.R3 版本实际使用做适当调整。

第二节　科学知识图谱的绘制与分析

将中国知网上有关中华优秀传统文化视听传播研究的 5975 条有效样本数据以 Refworks 的格式导出，输入 CiteSpace（5.8.R3 版本）转化为软件可识别格式。每组数据序列主要包括对应文献的题目、作者、机构、出版刊物、关键词、摘要等信息。在系统中设置分析的时间范围为 2003 年 1 月到 2023 年 12 月，数据切片的时间单位设置除个别环节中作出特别设置外，均以一年计算（Years Per Slice=1），每个时间段内自动提取共现频次最高的前 50 篇文献（Top N=50），节点阈值设为 25（Threshold=25）。随后对文献数据进行共词分析，得到相应的知识谱图。所谓共词分析，是指对若干组词在数据中出现的频次的统计，具体到某一个学科或研究方向，即对相关专业术语共同出现在一篇文献的情况的分析，从而判断该学科领域各研究重点间的横向 / 纵向关系与历时 / 共时情态[①]。在图谱中，节点的大小直观反映了研究对象的共现频次，即在整个网络中的影响力；节点间的连线代表不同主体间具有共现关系，连线粗细代表关系强弱；图谱上部色谱代表年份，色块数量与数据切片的时间单位数量一致，节点与连线的颜色代表首次共现发生的时间。经处理、分析后，得到优秀传统文化视听传播研究的科学知识图谱。

一、成果发表年度分布

如图 1–2 所示，中华优秀传统文化视听传播研究生机勃勃，方兴未艾。研究滥觞于 2005 年。2005 年前对这一问题只有一些孤立、零星的探讨，年发表数量不超过 10 篇。从 2005 年起，这一领域的研究逐渐发轫，研究成果呈现低量稳步增长态势，并在 2014 年迎来较小幅度提升，年发表量突破 200 篇。在随后的 2017 年到 2018 年，这一领域的研究迎来集中爆发期，在经历

① 潘佳宝，喻国明．新闻传播学视域下中国舆论研究的知识图谱（1986—2015）——基于文献计量学的研究 [J]. 现代传播（中国传媒大学学报），2017，39（9）：1-11.

2019 年的小幅回落后，至今仍保持扩张态势，并于 2022 年实现年发文量突破 1000 篇。从发文量的历时性观察来看，中华优秀传统文化视听传播的问题越来越受到学术界的重视，并逐渐发展为当下的一门显学。对于中华优秀传统文化视听传播的研究与我国媒体融合的发展进程高度重合，而从 2014 年与 2017 年这两个发文量的关键性发展节点，也可以看出国家政策方针对于相关研究的显著推动力量。

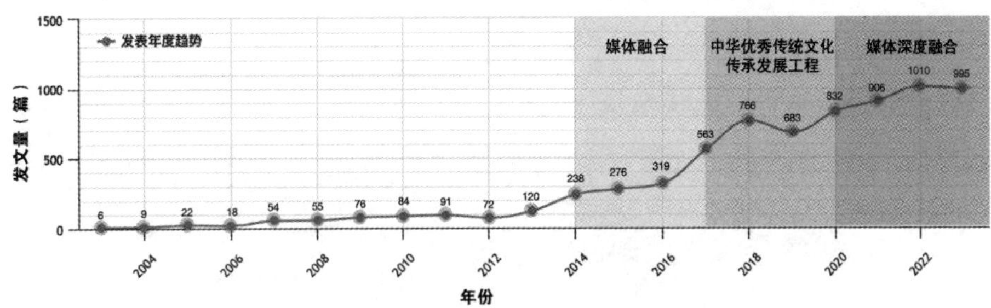

图 1–2　中华优秀传统文化视听传播研究成果的年度分布

二、研究重点分布

对文献的关键词进行共现分析后，共识别出 622 个网络节点，节点间连线 2439 条，其中 1% 的网络节点被软件标记出（见图 1–3）。共现网络图谱直观地反映了近 20 年来中华优秀传统文化视听传播研究的若干重点议题。可以看出，“电视节目”“新媒体”“创新”“文化自信”是这一领域中最为集中讨论的方向。

根据 CiteSpace 对诸个节点的统计分析，可得到关于高频和高中心性关键词的表格（表 1–1）。关键词的频数与某个研究主题被讨论的热度相关。中心性则是测量节点在知识网络中在何种程度上起到连接不同研究主题作用的指标[①]。中心性超过 0.1 即被认为具有显著影响力[②]。除了“传统文化”“中华

① 潘佳宝，喻国明 . 新闻传播学视域下中国舆论研究的知识图谱（1986—2015）——基于文献计量学的研究 [J]. 现代传播（中国传媒大学学报），2017，39（9）：1–11.

② 李杰 . CiteSpace 中文版指南 [EB/OL].[2022–07–21]. http://cluster.ischool.drexel.edu/~cchen/citespace/manual/CiteSpaceChinese.pdf.

文化”“文化传播”“传播”等本身就是研究对象的关键词，以及“电视节目”作为贯穿视听传播研究近 20 年的传统话题外，21 世纪第二个十年中首现的“新媒体”“综艺节目”“创新”与“文化自信”也具有较高的中心度，说明这些研究主题在整个研究中的中心影响地位。而如“李子柒”“河南卫视”的高频次出现，凸显了“自媒体”与主流媒体在创新传统文化视听传播实践上所显现的重要文化影响力与研究价值，另外，这可能也暗示了个案分析法在这一领域研究中的使用程度。

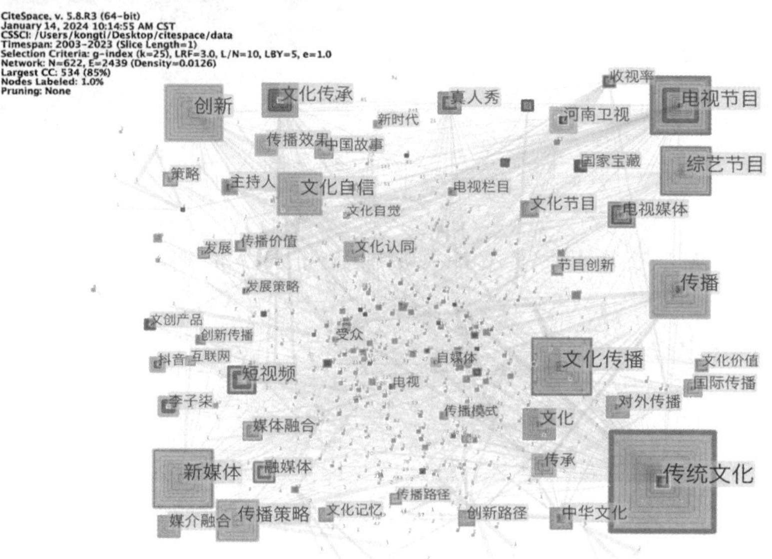

图 1–3　中华优秀传统文化视听传播研究关键词共现网络图谱

表 1–1　中华优秀传统文化视听传播研究中的高频关键词（频数 >50）

序号	关键节点	出现频次	中心性	首现年份	序号	关键节点	出现频次	中心性	首现年份
1	传统文化	685	0.44	2005	12	文化	82	0.03	2010
2	创新	243	0.09	2011	13	传承	70	0.01	2002
3	传播	225	0.08	2002	14	李子柒	63	0.01	2019
4	文化传播	218	0.14	2005	15	电视媒体	61	0.03	2008
5	新媒体	218	0.11	2014	16	河南卫视	61	0.05	2014

续表

序号	关键节点	出现频次	中心性	首现年份	序号	关键节点	出现频次	中心性	首现年份
6	电视节目	193	0.21	2005	17	真人秀	61	0.04	2013
7	文化自信	150	0.07	2017	18	对外传播	59	0.02	2014
8	综艺节目	141	0.14	2014	19	融媒体	59	0.01	2018
9	传播策略	136	0.08	2009	20	中华文化	57	0.06	2008
10	短视频	125	0.04	2018	21	主持人	53	0.06	2007
11	文化传承	105	0.07	2007	22	媒体融合	52	0.04	2015

三、前沿热点演变趋势

在 CiteSpace 中，节点突发性检测用于探测出现频次在短时间内急剧增长的节点，从而确定在一定阶段内的研究前沿与新趋势。本研究通过突发性检测，对 2003 年至 2023 年这一区间内各个阶段出现的研究新趋势和热点进行洞察。可以看出，相关研究紧跟业界实践成果，对传播新现象、新问题响应及时。爆发性最强、短期内相关研究激增最显著的关键词是“短视频”与“李子柒”，围绕二者展开的研究均在 2020 年激增，并持续至今。同一时期兴起并同样处于高热度阶段的关键词还有“抖音”“融媒体”和“短视频”等。这些突现词无疑有力地指明了当前中华优秀传统文化视听传播研究的热点领域，也体现了新媒体对于中华优秀传统文化的媒介建构与传播的创新起到重要作用。另外，从早期“百家讲坛”的集中探究，到“电视媒体”“大众传媒”十年依旧的研究热度，到“娱乐节目”“真人秀”的热烈探讨，再到“国家宝藏”的迅速引起重视，有关“电视”的研究始终在中华优秀传统文化视听传播研究中占有重要的地位。电视依旧是媒体融合背景下视听传播中不可忽视的重要领域，并伴随深度融合的推进，在不断出现的新的传播现象中焕发着活力。因此，在探讨中华优秀传统文化视听传播的共时性创新实践时，我们需要避免将电视内容与新媒体内容二元对立化，不能简单将前者作为“老生常谈”进行切割，而是需要真正立足媒体融合的本质，综合思考、把握其与其他网络新媒体的关联、互动，以及它们作为一个信息传播体系的宏观整体对中华优秀传统文化的视听传播所产生的深远影响。

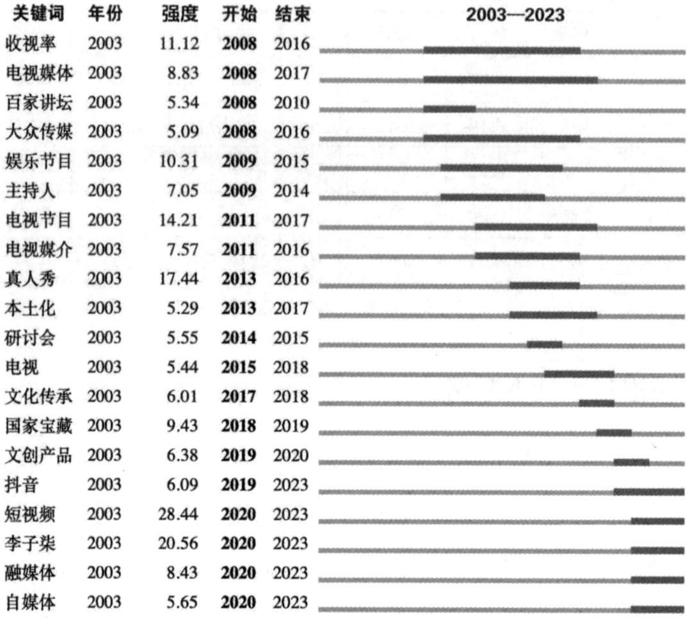

关键词	年份	强度	开始	结束	2003—2023
收视率	2003	11.12	**2008**	2016	
电视媒体	2003	8.83	**2008**	2017	
百家讲坛	2003	5.34	**2008**	2010	
大众传媒	2003	5.09	**2008**	2016	
娱乐节目	2003	10.31	**2009**	2015	
主持人	2003	7.05	**2009**	2014	
电视节目	2003	14.21	**2011**	2017	
电视媒介	2003	7.57	**2011**	2016	
真人秀	2003	17.44	**2013**	2016	
本土化	2003	5.29	**2013**	2017	
研讨会	2003	5.55	**2014**	2015	
电视	2003	5.44	**2015**	2018	
文化传承	2003	6.01	**2017**	2018	
国家宝藏	2003	9.43	**2018**	2019	
文创产品	2003	6.38	**2019**	2020	
抖音	2003	6.09	**2019**	2023	
短视频	2003	28.44	**2020**	2023	
李子柒	2003	20.56	**2020**	2023	
融媒体	2003	8.43	**2020**	2023	
自媒体	2003	5.65	**2020**	2023	

图 1–4　中华优秀传统文化视听传播研究突现关键词（前 20 名）

第三节　当前学界的主要分析维度

在中华优秀传统文化视听传播研究的关键词共现图谱的基础上，本研究对关键词节点进行聚类分析，以进一步挖掘、归纳被分析文献最集中探讨的主要研究议题。如图 1–5 所示，执行运算后共得到 12 项聚类标签，整合后可以看出，该领域核心研究议题实际可分为三类：电视节目与传统文化，新兴网络媒体与传统文化，以及传统文化媒介化下的认同问题。对三类议题下具有代表性的高被引文献进行深入阅读与分析后发现，围绕以上议题所展开的研究进路相似程度较高，无显著差别。无论是针对电视节目类抑或是新媒体类的研究，研究者一般从兴起背景、内容建构、传播效果、策略路径、批判反思这五个维度进行分析与探讨。

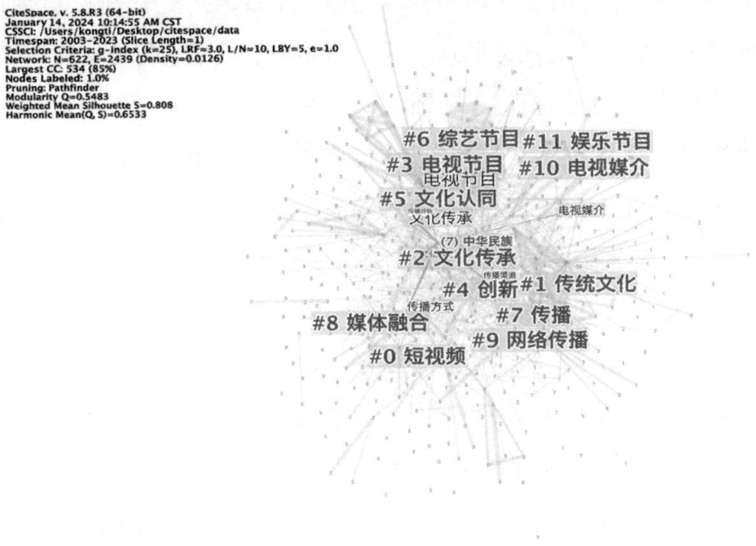

图 1-5　中华优秀传统文化视听传播研究关键词聚类

一、兴起与发展的背景分析

传统文化的热潮缘何兴起？关于传统文化的视听传播活动得到快速发展的动力何在？研究者尝试从多个角度对这一问题进行思考，而其所处的广阔背景也在一次次分析与阐述中被逐渐勾画出来。在这幅图景之中，来自党和国家的政治导向在制度与政策层面构成这一文化实践的结构化条件。从《关于进一步加强电视上星综合频道节目管理的意见》，到有关中华优秀传统文化创造性转化与创新性发展的表述的提出，再到《关于实施中华优秀传统文化传承发展工程的意见》及之后密集发布的政策性文件，围绕中华优秀传统文化的支持在政策层面占据主导地位。这赋予了中华优秀传统文化视听传播实践的规范性，并为其快速发展提供了强大的引导力与推动力[①②]。

① 张爱凤.2018：原创文化节目发展与研究新动向 [J]. 中国文艺评论，2019（1）：24-32.

② 罗婷婷. 荧屏新主流的可持续推进——文化类节目的生产创新与解困之道 [J]. 中国编辑，2019（1）：21-26.

数字媒介技术快速发展迭代，并全面渗透到信息传播的各个环节，带来颠覆性的影响。数字技术保证了视听内容的极大丰富，并使中华优秀传统文化能够以更多元、更新颖的视觉形式呈现[①②]。多向、互联的传播优势使内容可以跨平台进行流动，同时提高了传播的准确性与互动性[③④]。移动化、智能化、社交化的变革极大地丰富了中华优秀传统文化视听传播的想象力，并深刻影响着正在进行的媒介实践。来自市场的消费需求亦是重要的驱动性因素。高涨的消费主义与繁荣的文化工业带来“娱乐至死”[⑤]的社会现实，加之圈层化、分众化的牵引，相比大众化娱乐的过剩，人们对于优质精神产品的需求越发强烈。而随着物质文明的发展与积累，人们对于传统文化的兴趣日渐浓厚，并成为一种普遍的社会心理[⑥]。传统文化题材的视听内容的涌现，回应了当下受众的消费需求，满足了人们在知识性、教育性、美学性等多个维度的期待[⑦]，更有效缓解了这一时代下因意义与想象的匮乏而造成的文化焦虑[⑧]。这些思考为我们对中华优秀传统文化视听传播的历史流变与现实语境的考察提供了有益的研究视角。

二、媒介再现与意义建构分析

内容研究是中华优秀传统文化视听传播研究中的一大焦点，主要探讨的问题涉及选取哪部分进行媒介化呈现，如何进行视听表达，传达出怎样的意义等。对于此类问题的思考和回答则往往置于符号、叙事、修辞、话语等

---

① 曾一果，李蓓蕾．破壁：媒体融合下视频节目的“文化出圈”——以河南卫视《唐宫夜宴》系列节目为例 [J]. 新闻与写作，2021（6）：30–35.

② 王源．媒介融合视域下中华优秀传统文化具象化传播创新研究 [J]. 东岳论丛，2020，41（12）：45–51.

③ 牛凤燕．媒介融合视域下中华优秀传统文化传播的现代转换 [J]. 理论学刊，2018（5）：162–168.

④ 王凌芳．新媒体时代下中华传统文化的传播策略 [J]. 四川戏剧，2015（8）：44–47.

⑤ 波兹曼．娱乐至死 [M]. 章艳，译．南宁：广西文学出版社，2004：8.

⑥ 罗姣姣．荧屏新主流的可持续推进——文化类节目的生产创新与解困之道 [J]. 中国编辑，2019（1）：21–26.

⑦ 刘云丹，王雨桐．探析传统媒体文化类电视节目复兴的原因——从《中国诗词大会》等节目说起 [J]. 电视研究，2018（9）：52–54.

⑧ 颜梅，何天平．电视文化类节目的嬗变轨迹及文化反思 [J]. 现代传播（中国传媒大学学报），2017，39（7）：87–90.

视角下。在对河南卫视的“中国节日”系列节目的观察中，顾亚奇、张旭认为，“中国节日”系列节目以独具地域特色的传统文化搭建符码体系，以“晚会 + 网综 + 网剧”的形式作为符码呈现载体，通过“历史还原”同“现代阐释”实现符码转译，从而使中华优秀传统文化在视听转化过程中得以重塑与活化[①]。李琦和闫志成基于乡愁叙事的视角对中华优秀传统文化类节目文本进行审视，认为这些节目在叙事主体上对家庭结构进行仿拟，在叙事主题上唤寻集体记忆，在叙事空间中展开地志空间、时空体空间与文本空间的三重展演，以此通过影像对故土重新结构化，实现受众的精神返乡[②]。蒋沂霏立足视觉修辞的框架考察了李子柒短视频的视觉表现，得出这些内容文本通过场景修辞实现乡野意向的聚合与乡村空间的再生产，依托技术修辞从时间与空间两个维度实现传统乡村图景的再现，依靠身份修辞实现连接传统与现代的农人形象建构，三种修辞共同实现了对受众的软性说服[③]。王婷将中华优秀传统文化类视听内容视为韩礼德（M. A. K. Halliday）意义上的“语域”系统，认为视听内容对中华优秀传统文化内涵的引导和传递通过文化想象与现实体验、传统内容与当下认知两个衔接实现；它的人际意义在于既要满足受众对于中华优秀传统文化的情感诉求，也要在具有差异的受众群体间构建起相同意义的身份认同；而语篇意义的实现则取决于在确保文化价值主体地位的前提下创建一种“传统文化 +”的多元视听传播语式[④]。曾一果、朱赫认为，一些传统文化视听内容通过仪式化内容的设计与传播，使内容本身成为关于中华优秀传统文化的媒介仪式，吸引受众积极参与其中。在这一过程中，受众通过集体记忆的唤醒与情感的连接，实现从客体到主体的转化，进而实现身

---

① 顾亚奇，张旭．传统文化觉醒：符码体系与视听场域的再生产——基于河南卫视“中国节日”系列节目的文化观察 [J]. 中国电视，2021（7）：30–34.

② 李琦，闫志成．中国传统文化类节目的乡愁叙事及其意义生成 [J]. 湖南师范大学社会科学学报，2022，51（1）：66–73.

③ 蒋沂霏．短视频乡村文化传播的视觉修辞呈现——以李子柒短视频为例 [J]. 新媒体研究，2020，6（17）：96–100.

④ 王婷．意义生成与语境建构：“语域”视阈下传统文化类节目研究 [J]. 现代传播（中国传媒大学学报），2019. 41（1）：103–107.

份的确认与文化的认同[①]。

三、传播效果分析

从拉斯韦尔（Harold Lasswell）的 5W 传播模式来看，用户对于内容的认知、情感、态度和行为，是阐释视听传播特征的客观依据，是检测中华优秀传统文化传播效果的重要尺度，也是评估更深层的文化认同水平的主要观测点。研究者往往依靠量化或质性的研究方法，在一定范围内进行数据的搜集和分析，进而得以认识和解读传播效果。例如，周娜、何润奇通过对《国家宝藏》两季节目的网络评论文本的情感分析发现，网民对该节目整体呈现正面情感，评价以“感动”“喜欢”为主，反映出受众群体较为显著的文化认同感[②]。余琛、朱晨雨基于 200 个 YouTube 上的中华优秀传统文化短视频，对其跨文化传播过程中的影响因素进行主成分因子分析，并采用定性比较分析的方法发现，大众叙事策略与粉丝黏性运营是取得传统文化短视频跨文化传播的关键。张岩、王琳琳、邓月等以问卷调查的方式，对 534 名电视受众对于中华优秀传统文化类电视节目的收视意愿、方式与效果进行调查，结果显示，大部分观众认可传统文化类电视节目的教育属性，并认为该类节目对文化建设具有积极影响[③]。

与此同时，也有研究者从视听传播的实践经验出发，或立足某一特定视角，或沿着某一理论的逻辑框架，对中华优秀传统文化视听传播的效果作宏观意义上的思辨与推究。通过对数字技术变革与当代审美分化的关系的辩证思考，张爱凤认为，关于中华优秀传统文化的原创内容产品具有重要的美育价值，该类视听内容的创新对于传承文化记忆、弥合审美代沟可发挥重要作

① 曾一果，朱赫．记忆、询唤和文化认同：论传统文化类电视节目的“媒介仪式”[J]. 现代传播（中国传媒大学学报），2019，41（3）：92–98.

② 周娜，何润奇．基于文本情感分析的文化综艺节目综合评价——以央视文化类综艺节目《国家宝藏》为例 [J]. 中南民族大学学报（人文社会科学版），2019，39（5）：175–180.

③ 张岩，王琳琳，邓月，等．传统文化类电视节目对文化建设影响的研究 [J]. 中国电视，2017（11）：65–71.

用[①]。卢焱从文化产业的角度对传统戏曲节目《梨园春》的传播效果进行分析，认为节目所尝试的“现代媒体 + 戏曲”的模式不仅引发豫剧热，而且带动了一系列戏曲节目的发展，带来了深厚的社会效益与经济效益[②]。

四、创新策略与优化路径分析

如何切实推动中华优秀传统文化的视听转化，增强其实际传播效果，这一围绕“怎么办”所展开的应用型研究受到学界的高度重视。在这种创新路径的研究进路下，对于传统文化视听传播的研究又可以分为两类。一类是探讨中华优秀传统文化类视听内容的深度融合与创新提升，另一类为思考中华优秀传统文化在视听传播中的激活与转化。这种有意识或无意识的研究表述差异，体现了研究者在中华优秀传统文化与视听媒介间“何者为主体，何者为方法”的关系问题的不同立场。在第一种立场下，中华优秀传统文化被视为视听媒介融合创新、实现社会效益与经济效应相统一的生产力与重要资源；而后一种立场则以视听媒介为工具，探讨中华优秀传统文化在当下传承与发展的新路径。

尽管两种立场在研究的出发点、主客体关系上截然相反，但其具体的研究方法几乎没有区别，一般都是从理念、内容、技术、平台等方面进行思维体操与经验总结。在理念上，胡智锋、徐梁认为，在挖掘、再现传统文化的过程中，视听节目应该遵循留存、体验与创造三种基本理念[③]；宁海林立足传统文化同短视频的整合传播提出注重跨界融合、充分释放群众媒介参与能力的原则[④]。在内容方面，研究者主张坚持以原创为本，不断推动产品形态融合

---

① 张爱凤．媒介融合背景下原创文化节目创新与审美代沟弥合 [J]. 中国新闻传播研究，2019（5）：107–121.

② 卢焱．传播学视野中的文化产业创新——以河南卫视《梨园春》为例 [J]. 郑州大学学报（哲学社会科学版），2007（1）：151–154.

③ 胡智锋，徐梁．留存、体验、创造：电视节目应对传统文化的三种理念 [J]. 艺术评论，2017（4）：83–89.

④ 宁海林．“中华优秀传统文化 + 短视频”整合传播研究 [J]. 现代传播（中国传媒大学学报），2018，40（6）：135–138.

创新[①②]，推动年轻态、场景化表达[③]，强化与受众的关联和互动[④]，特别是用户的二次传播意愿[⑤]。在技术层面，研究者认为应进一步促进数字技术融入文化传播，对中华优秀传统文化进行赋能[⑥]。中华优秀传统文化的视听传播实践应通过5G、VR等数字技术推动虚拟与现实的深度结合，进一步拓展中华优秀传统文化的视觉表达空间，强化对年轻群体的吸引力[⑦]；同时在产品分发与传播上形成“移动优先”，将小屏作为发力重点[⑧]。在平台方面，要进一步提升中华优秀传统文化的视听传播影响力，推进平台合作的多元化，以多种途径进行传播，从而形成网络热点[⑨]。要想真正打破平台间的壁垒，就必须对各平台的文化圈层有充分了解，并积极与之展开对话[⑩]，同时基于内容本身形成各具特色的互文性创造，掌握跨平台、跨媒介叙事的能力[⑪]。

五、批判与反思

伴随着业界实践如火如荼地开展，隐藏于其中的一系列问题逐渐显现并进入学术视野。一方面，研究者从传媒产业发展的视角对中华优秀传统文化类视听内容市场进行剖析，直指其“量大质难优”“叫好不叫座”的现实

① 丁智擘．文化类电视节目的传播价值与创新路径[J]. 传媒，2015（11）：49-51.

② 罗姣姣．融合、打破、再造——文化类节目的创新模式探析[J]. 中国编辑，2021（7）：81-85.

③ 刘佳．中华传统文化创新性传播的路径与对策[J]. 传媒，2021（10）：73-76.

④ 彭聪，赵昆．非物质文化遗产文化活态的传播创新——以安新芦苇画短视频呈现为例[J]. 出版广角，2019（1）：49-51.

⑤ 潘理安，唐嘉蔚．从共鸣到共享：“抖音”的中国传统文化传播策略[J]. 传媒，2020（3）：88-90.

⑥ 蒋全韵．融合文化视域下传统文化节目如何实现突围——以河南卫视《唐宫夜宴》等文化节目为例[J]. 视听，2021（11）：48-50.

⑦ 周敏，卢武．浅议影像视域下传统文化年轻化的探索——以央视《国家宝藏》为例[J]. 青年探索，2020（4）：40-48.

⑧ 胡妍妍．优秀传统文化现代表达的创新路径探析——以河南卫视“中国节日”系列节目为例[J]. 中州学刊，2021（11）：168-172.

⑨ 同周敏，卢武．浅议影像视域下传统文化年轻化的探索——以央视《国家宝藏》为例[J]. 青年探索，2020（4）：40-48.

⑩ 曾一果，李蓓蕾．破壁：媒体融合下视频节目的“文化出圈”——以河南卫视《唐宫夜宴》系列节目为例[J]. 新闻与写作，2021（6）：30-35.

⑪ 杨盈龙，孙百卉．媒介融合时代传统文化节目的“故事世界”建构——从跨媒介传播到跨媒介叙事[J]. 中国电视，2019（12）：70-73.

问题。尽管不乏有优质内容产品频频“出圈”，但却难以掩盖同类型内容基数大，质量参差明显，过度倚重技术，模式高度雷同，创新性不高的客观现状[①]。而技术门槛的降低带来传播主体多元化，同时加剧了传播的随意性，这使网络空间中的，特别是“自媒体”与商业平台所生产的内容质量更加难以保证和规范[②]。中华优秀传统文化类视听内容的市场回报率截至目前还不理想。王永指出，大多数产品难以产生足够的商业价值，同一赛道中还面临着电视 / 网络综艺节目的冲击，市场竞争优势不够明显[③]。

另一方面，也有研究者深入中华优秀传统文化与视听内容的关系层面，在极具流行色彩的“文化崇拜”下重新商榷传统文化主体性问题。诸如汉字文化益智类节目对于生僻字的过分追求，使节目成为一场比拼能力与技巧的记忆大赛，已然偏离了汉字文化教育与传承的初衷[④]，亦有研究者将其称为“幽怨的复辟”[⑤]。颜梅、何天平认为，在日渐繁荣的中华优秀传统文化类视听内容的背后，是消费主义与商业逻辑对中华优秀传统文化的解构与规训。在文化工业的批量生产下，中华优秀传统文化之于节目的宰制作用不断消弭，反而成为装点节目形态、用以支持节目展开后现代主义式文化拼贴的文化符号[⑥]。中华优秀传统文化的视听传播要首先明确本身的文化底色，在积极推动其传播发展的同时，亦要关注、警惕资本与商业平台对文化主体意识的裹挟。

---

① 王源．媒介融合视域下中华优秀传统文化具象化传播创新研究 [J]. 东岳论丛，2020，41（12）：45–51.

② 牛凤燕．媒介融合视域下中华优秀传统文化传播的现代转换 [J]. 理论学刊，2018（5）：162–168.

③ 王永．原创文化类电视节目兴盛背后的冷思考 [J]. 新闻战线，2019（16）：31–33.

④ 王博．中国电视汉字文化益智类节目研究 [D]. 吉林大学，2016.

⑤ 杨黎．诗人杨黎：“汉字听写大会”是一场幽怨的复辟 [EB/OL]. 凤凰网．（2013–10–29）[2022–07–26]. http://culture.ifeng.com/insight/special/hanzitingxiedahui/.

⑥ 颜梅，何天平．电视文化类节目的嬗变轨迹及文化反思 [J]. 现代传播（中国传媒大学学报），2017，39（7）：87–90.

第四节　研究现状述评

本章采用文献计量学的方法，通过分析工具 CiteSpace 对中华优秀传统文化视听传播研究的已有文献进行挖掘与探索，绘制出这一领域研究关键词的科学知识图谱，并根据图谱内容对所对应的高被引文章进行阅读研究，最终从量化与质性两个方面对这一问题的研究情况形成整体、理性认识。分析发现，中华优秀传统文化视听传播研究处于不断增长与扩张的上升发展期，研究网络中也已经形成一些具有核心影响力的中心节点。传统文化与电视节目长期是该领域的研究重点，但其热度在近三年来让位于新媒体领域的研究，这些研究的着眼点则统合于“创新”“传播”与“文化认同”的总方向，其研究的具体内容主要围绕兴起背景、内容建构、传播效果、策略路径、批判反思这五个方面展开。综上可见，关于中华优秀传统文化视听传播的研究是一门正在成长、不断升温的“热门话题”，无论是在理论还是实践层面均有着宝贵的研究价值，具有较强的学术生命力与良好的研究前景。该领域已经积累较为丰硕的研究成果，有力证明了研究的科学性与可行性，为进一步深入研究这一议题提供了有效支撑与有益指引。

然而，通过对研究文献的梳理与分析所得到的发现并不止于此。同样应当注意的是，当前学界对于中华优秀传统文化视听传播的研究还存在较大的提升空间，具体可归结为以下六点。

第一，鲜有关于传统文化本体论的探讨。虽然围绕传统文化视听传播开展的研究已有较为深厚的积淀，但尝试对传统文化这一核心概念的内涵进行界定的却并不常见。邹静祺认为，相关研究更多集中于探讨“怎么办”的问题，而有关“传统文化是什么”的主题讨论较少[①]。从大多数研究的话语表述来看，研究者更多是将其视为一个不言自明的常用术语，因而在具体的论述

① 邹静祺．融合与建构：新媒体环境下传统文化传播研究综述 [J]. 新媒体研究，2019，5（16）：43-45.

和分析中有意或无意地跳过概念界定的环节而直接加以使用。正因如此，文章在研究对象的选择标准上较为模糊。同时，因为对传统文化与视听媒介二者的关系缺乏辨析，所以在以上述二者中何者为主体的立场问题上也不够清晰。再进一步，忽视了对于传统文化本体论的讨论，那么也就无力解决中华优秀传统文化与传统文化的区别、在视听传播过程中又是怎样对传统文化进行取舍扬弃这些更深层次的问题。

第二，对视听传播主体的关注不够。在现有文献中，传播主体思维常见，而传播主体研究不常见。无论是背景分析、内容分析、效果分析还是策略分析，研究者往往是站在传播主体的视角展开分析和论述。然而除对节目主持人研究成果较为丰富外，其他直接针对传播主体本身的研究与上述几类研究相比却明显偏少。尽管这可能与研究材料的易得性直接相关，但诸如传播主体作为个人 / 团队对待传统文化的态度、传播主体的内部关系和生产协作、相关从业者的个人发展与职业认同、人才培养与队伍建设等问题，仍有待研究者进一步探索和挖掘。

第三，对于意义形成与互动的动态性深描相对不足。在中、微观层面，现有研究更多聚焦的问题是哪些传统文化元素被视听化再现，在媒介的作用下呈现为何种样貌，以及受众 / 社会对其态度如何等。这体现出的是对整个传播实践的一种静态化理解，缺乏对传播过程中各个环节 / 节点间动态性过程的关照。因此，研究者可能需要在微观层面做再进一步的尝试，深入到意义得以形成、传递与互动的各个场域之中，考察传统文化的意义怎样被重塑，怎样被嵌入到以视听媒介为载体的新兴话语之中，又是如何在传播主体与受众 / 国家和社会的互动中实现认同。如此有助于提升对于中华优秀传统文化视听传播实践的本质性理解，在该领域的研究图谱上拼上一块新的拼图。然而这也对具体研究中理论工具的选择与运用提出了更高的要求。

第四，研究的整体性、系统性尚待强化。一方面，本研究领域尚未搭建起较为成熟的学术合作网络。研究多由分散在不同单位的个体或二人小组完成，成果视角较为单一，很容易造成研究成果的同质化与碎片化。另一方面，研究更多是针对特定热点时刻下的某一电视节目或网络视听内容的个案分析，“一时一事一论”的特征较为突出。大多数研究更多着墨于热点内容本身做表层的现象分析，对纵向的发展演进与横向的现实语境勾连清浅。张爱凤认为，如若缺乏整体性的视角与方法，那么研究的整体质量与水平难以得到进一步提升[①]。这就需要研究者从传统文化视听传播的宏观实践出发，在研究设计中注重整体性与历时性的考察，进而形成系统化、立体化的分析框架。

第五，研究的学理品质仍需提升。相关研究整体上在理论想象力与探究深刻性上不甚突出。多数研究未见有明晰的理论观照，往往是就事论事，在行文思路上呈现出“现象阐述 + 因素分析 + 策略建议”的固定模式，而关于中华优秀传统文化视听传播过程中意义的建构、运转与调适的深层机理则没有得到学理性的解释。与此同时，由于缺少理论的支撑和引导，部分研究成果停留在诸如“内容为王实现价值引领”“创新手段揭示文化内涵”等形式化、口号式的理念上，无法形成较为成熟的理论观点。研究的系统性、创新性问题亦掣肘于此。基于此，中华优秀传统文化视听传播的研究要进一步提升学理品质，特别是国外的理论观点，更应注重从我国社会文化语境出发，解决好理论的适用性与中国化问题。

第六，研究设计的实证品格不够突出。部分研究以政策精神和行业发展现状为依据，基于直觉性的观察和体悟进行阐释与思辨，对于传统文化视听传播实践的分析往往流于表象，仅作发生学式的描述和归纳，缺乏有说服力的客观材料支撑，鲜有建立于扎实的经验调查之上的实证研究。这导致研究结果凸显其语境性的同时而无法有力证明其相对普遍性，也造成了关于传统文化视听传播的策略与路径难免理想化，缺少实效性与可操作性。因此，研究者应更加重视一手数据的运用，在观察与实验的经验事实的基础上进行知识的生产，进一步提升传统文化视听传播之相关研究的实证品格。

---

① 张爱凤 . 2018：原创文化节目发展与研究新动向 [J]. 中国文艺评论，2019（1）：24-32.

第二章　重点概念重访

第一节　文化与中华优秀传统文化

一、文化

现代英语中的“文化”（culture）一词可追溯至拉丁文中的“colere”“cultum”“colo”等动词[①]，指土地耕作与农作物的种植。之后在实际使用过程中，其语义逐渐从植物培植与动物驯养延伸至个人能力、品格以及人际关系等方面的养成。19 世纪，“culture”的词义开始从一种过程变为某种实在，意指“一种物质上、知识上和精神上的整体生活方式”[②]。在汉语中[③]，“文”“化”二字合用最早见于西汉刘向的《说苑·指武》，文曰：“圣人之治天下，先文德而后武力。凡武之兴，为不服也，文化不改，然后加诛。”[④]这里“文化”与“武力”相对，指“以文化之”，即用纲常伦理、礼乐典籍等进行教育感化。此为古汉语中“文化”的基本内涵。“文化”与“culture”的对译据考证始于日本学者，这一译法后为我国沿用[⑤]。随着东西方的文化交

① CUPITT D, After god: The future of religion[M]. London: Weidenfeld & Nicolson, 1997:22–23.

② WILLIAMS R. Culture and society, 1780–1950[M]. New York: Harper & Row, 1958: XVI.

③ 在中国古代相当长的一段时间内，“文化”并不是一个词语，人们最初对其的理解也是分开的。对于“文”，《说文解字》释云，“文，错画也，象交文”，指交错的笔画或纹案。《易·系辞下》有文“物相杂，故曰文”。后“文”的词义逐渐引申为符号、象征，进而具体化为文字、文章，也可指法律条文、礼乐制度等。“化”本意为事物性质或形态的变化，有生成、改易之义，如《易·系辞下》“男女构精，万物化生”，《庄子·逍遥游》“化而为鸟，其名为鹏”。

④ 覃光光，冯利，陈朴 . 文化学辞典 [M]. 北京：中央民族学院出版社，1988：108.

⑤ 周蔚，徐克谦 . 人类文化启示录 [M]. 上海：学林出版社，1999：4.

流，“文化”与“culture”在现当代社会科学与文艺理论的语境中的含义逐渐趋同[①]。

界定文化始终是学界公认的一大难题。中外围绕文化定义的讨论可谓浩如烟海，观点繁多[②]。英国文化人类学者爱德华·泰勒（Edward B. Tylor）较早做出科学界定，认为文化是“知识、信仰、艺术、道德、法律、习俗，以及由作为社会成员的人所获得的任何其他能力和习惯的复合整体”[③]。类似地，布劳尼斯劳·马林诺夫斯基（Bronislaw K. Malinowski）认为文化涵盖“传统的器物、货品、技术、思想、习惯以及价值”[④]。梁漱溟则给出更为简洁的概括，认为文化是“那一民族的生活样法”[⑤]。这种过于宽泛的理解使其难以运用于理论分析之中。因而部分学者着力将文化概念缩小到精神观念的层面。沃德·古迪纳夫（Ward H. Goodenough）将文化理解为一种心智和观念存在，是为社会成员所普遍接受并实践的，一种认识、解释物质现象的方式[⑥]。克洛德·列维—斯特劳斯（Claude Levi-Strauss）对这一观点进行结构主义解读，将文化视为一种人类共享的符号体系。克利福德·格尔茨（Clifford Geertz）亦将文化定义为一种“有序排列的意义符号串”与“文本的集合体”[⑦]。可以看出，这些狭义层次的观点将文化定义为一种传承与共享的、可被意会与解读的集体性意义符号体系。

从文化概念的定义问题进行反思，可以发现，我国当下与中华优秀传统文化相关的政治话语、媒介话语与学术话语更多基于文化广义的定义，下

① 韦森．文化与制序（修订增补版）[M]. 上海：上海三联书店，2020：11.

② 美国人类学者 Alfred L. Kroeber 和 Clyde Kluckhohn 在其于上世纪 50 年代初出版的《文化：概念和批判性回顾》（*Culture: A critical review of concepts and definitions*）一书中，整理归纳出一百六十余条有关文化的定义，横跨社会学、人类学、文化学、史学、哲学、政治学等十余个学科。这足以证明关于文化的定义之多，定义之难。

③ 泰勒．原始文化：神话、哲学、宗教、语言、艺术和习俗发展之研究 [M]. 连树声，译．桂林：广西师范大学出版社，2005：1.

④ 马林诺夫斯基．文化论 [M]. 费孝通，译．北京：华夏出版社，2002：2.

⑤ 梁漱溟．东西文化及其哲学 [M]. 北京：商务印书馆，2010：35.

⑥ GOODENOUGH W H. Cultural anthropology and linguistics[C]// Report of the Seventh Annual Round Table Meeting on Linguistics and Language Studies, P GARVIN, ed. Washington D. C.: Georgetown University, 1957:167.

⑦ 格尔茨．文化的解释 [M]. 韩莉，译．南京：译林出版社，2014：427，534.

文的论述也将说明这一特点。而要从深层认识与解读中华优秀传统文化在视听媒介下的传播活动，观念上的文化概念亦是不可缺少、值得延展的重要角度。

二、中华传统文化

在对中华传统文化进行界定之前，有必要先解答何为“中华文化”与何为“传统文化”[①]的问题。“中华文化”的概念强调文化的身份与主体。所谓“中华文化”，也称“中国文化”，是指中华民族在东亚大陆上创造的文化[②]。其深层结构表现为各民族文化多元一体、相互促进，而本身作为国家文化的有机整体超越各民族文化之上，展现出一体和一元的属性[③]。在“中华文化”的概念范畴里，传统文化、革命文化以及社会主义文化均可被包括进来。“传统文化”则是相对于现代文化、外来文化的一个概念，指在中国传统社会之中形成、积淀并流传至今的文化。宋桂银认为，所谓传统社会，指的是前资本主义时期下的中国[④]。毛泽东将“传统文化”表述为“从孔夫子到孙中山”期间的文化[⑤]。徐仪明等将这一历史分期进一步明细化，指出中华传统文化是由氏族社会晚期至五四运动以前在中国范围内孕育、发展起来的文化[⑥]。值得注意的是，并不是所有的古代文化都属于“传统文化”的范畴。继承活性是“传统文化”又一个重要属性。历史上存在却已湮灭的文化并不在此序

① 需要强调的是，在实际研究中，学者往往将“中华传统文化”与“中华文化”“中国文化”“传统文化”混用。比如徐怡明、陈江风、刘太恒主编的《中国文化论纲》，专著内容论述的就是中华传统文化；再如施炎平发表的《从文化资源到文化资本——传统文化的价值重建与再创》一文，刘梦溪的《百年中国：文化传统的流失与重建》，这里的传统文化均指中华传统文化。

② 张岱年．中国文化概论 [M]. 北京：北京师范大学出版社，2004：6.

③ 都永浩，王禹浪．中华文化认同的逻辑前提——概念、来源和内部关系 [J]. 青海民族研究，2021，32（4）：13–26.

④ 宋银桂．文化・传统文化・文化传统 [J]. 文史博览，2005（12）：16–18.

⑤ 毛泽东．我们的党已经从两条战线斗争中巩固和壮大起来 [M]// 毛泽东选集 第二卷．北京：人民出版社，2005：534.

⑥ 徐仪明等认为，中华传统文化由史前的河洛、海岱、江汉三大民族集团到商周时期逐渐萌芽，于春秋战国时期奠定中国文化基本格局的基础，自秦汉起进入文化发展的成熟期，明末清初开始进入新的变革期。参见徐仪明，陈江风，刘太恒．中国文化论纲 [M]. 开封：河南大学出版社，1992.

列之中，只有流传、存在至今的才是“传统文化”[①]。由此可见，“传统文化”本身便暗含着古代与现代的某种关联。

对于“中华传统文化”的概念，学界从不同角度进行了阐释。根据刘梦溪的定义，中华传统文化是在中国传统社会里中华民族形成的整体生活方式与价值系统[②]。李宗桂则认为其是一种在数千年发展中不断打上中华民族自身烙印的文化，涵盖民族生存发展的各个方面[③]。此类观点与上文所述对文化的广义理解如出一辙，以诸如“中华文化”“欧美文化”这样社会定义的方式对文化进行阐释。也有学者更加强调传统文化与当代中国文化的关联，认为中华传统文化早已内化为中华民族的性格特色与思想心理，成为当下各种文化形态的“基因”，并深刻影响着当代国人的行为方式与思维意识[④]。

中华传统文化的内涵与外延无疑是广阔的。在构成上，中华传统文化是一个完整的文化系统，既包括表层的物质文化（器具、建筑、服饰等）与制度文化（民俗、礼仪、法律等），亦包括深层的思想文化（观念、理论、学术等），其中深层文化会映射到表层文化之上[⑤]。在内容上，中华传统文化以儒、释、道三家思想为主体[⑥]，并广泛吸收、融合包括经学、玄学、理学、朴学等各历史阶段的思想成果，以及法家、墨家、名家、阴阳家等在内的诸子百家的学术观点[⑦]。在核心理念上，中华传统文化表现为刚健有为、和谐与中庸、崇德利用，以及天人协调等重要特征[⑧]。

三、中华优秀传统文化

在中国的古代文化中，流传至今并依旧具有一定影响力的并非都有古为今用的积极价值。有学者指出，中华传统文化根植于长期稳定的自然经济，

---

① 李新潮．中华传统文化“创造性转化、创新性发展”思想研究 [D]. 兰州大学，2021.
② 刘梦溪．百年中国：文化传统的流失与重建 [J]. 南京师范大学文学院学报，2004（1）：1-10.
③ 李宗桂．试论中国优秀传统文化的内涵 [J]. 学术研究，2013（11）：35-39.
④ 顾冠华．中国传统文化论略 [J]. 扬州大学学报（人文社会科学版），1999（6）：34-40.
⑤ 陈先达．文化自信中的传统与当代 [M]. 北京：北京师范大学出版社，2017：5.
⑥ 朱康有．传统文化“双创”的几个舆论难点 [J]. 人民论坛，2019（1）：128-131.
⑦ 李宗桂．试论中国优秀传统文化的内涵 [J]. 学术研究，2013（11）：35-39.
⑧ 张岱年，程宜山．中国文化与文化争论 [M]. 北京：中国人民大学出版社，1990：2.

本身服务的是封建的政治结构与国家机器，其内在的根本价值指向围绕基于血缘宗族的，以皇权、神权与父权为中心的等级秩序所展开①。因而本身具有一定的历史局限性。对于当下社会文化发展而言，这客观上要求对传统文化进行分辨与扬弃。

习近平总书记在文化传承发展座谈会上的重要讲话中指出，中华优秀传统文化有很多重要元素，比如，天下为公、天下大同的社会理想，民为邦本、为政以德的治理思想，九州共贯、多元一体的大一统传统，修齐治平、兴亡有责的家国情怀，厚德载物、明德弘道的精神追求，富民厚生、义利兼顾的经济伦理，天人合一、万物并育的生态理念，实事求是、知行合一的哲学思想，执两用中、守中致和的思维方法，讲信修睦、亲仁善邻的交往之道等，共同塑造出中华文明的突出特性。

关于“中华优秀传统文化”这一核心概念的内涵，可从内容、特征、功能等方面的相关论述，勾勒出“优秀”这一尺度的内涵轮廓。在杨翰卿、李保林看来，民族精神与修炼人格、道德的价值观念，是传统文化中具有当代价值，应进行转化的积极内容②。闫国明、任树芳认为，在当代大学生价值观的培养上，传统文化在家国忧患意识、诚信意识、义利观念、自强不息精神等五个方面发挥重要功能③。由此观之，“优秀”的评判标准，在于是否能经过实践检验，是否有助于推动社会主义物质文明与精神文明的发展与进步。

李宗桂认为，中华优秀传统文化指的是传统文化中积极、有益的思想文化，“曾经起到过积极的作用，迄今仍有合理价值，能够为中华文化的现代传承和创新发展起到积极作用，能够促进社会进步和民族发展”④。从实际操作的角度来看，对中华优秀传统文化的弘扬与发展，最终的落脚点也是无形的精神内涵层面。作为顶层设计的中央相关文件中的内容正印证了这一点。例如，《中共中央关于深化文化体制改革　推动社会主义文化大发展大繁荣

---

① 赵玉华．中国传统文化基本内涵探析[J]．东岳论丛，2003（5）：118-120.

② 杨翰卿，李保林．论中国传统文化的当代转换[J]．中国社会科学，1999（1）：80-89.

③ 闫国明，任树芳．以中国传统文化塑造大学生价值观[J]．党史博采（理论），2012（4）：47-48.

④ 李宗桂．试论中国优秀传统文化的内涵[J]．学术研究，2013（11）：35-39.

若干重大问题的决定》指出，加强对优秀传统文化思想价值的挖掘和阐发”[①]；《关于实施中华优秀传统文化传承发展工程的意见》明确指出，传承发展的主要内容为中华民族核心思想理念、传统美德与人文精神三大方面[②]。与此同时，李宗桂对器物文化与制度文化做了特别补充，器物文化、制度文化中的精粹同样属于中华优秀传统文化的范畴，因为其“由相应的思维方式、价值取向和审美情趣所指导决定的”，本身便“蕴含着特定的精神内涵”[③]。

中华优秀传统文化同社会主义核心价值观内在契合，辩证统一。有学者认为，马克思主义与中华优秀传统文化是中国特色社会主义事业发展的必要因素，两者互为需要，又不可互相替代。一方面，马克思主义把先进的思想理论带到中国，以真理之光激活了中华文明的基因，引领中国走进现代世界，推动了中华文明的生命更新和现代转型。从民本到民主，从九州共贯到中华民族共同体，从万物并育到人与自然和谐共生，从富民厚生到共同富裕，中华文明别开生面，实现了从传统到现代的跨越，发展出中华文明的现代形态。另一方面，中华优秀传统文化充实了马克思主义的文化生命，推动马克思主义不断实现中国化时代化的新飞跃，显示出日益鲜明的中国风格与中国气派，中国化马克思主义成为中华文化和中国精神的时代精华。“第二个结合”让马克思主义成为中国的，中华优秀传统文化成为现代的，让经由“结合”而形成的新文化成为中国式现代化的文化形态。

---

① 中共中央关于深化文化体制改革 推动社会主义文化大发展大繁荣若干重大问题的决定 [Z/OL]. 共产党员网 .（2012-09-28）[2022-08-05]. https://www.12371.cn/2012/09/28/ARTI1348823030260190.shtml.

② 中共中央办公厅，国务院办公厅 . 关于实施中华优秀传统文化传承发展工程的意见 [Z/OL]. 中华人民共和国中央人民政府 .（2017-01-25）[2022-07-13].http://www.gov.cn/zhengce/2017-01/25/content_5163472.htm.

③ 李宗桂 . 试论中国优秀传统文化的内涵 [J]. 学术研究，2013（11）：35-39.

第二节　创造性转化与创新性发展

在20世纪80年代，学术界已经出现了一批同中华优秀传统文化创造性转化与创新性发展（下简称“两创”）表述相近的论述。1972年，林毓生提出“创造性转化”（creative transformation）[①]，以针对五四运动全盘否定传统文化的态度进行修正。在80年代，李泽厚基于林毓生观点衍变出“转换性创造”的口号，主张传统只有在批判、转化的过程中方能实现继承与发扬。到90年代，这一讲法被李泽厚用以阐释中国现代化一种道路设想，即将中华文化精髓融入现代性体制建构之中[②]。80年代后期，张岱年提出“综合创造论”，主张抛弃华夏中心论/欧洲中心论的二元思维模式，在马克思主义的指导下，以开放兼容的姿态分析、筛选古今中外文化系统的构成要素与结构形式，基于中国社会主义现代化建设的需要，发扬民族主体意识，通过辩证的综合，创造出一种“既有民族特色又充分体现时代精神的高度发达的社会主义新中国文化”[③]。这一文化观与后来的“两创”有着较高的相似性。

“两创”的提出，可回溯至2013年12月30日习近平总书记在十八届中央政治局第十二次集体学习中的讲话，“努力实现中华传统美德的创造性转化、创新性发展”[④]。这一重要论述多次重申，并进一步演进为“实现传统文化的创造性转化、创新性发展”[⑤]。关于这一重要论述的政治性文献初见于2014年3月教育部印发的《完善中华优秀传统文化教育指导纲要》，文件

---

① 参见林毓生.“五四”时代的激烈反传统思想与中国自由主义的前途[M]//林毓生.中国传统的创造性转化.北京：生活·读书·新知三联书店，2011：184-232.

② 陈来.二十世纪思想史研究中的“创造性转化”[J].中国哲学史，2016（4）：5-9.

③ 张岱年，程宜山.中国文化与文化争论[M].北京：中国人民大学出版社，1990：391.

④ 习近平.提高国家文化软实力[M]//习近平谈治国理政·第一卷.2版.北京：外文出版社，2018：160-162.

⑤ 习近平在纪念孔子诞辰2565周年国际学术研讨会讲话（全文）[EB/OL].中国政府网.（2014-09-24）[2022-08-04].http://www.gov.cn/xinwen/2014-09/24/content_2755666.htm.

指出“要处理好继承和创新的关系，重点做好创造性转化和创新性发展”[①]。2017年1月，中共中央办公厅、国务院办公厅联合印发《关于实施中华优秀传统文化传承发展工程的意见》，“两创”被列入中华优秀传统文化传承发展的基本原则[②]。党的十九大报告强调，建设中国特色社会主义文化，应“要坚持为人民服务、为社会主义服务，坚持百花齐放、百家争鸣，坚持创造性转化、创新性发展，不断铸就中华文化新辉煌”[③]。

对于“两创”的理论内涵，《习近平新时代中国特色社会主义思想学习纲要》做出原则性界定。所谓创造性转化，指“按照时代特点和要求，对那些至今仍有借鉴价值的内涵和陈旧的表现形式加以改造，赋予其新的时代内涵和现代表达形式，激活其生命力”；创新性发展意指“按照时代的新进步新进展，对中华优秀传统文化的内涵加以补充、拓展、完善，增强其影响力和感召力”[④]。在相关研究中，学界或直接使用上述定义，或在其基础上做进一步解读和引申。丁立群认为，创造性转化指依托马克思主义批判剔除传统文化之落后因素，将其超越封建时代的有益精神释放出来，使中国特色社会主义理论体系的文化基础得以丰富。而创新性发展就是这种转化的基本路径[⑤]。商志晓则认为，创造性转化为中华传统文化在内容、理念、形式等各层面的现代转型，其根据当代要求与标准进行转化，以服务现实为旨归，并表现出创造性的特征；创新性发展指对传统文化的提升超越，其以传统文化作为底色，紧扣时代需求与民众意愿而致力于新文化体系的创立[⑥]。

综合上述观点来看，“两创”所体现的是一种“返本开新”的文化发展

---

① 《完善中华优秀传统文化教育指导纲要》印发 [Z/OL]. 中国政府网 .（2014-04-01）[2022-08-05].http://www.gov.cn/xinwen/2014-04/01/content_2651154.htm.

② 中共中央办公厅，国务院办公厅 . 关于实施中华优秀传统文化传承发展工程的意见 [Z/OL]. 中华人民共和国中央人民政府 .（2017-01-25）[2022-08-05].http://www.gov.cn/zhengce/2017-01/25/content_5163472.htm.

③ 习近平 . 决胜全面建成小康社会 夺取新时代中国特色社会主义伟大胜利——在中国共产党第十九次全国代表大会上的报告 [R]. 北京：人民出版社，2017.

④ 中共中央宣传部 . 习近平新时代中国特色社会主义思想学习纲要 [M]. 北京：学习出版社，人民出版社，2019：147.

⑤ 丁立群 . 马克思主义时代化的基本路径 [J]. 哲学动态，2016（6）：12-19.

⑥ 商志晓 . 中华传统文化创造性转化创新性发展的哲学审思 [N]. 光明日报 .2017-01-09（15）.

观。“创造性转化”侧重对中华民族文化之“本”的守护与继承，指立足当代政治与经济的基础，通过表现形式更新、价值内涵扩展实现对中华优秀传统文化的寻回，使其成为当下文化体系的重要、有机组成部分，并依旧能够持续发挥、强化其价值与功能。“创新性发展”则侧重思考传统文化“新”的弘扬与增殖，即以中华优秀传统文化为基底，不断提炼并融入全新的文化内容与精神内涵，从而实现中国文化面向世界、面向未来、面向现代化的再创造，铸就新的辉煌文化成果。“返本”与“开新”前后继承、不可分割。

第三节　媒体深度融合与视听传播

一、媒体融合与媒体深度融合

“媒体融合”（media convergence）是一个舶来概念，学者普遍认为源于美国麻省理工学院。但由谁最早提出，目前仍有争议。一种说法认为美国麻省理工学院的尼古拉斯·尼葛洛庞帝（Nicholas Negroponte）于1978年对计算机、出版印刷与广播电影三大工业趋于融合的判断是这一概念的最早雏形[①]。另一种说法认为同校的伊赛尔·德索拉·普尔（Ithiel de Sola Pool）提出的“传播形态融合”（the convergence of modes）概念对“媒体融合”的推广具有重要作用。这一概念被用以描述媒介之间（甚至包括点对点的传播）界限逐渐模糊的过程：过去只能由一种特定媒介提供的服务，现在则可以通过多种不同的方式获取[②]。

一般认为，“媒体融合”的概念最早在2005年出现在大陆新闻传播学研

① 参见宋昭勋．新闻传播学中Convergence一词溯源及内涵[J].现代传播（中国传媒大学学报），2006（1）：51-53.

② POOL I D. Technologies of freedom[M]. Harvard University Press,1983:23.

究议程之中，由蔡雯以“融合媒介”“融合新闻”的表述引入[①]。此后，学界围绕“media convergence”概念出现“媒体融合”与“媒介融合”两类表述，大部分学者使用时鲜有对二者进行严格区分，甚至有同一篇文章中两种表述混用的情况。据陈国权考证，“媒介融合”是2006年左右中国报业应对“报业寒冬”所倡导和实践的重要举措，其理念与普尔“媒介功能一体化”的观点一致。“媒体融合”是2014年中央以文件形式所界定的，内涵与密苏里新闻学院观点相似，简言之为一个传媒集团拥有多个媒介平台以确保传播能力最大化[②]。李玮、谢娟认为，“media convergence”本身包含媒介和媒体两个方面的融合，前者侧重于物质技术与传播形态，后者则侧重于不同类型、区域、层次的媒体组织[③]。可以说，“媒介融合”与“媒体融合”分别是对“media convergence”的微观与宏观理解，“媒体融合”概念包含着“媒介融合”的面向，其内涵也更为丰富、系统。

2014年，中共中央办公厅、国务院办公厅印发《关于推动传统媒体和新兴媒体融合发展的指导意见》（下简称《意见》），“媒体融合”概念自此上升为党和国家层面的政治话语。这一年也被称为中国“媒体融合元年”。在《意见》中，“媒体融合”指“传统媒体和新兴媒体在内容、渠道、平台、经营、管理等方面”的深度融合，其目标在于打造一批形态多样、手段先进、具有竞争力的新型主流媒体，建成几家拥有强大实力和传播力公信力影响力的新型媒体集团，形成立体多样、融合发展的现代传播体系[④]。这成为学界普遍采用和遵循的一种界定方式。也有学者给出了自己的理解，如李良荣、周宽玮认为，“媒体融合”是诸类媒体形态边界消融，多功能复合型媒体逐步占据主导的过程与趋势，并强调这种融合是全方位、深层次的，并不

① 蔡雯．新闻传播的变化融合了什么——从美国新闻传播的变化谈起[J]．中国记者，2005（9）：74-76.

② 陈国权．一字之差 立意有别[N]．中国新闻出版广电报，2016-08-30（5）．

③ 李玮，谢娟．“媒介”、“媒体”及其延伸概念的辨析与规范[J]．武汉理工大学学报（社会科学版），2011，24（5）：694-699.

④ 中央全面深化改革领导小组第四次会议审议通过《关于推动传统媒体和新兴媒体融合发展的指导意见》[EB/OL]．共产党员网．（2020-08-20）[2022-08-11]．https://news.12371.cn/2014/08/20/VIDE1408534807182577.shtml?isappinstalled=0.

只局限于媒体形态[①]。宋建武则将其定义为，“持续发展的互联网技术及其应用迫使传统媒体从过去单一的传播渠道、内容和方式向平台化方向发展的过程”[②]。这些观点进一步完善并深化了学术视域中对“媒体融合”的认知，同时从不同的角度突出了“媒体融合”的关键特征。

2020 年，中共中央办公厅、国务院办公厅印发《关于加快推进媒体深度融合发展的意见》，标志着我国媒体融合发展进入深水区。同时“媒体深度融合”的概念也正式登场，并深深嵌入政策设计、学术话语与行业实践当中。在经历了理念形成与战略启动、持续推进与认识深入两个时期，深度融合的阶段有了更加系统的布局与明确的目标。从学者对文件内容的解读来看，媒体融合向深度迈进，是离散式、试验性创新探索到一体化、全局性生态建构的转型[③]。关于“媒体深度融合”的阐述不再强调传统媒体与新媒体的区分，而将重点聚焦于互联网这一主流舆论主阵地的建设，突出协调、优化各方面资源推动网络平台上传播主力军的发展与壮大[④]。“媒体深度融合”的目标是建立起包括全程、全息、全员、全效四个维度在内的全媒体传播体系。这一目标的实现有赖于在技术引领、内容生产、体制机制与人才培养这些结构性要素上进一步优化和改革，同时科学、合理构建中央、省、市、县四级媒体融合发展格局。因此，这“四大支撑”与“四级布局”成为“媒体深度融合”的实际建设重心。这一科学界定不仅推进了学界对于“媒体深度融合”的想象力，也为业界的融合转型实践提供了切实有效的方向指引，值得我们进一步深入领悟与阐释。

媒体融合概念的发展历程如图 2–1 所示。

---

① 李良荣，周宽玮 . 媒体融合：老套路和新探索 [J]. 新闻记者，2014（8）：16–20.

② 高海珍，黄森 .“中国的媒体融合在全球处于领先地位”——专访中国人民大学新闻学院教授宋建武 [J]. 新闻与写作，2016（2）：67–70.

③ 曾祥敏，刘日亮 .“生态构建”：媒体深度融合发展的纵深进路 [J]. 现代出版，2022（1）：50–63.

④ 中共中央办公厅 国务院办公厅印发《关于加快推进媒体深度融合发展的意见》[EB/OL]. 中国政府网 .（2020–09–26）[2022–08–11].http://www.gov.cn/xinwen/2020–09/26/content_5547310.htm.

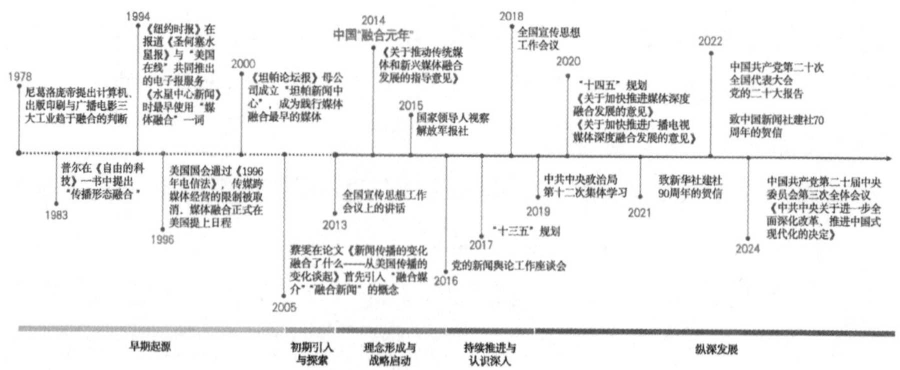

图 2-1　媒体融合概念的发展历程

二、视听传播

“视听传播”（audiovisual communication）是一种将视觉与听觉组合在一起的信息传播方式。它同时使用图像技术与声音技术来创造有意义的、可供交流的内容，从而实现信息与想法的传递①。20 世纪 20 年代，有声电影的发明开启了“视听传播”百年演进的历史起点。自此，人类信息传播活动在经历了口耳相传的听说时代、以文字与印刷为支撑的阅读时代，正式迈入视听时代。在大众传播时代，“视听媒介”指由视觉部分与声音部分共同构成的电子媒介，主要包括电影、电视、电子游戏、幻灯片等媒介形态②。而伴随着数字时代的降临，种种基于数字新媒体技术而再创造的视听产品形态极大拓展了“视听媒介”的内涵与外延。郭小平认为，数字时代的“视听媒介”是一种综合作用于视觉与听觉，同时具有传受双向互动特征的媒介形态③。冶

① Audiovisual Communication and Audible Communication[EB/OL]. Business Communication Article. [2022-08-12]. https://www.businesscommunicationarticles.com/audio-visual-communication-and-audible-communication/.

② YEROMIN M. Universal Code of Movies and Influence of Traditional Media[M]// Universal Codes of Media in International Political Communications: Emerging Research and Opportunities. Hershey, PA: IGI Global, 2021:18-51.

③ 郭小平 . 新媒体导论 [M]. 北京：北京大学出版社，2014：15.

进海将其界定为“以声画合一为主的、在屏幕上播出并具有动态影像”的媒介[①]。除了传统的电影电视外，动画、IPTV、网络/手机电视、网络视听节目[②]，以及近年来快速发展的网络直播、短视频、交互影像、AI合成视频等，都可纳入“视听媒介”的概念范畴。“视听”的概念正在变得泛化与遍在。

这种“视听传播”内涵的拓展，权威且直观地体现在相关政策表述的变迁之上。2007年，欧盟委员会对《电视无国界指令》（*Television without Frontiers Directive*）[③]进行修订并更名为《视听媒体服务指令》（*Audiovisual Media Services Directive*）[④]。新指令用“视听媒体服务”（audiovisual media services）替代了原来的“广电服务”（broadcasting services）的术语。这一新指令于2010年被编入欧盟法典（Directive 2010/13/EU），并在2018年新一轮修订中将视频分享平台纳入管理范围。在我国，2004年，原国家广播电影电视总局实施39号令《互联网等信息网络传播视听节目管理办法》[⑤]，首次对网络视听节目与广播电视节目做出区分，并对《信息网络传播视听节目许可证》的申请程序、业务监管等做出规定。在以后的十年中，伴随着多项规章与政策性文件的出台，以及中国网络视听节目服务协会的成立，我国对网络视听内容的监管框架基本形成。此外，我国于2020年修订的《中华人民共和国著作权法》，第三条内容也由“电影作品以及以类似摄制电影的方法创

① 冶进海．变革中的视听媒体发展格局与传播形态[D].陕西师范大学，2016.

② “网络视听节目”本身也是一个伞式术语，根据广电总局2010年制定的《互联网视听节目服务业务分类目录（试行）》，“网络视听节目”包含网络剧、网络电影、网络综艺节目、网上已有或网民上传的视听内容的聚合/转发等。

③ The Council of the European Communities. Council Directive 89/552/EEC of 3 October 1989 on the coordination of certain provisions laid down by law, regulation or administrative action in Member States concerning the pursuit of television broadcasting activities. [Z/OL]. (1989-10-03)[2022-08-13]. https://eur-lex.europa.eu/legal-content/EN/TXT/?uri=celex%3A31989L0552.

④ European Parliament, Council of the European Union. Directive 2010/13/EU of the European Parliament and of the Council of 10 March 2010 on the coordination of certain provisions laid down by law, regulation or administrative action in Member States concerning the provision of audiovisual media services (Audiovisual Media Services Directive)(Text with EEA relevance)[Z/OL]. (2010-04-15)[2022-08-13]. https://eur-lex.europa.eu/legal-content/EN/ALL/?uri=CELEX%3A32010L0013.

⑤ 国家广播电影电视总局．互联网等信息网络传播视听节目管理办法[Z/OL].中国政府网.[2022-08-13]. http://www.gov.cn/gongbao/content/2005/content_64200.htm.

作的作品”改为“视听作品”[①]，以解决之前部分规定难以涵盖新的事物、无法适应新的形势的问题[②]。

在媒体融合纵深发展的背景下，“大视听”格局成为媒体融合创新的核心趋势。一切信息、情感、关系、媒介、传播都可融于“视听”之中，这正是当下社会文化建构之关键特征的写照。视听传播本身也在这一过程中不断再造。第一，传统电视“流”的线性结构被瓦解，视听内容在流媒体技术的支持下走向“文本化”[③]，推动了内容的平台流动、随机嵌入以及自由取用与读写。第二，技术可供性深度作用并形塑着视听传播形态，人体感觉丰富性的还原与传、受交往互动的深化是其发展的两大方向。第三，视听传播呈现面向用户的分众化、精细化传播[④]，基于多元化需求的“圈层”成为人们在视听内容上的注意力分配的驱动逻辑。第四，传播主体进一步多元化，视听文化凸显出参与式生产特征。“受众”转变为主动的“产消者”（prosumer），参与到内容生产之中，这也使得基于趣缘群体的小众文化得以崛起，并且在不断再生产与再阐释中频频“出圈”。《关于加快推进媒体深度融合发展的意见》提出，以内容建设作为深度融合之根本，走好全媒体时代群众路线，发扬“开门办报”的优良传统，同时努力讲好中国故事，传播中华优秀文化。上述这些发展转向与时代要求构成了视听传播相较于前媒体融合时代的重要区分，这也是本研究在关于优秀传统文化视听传播的实际探索中应着重予以观照与思考的。

---

① 中华人民共和国著作权法（最新修正版）[Z]. 北京：法律出版社，2020.

② 袁曙宏．关于《中华人民共和国著作权法修正案（草案）》的说明——2020 年 4 月 26 日在第十三届全国人民代表大会常务委员会第十七次会议上 [EB/OL]. 中国人大网．（2020-11-12）[2022-08-13]. http://www.npc.gov.cn/npc/c30834/202011/f254003ab9144f5db7363cb3e01cabde.shtml.

③ 王晓红．视频文本化及其技术功能初探 [J]. 新闻爱好者，2013（3）：7-12.

④ 曾祥敏，杨丽萍．论媒体融合纵深发展“合”的本质与“分”的策略——差异化竞争、专业化生产、分众化传播 [J]. 现代出版，2020（4）：32-40.

第四节　话语与认同

一、话语

“话语”可以说是人们日常生活中较为常用的词汇。至少在明代小说中就有对此词的使用，如《百家公案》中的“虽在寐中话语若平生”[①],《三国演义》中的“老夫自出，只用一席话，管教诸葛亮拱手而降”[②]等。然而“话语”在学术语境中却显得晦涩和混乱。这是因为学术中的“话语”并非源自中国本土思想文化积淀，汉语中同英文“discourse”天然对等的词项并不存在，以“话语”对译“discourse”只是学界的一种约定俗成[③]。与此同时，由于“话语”被广泛运用于多个学科与思想流派，因此其本身并非意义稳定、澄明的概念。相反，在不同的理论语境中，“话语”的内涵有较强的流动性。

现代英文的“discourse”由拉丁语“discursus”逐渐演变而来，根据《新牛津英语词典》的释义，“discourse”主要指口头或书面的语言，以及说或写的行为本身[④]。18 世纪时，“discourse”成为艺术评论相关的专门术语，如埃德蒙·伯克（Edmund Burke）等人常以“discourse”作为论述“优美”“雄浑”之类文章的题目[⑤]。从 20 世纪 60 年代开始，“话语”成为语言学家关注的焦点，并伴随着人文社科领域的“语言学转向”在社会学、哲学、历史学等学科登场。

胡春阳以“两种面向论”的框架对林林总总的“话语”概念及其背后理论进行了凝练、有效的梳理。她认为，根据是否关注语言的权力问题可

① 安遇时 . 百家公案 [M]. 北京：群众出版社，1999：145.

② 罗贯中 . 三国演义 [M]. 北京：人民文学出版社，2019：800.

③ SHI X. Discourse studies and cultural politics: An introduction[M]// Discourse as cultural struggle. SHI, X, et al. Hong Kong: Hong Kong University Press,2007: 3–16.

④ PEARALL J,et al. The New Oxford Dictionary[M]. Oxford: Claendon Press, Shanghai: Foreign Education Publishing House, 2001.

⑤ 参见廖炳慧 . 关键词 200：文学与批评研究的通用词汇编 [M]. 南京：江苏教育出版社，2006：76.

将“话语”分为诗学的与政治学的两种面向[①]。一方面，“话语”主要在语言学的领域中被探讨。在这里，“话语”的概念接近于弗迪南·德·索绪尔（Ferdinand de Saussure）提出的“言语”（parole），与结构主义语言研究所关注的“语言”（language）相对。“语言”指潜藏于人们意识之中的、抽象的语言规则系统与词汇系统。作为一种社会事实，个人无法改变。而“言语”指在具体场景对语言的实际使用，是个人的，异质的，多变的。韩礼德与哈桑（Ruqaiya Hasan）视“话语”为不受句子语法束缚的、在特定语境中完整表达意义的自然语言，是实际应用中的语言单位[②]。约翰·费斯克（John Fiske）等称其为“比句子更重要的动词性言说”[③]。可见，在结构上，“话语”是一种大于句子的语言要素，可统指临时形成的书写或口语段落，也可指新闻报道、法律文书等社会文化语境中形成的固定段落形式。另一方面，政治学面向上的“话语”则更多同后结构主义与符号学相联系，进而跳出了语言学的领域，所关心的是语言及其他表征系统在文化中更为广泛的作用。特别是米歇尔·福柯（Michel Foucault）对话语赋予了全然不同的内涵，并对社会理论发展形成深刻影响。他将“话语”的形式从语言拓展到各种视觉形象，认为“话语”是各种实践活动所组成的关系网络中的一个结，体现着特定的社会历史性与权力关系。话语不仅指语言的交互过程与结果，而且具备建构作用，是意义创造与再生产的社会化过程。在这种意义上，如斯图亚特·霍尔（Stuart Hall）所指出的，“话语”成为一种普遍术语，以指称将“意义、表象与文化视为构成性的任何途径”，它并不简单强调语言本身，而是关注话语产生的意义、知识与身份如何与权力相联结，以及其在各个特定时期里，于语境中得以配置与凝结的方式[④]。

---

① 胡春阳．传播的话语分析理论 [D]. 上海：复旦大学，2005：18–25.

② 参见张德禄，刘汝山．语篇连贯与衔接理论的发展及应用 [M]. 上海：上海外语教育出版社，2003：Ⅷ.

③ 费斯克，等．关键概念：传播与文化研究辞典 [M]. 李彬，译．北京：新华出版社，2004：85–86.

④ 霍尔．表征：文化表征与意指实践 [M]. 徐良，陆兴华，译．北京：商务印书馆，2013：9.

这种人文社科“语言学转向”与语言学“话语转向”所暗含的，是关于“话语”的研究视角由微观逐渐走向宏观的理论历程。这种变化至少表现在文本和语境两个层面：将“话语”从“口语或书写的语言”“情境化的语言使用”“作者、读者同文本的互动”等[①]，转向“意义或意识形态的物质化”[②]，“语义上的语言与语用上行为、动作以及对象的交织”[③④]；从将“话语”的语境限定在特定的社会语境（如部分学者在会话分析中指出，当前的会话动作构成序列中下一个动作的即时语境[⑤]），转变至将人类社会作为意义生成过程所处的领域（图 2-2）。

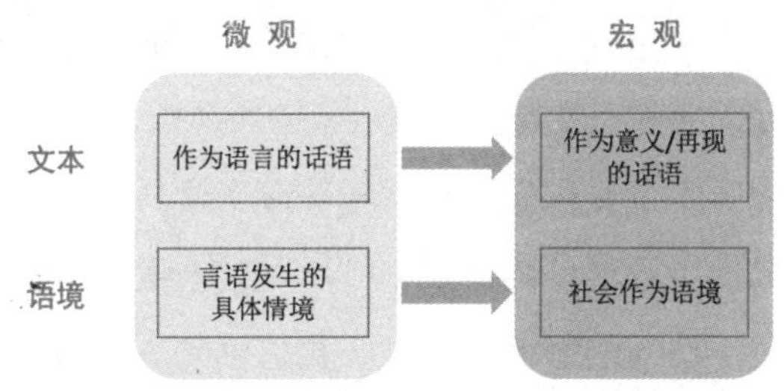

图 2-2　关于“话语”认识视角的变迁

基于此，本研究主要采取宏观文本与宏观语境的视角对“话语”进行审视，将其作为社会化、制度化、历史化的形构产物，进而在具体的社会现象与实证材料中探索意义何以经由特定的话语建构、再生、流动，最终在特定的历史文化情境中得以定形。在具体的概念内涵上，研究主要采用话语理论分析（discourse-theoretical analysis）对于“话语”的定义方式，将话语视为

① FAIRCLOUGH N. Discourse and Social Change[M]. Cambridge: Polity Press,1992:3.

② 参见 BARTHES R. The Pleasure of the Text[M]. New York: Farrar, Straus & Giroux,1975.

③ TORFING J. New Theories of Discourse. Laclau,Mouffe and Žižek[M]. Oxford: Blackwell,1999:94.

④ 英文话语分析学界有通过“discourse”首字母的大小写来对宏观与微观文本意义上的“话语”进行区分。“Discourse”指内涵超出语言之外的“话语”概念，“discourse”用来指代纯语言意义上的“话语”概念。这一方法由 James Paul Gee 提出。参见 GEE J P. Social Linguistics and Literacies. Ideology in Discourses，Critical Perspectives on Literacy and Education[M]. Bristol：Falmer Press, 1990:142.

⑤ HERITAGE J. Garfinkel and Ethnomethodology[M]. Englewood Cliffs：Prentice-Hall,1984:242.

一种建构性的、社会性的意义结构，是接合实践的产物。对于此定义的详细阐述将在第三章进一步展开。

二、认同

中文语境中的“认同”对应着两个英文词汇，它们分别是“identification”与“identity”。根据柯林斯英语词典释义，前者的主要含义为“进行识别的动作或被识别的状态”，以及“能够识别人或物的某种事物”，描述的是一个过程或物质。后者则意指“具有其他人或物所没有的独特识别特征的状态”和“一种能够识别人或物的个体特征”，侧重于描述一种状态或特征。综合“identification”与“identity”的释义来看，“认同”的内涵也可从另一个角度分为两个维度，即同一性与独特性。

认同的概念涉及哲学、心理学、社会学等多个学科，因而在不同研究范畴的辞典中内涵各异。尽管这一词汇在19世纪末20世纪初开始出现于学术文本之中，但哲学对于认同的思考则可以一直追溯到古希腊，并作为经典哲学命题贯穿至今。简单来讲，哲学中的“认同”所关注的是广泛存在于客观事物之中抽象的、思辨的同一性问题。无论是早期本体论领域中毕达哥拉斯的“数是万物本源”、泰勒斯的“水是万物的初基”，还是近代认识论中笛卡尔以“我思故我在”的表述来确认自我与自身的统一、黑格尔的辩证法思想，都蕴含着对存在于事物自身或事物间差异性基础之上的同一性的探索和确认。

“认同”作为一个学术概念最早见于心理学领域，由精神分析学派学者弗洛伊德（Sigmund Freud）提出。弗洛伊德从人自身的生物性出发，将认同理解为个体与他人和群体，或模仿他人从而在情感、心理上走向趋同的过程。在弗洛伊德观点的基础上，埃里克·埃里克森（Erik H. Erikson）做了进一步的修正，形成系统化的认同理论。他将认同与自我勾连起来，同时强调认同需在一定的社会环境中才能形成。基于这两点，埃里克森认为认同是个体在社会互动中对自我的确认，也是面临信仰、职业、价值观等关于自我发展重大问题的思考和选择以及做出选择之后内在形成的一致感与连续感[①]。到20世纪六七十年代，欧洲层出不穷的社会运动与不断加剧的各种群体性冲突引发学者的思考。在这一背景下，社会心理学学者亨利·泰弗尔（Henri Tajfel）与约翰·特纳（John Turner）提出了社会认同理论，对认同的思考重点也由“我是谁”的问题转向“我们是谁”。在他们看来，社会认同是“个体认识到他属于特定的社会群体，同时认识到作为群体成员带给他的情感和价值意义”[②]。社会认同理论的基本观点还包括：社会认同的产生来源于社会分类；个体会对所认同的群体产生偏好，同时对相关的外群体形成偏见；这种内群体与外群体的有利比较，是获得与提高自尊的来源，同样易引起群体冲突。

区别于心理学从心理机制考察如何形成认同，社会学则更多关注的是认同的社会意义，具体来说，即“通过个体对身份的共识探寻社会关系的影响和意义”[③]。个体的社会身份是复合的、多样的，每种身份背后所关联的是一种特定的社会共同体，以及个体在其中所处的社会地位，代表着一种特定的社会关系。因此，社会学中的认同又可进一步分为民族认同、文化认同等子领域。

在民族认同方面，亨廷顿通过对“美国人”这一民族身份的分析指出，共同的文化传统、历史记忆、民族属性以及宗教信仰是民族身份的基石。维持和巩固民族认同需一方面强化内部的同一性，另一方面拉大与外部的差异性。同时，没有哪种身份能够享有天然的优势，民族身份同样不是固定不变的，也面临其他身份对认同资源的抢夺。

文化认同的概念最早来自后殖民主义研究，经文化研究学者霍尔的推动而在学界受到重视。就定义而言，文化认同指人们之间或个人同群体间共

---

① 参见白苏婷，秦龙，杨兰.认同概念的多学科释义与科际整合[J].学术界，2014，198（11）：80-90，310.

② TAJFEL H. Differentiation between social groups: Studies in the social psychology of intergroup relations[M]. London: Academic Press,1978.

③ 白苏婷，秦龙，杨兰.认同概念的多学科释义与科际整合[J].学术界，2014，198（11）：80-90，310.

同文化的确认。相同的文化符号、遵循共同的文化理念、秉承共有的思维模式和行为规范，都是文化认同的依据[①]。更为具体地讲，文化认同可被定义为“个体或集体在特定的时空关系中，将某些价值规范、宗教信仰、风俗习惯、审美观念等内在化，进而形成特定的认知、观点、态度和行为方式，并从中获得归属感、安全感或平衡感的一种象征性认可的体系”[②]。对于文化认同，学界主要存在着两种不同立场，一种是本质论的，认为文化认同是自然生成、稳定不变的；另一种则是建构主义立场，认为文化认同同样是社会建构的结果，是一个流动的过程。随着社会科学研究的建构主义转向，文化认同的建构主义立场也逐渐占据上风。在后现代语境下，随着社会的转型发展，个体对自我文化身份的认同发生变化，甚至发生解构与重构。文化认同由之前相对的固定坚实，逐渐表现出明显的动态、多元与个人化的特征。主体观中主体同一性的内核逐渐消解，进一步失去了原有的深度与一致性。特别是在数字新媒体的传播环境中，文化认同更展现出明显的去边界化与混杂化的特征。借由移动网络平台，文化认同从原来单一取向转变为多元取向的“杂糅文化认同”（hybrid cultural identity）[③]。在多种不同文化的冲击与浸润下，个体一方面需学会更为包容地接受不同文化中的有益因素，另一方面需更加理性地看待自己的原生母文化氛围。综上所述，本文所论述的“认同”主要限定在建构主义层面的文化认同概念。

---

① 张云鹏 . 文化权：自我认同与他者认同的向度 [M]. 北京：社会科学文献出版社，2007：212.

② 石义彬，熊慧，彭彪 . 文化身份认同演变的历史与现状分析 [A].“数字时代的全球媒介传播与文化身份认同研究”报告 . 中国媒体发展研究报告 [C].2007：182-204.

③ SHUTER R.Intercultural new media studies: The next frontier in intercultural communication[J]. Journal of Interculural Communication Research. 2012,41(3):219-237.

第三章　话语理论与媒介传播研究

第一节　话语分析的学术史考察

一、话语分析的多重进路

从 2003 年托伊恩·梵·迪克（Teun van Dijk）的《作为新闻的话语》（*News as Discourse*）引入我国，“话语”“话语权”等术语开始在我国学界流行起来，话语分析也逐渐成为国内传播学研究的常用方法。比如上章关于“话语”的简要讨论，每一种版本的概念背后，是一整套特定的话语分析理论，具有截然不同的分析进路。

目前应用于社会科学领域的话语分析至少经历了三代的延迭[①]（图 3–1）。

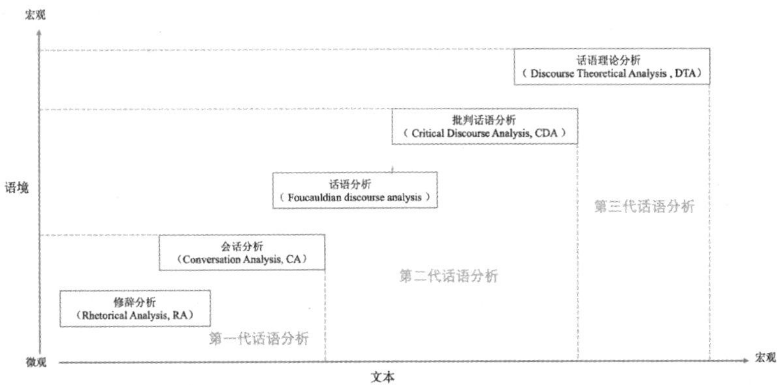

图 3–1　新闻传播领域的三代话语分析

① TORFING J. Discourse theory: Achievements, arguments, and challenges[M]//Discourse theory in European politics. Palgrave Macmillan, London, 2005:1–32.

第一代话语分析的理论背景源于20世纪初期俄国形式主义与捷克结构主义。受二者滋养并进一步发展的叙事学与法国结构主义对此代话语分析理论产生了重要的影响。学者们从语言学的狭义视角出发，将“话语”视为一种大于句子的文本单位，主要使用结构主义的方法对个体的实际语言应用进行描述和分析。在新闻传播学研究中，这一进路多用于探究媒介话语在叙事、修辞等方面的特征，如国内学者基于韩礼德的“语域”理论对传统文化类节目意义生成的分析①，以《中国环境状况公报》为个案开展的环境新闻话语修辞的研究等②。

第二代话语分析主要受福柯的话语实践理论的启发和影响，将“话语”化约为更为广泛的社会实践的一个子集，包括社会行动者在其生产和解读意义时所运用的各种语言中介性实践。由于这些话语实践有助于使偶然性建构的意义得以自然化，所以它们是具有意识形态性的。这种观点的代表便是批判话语分析（critical discourse analysis，简称为“CDA”），如诺曼·费尔克拉夫（Norman Fairclough）的《媒介话语》（*Media Discourse*），梵·迪克的《作为新闻的话语》，以及国内学者对《人民日报》关于游戏的新闻话语流变及社会文化实践与意识形态变迁的分析③，对我国的新闻编译失范现象的话语分析等④，这些研究都是将媒介话语实践放在媒介组织与社会权力的环境中考察的。

第三代话语分析主要由英国“埃塞克斯学派”（the Essex School）在吸取、整合福柯、雅克·拉康（Jacques Lacan）、雅克·德里达（Jacques Derrida）等后现代主义学者思想的基础上发展而来。“话语”不再被视为整个社会系统的一部分，而是几乎与社会本身一致，涵盖了所有社会现象。这

---

① 参见王婷．意义生成与语境建构："语域"视阈下传统文化类节目研究 [J]. 现代传播（中国传媒大学学报），2019，41（1）：103-107.

② 参见王淳，张玉川．环境新闻的话语修辞：以中国环境状况公报为基准点的三角对比 [J]. 新闻大学，2021（8）：51-64，118-119.

③ 何威，曹书乐．从"电子海洛因"到"中国创造"：《人民日报》游戏报道（1981—2017）的话语变迁 [J]. 国际新闻界，2018，40（5）：57-81.

④ 常江，杨奇光．"二传手"之失：对我国新闻编译失范现象的批判话语分析 [J]. 新闻界，2015（3）：13-18，45.

一进路强调话语的偶然性与不稳定性，研究也更多聚焦于话语的结合过程与意识形态的斗争，体现出鲜明的后结构主义与后现代主义的特色。21 世纪以来，比利时学者尼科·卡彭铁尔（Nico Carpentier）领衔的“布鲁塞尔话语理论小组”（Brussels Discourse Theory Group）在这种话语理论的基础上发展出话语理论分析（discourse-theoretical analysis，简称为“DTA”），进而打开了将第三代话语分析由政治学领域系统引入、运用于媒介与传播研究的可能性与想象力。当前，话语理论分析方兴未艾，这一进路被新闻传播学者应用于媒介场域中多元话语的建构与争夺的分析之中，弥补了以往研究成果长期聚焦媒介文本而无法有效把握媒介文本的生产与接受过程的缺口，为新闻传播学的话语分析提供了一种创新性的思路。这也是本研究在探索深度融合背景下中华优秀传统文化的视听传播中所主要参考的理论起点。

二、话语理论分析

话语理论分析在对第三代话语理论继承与扬弃的基础上形成自己的理论框架。媒介不再被视为一种用于被动表达或反映的社会现象，而是一种能够生产、再生产，以及转化社会现象的特定机制。因此媒介不仅是话语传播的社会场所，也是福柯所说的话语的“散布系统”，它们本身具有某种恰当的、特定的形塑规则[①]。这构成了话语理论分析对于媒介与媒介活动的一个总的看法。具体的概念与逻辑体系将在下一部分详细展开。

在方法论上，通过将话语理论与质性研究的核心原则相关联，以若干“敏感性概念”（sensitizing concepts）构建起理论向实际分析转译的桥梁，话语理论分析搭建起一套完整的方法论的金字塔模型。所谓“敏感性概念”，相对于“定义性概念”（definitive concepts）而言，指不能借助如属性、固定的标准等明确的定义来精准地代指一类事物所共有的特性，而仅在处理实证

① CARPENTIER N, DE CLEEN B. Bringing discourse theory into media studies: The applicability of discourse theoretical analysis (DTA) for the study of media practices and discourses[J]. Journal of language and politics,2007,6(2): 265-293.

案例时为研究者提供一般性参考或方向性指导的概念[①]。它能够帮助研究者解决“看向哪里”与“看向什么”[②]的基本问题，从而为组织分析提供起点。如图 3-2 所示，话语理论分析的研究建立在一般意义上的质性研究方法之上，包括但不限于话语分析领域专用的质性方法，关注意义生产的相关过程，并强调其语境性与偶然性。金字塔第二层将“话语”作为一级敏感性概念，从“话语作为意义建构”的共同立场出发，运用话语分析中的通用策略进行理解和诠释。第三层则是由“拉墨”话语理论的概念库提供二级敏感性概念，如“节点”“接合”“要素”等，同时来自话语理论以外的其他理论框架中的敏感性概念也可能因理论框架的整合而补充进来，从而引导研究进一步深入，形成理论抽象。如此，在话语理论分析中，话语理论被有效转化为经验研究的分析工具，再经过“材料收集 / 处理—内容解读—理论抽象”的三个阶段，实现认识层次的“意义—话语结构—意识形态 / 社会表征”的不断深入。

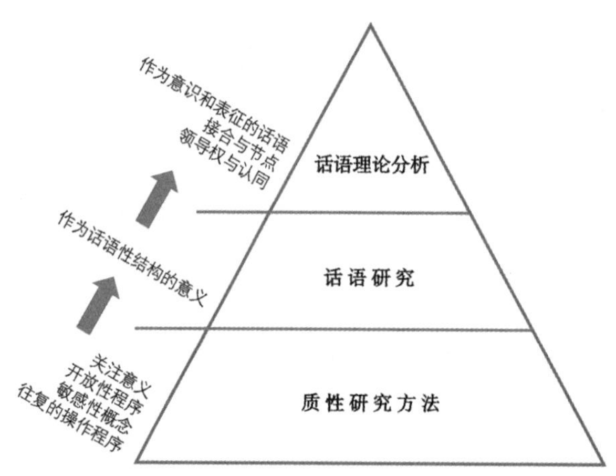

图 3-2　话语理论分析的金字塔模型

① BLUMER H. Symbolic Interactionism：Perspective and Method[M].Englewood Cliffs,New Jersey: Prentice Hall,1969:7.

② RITZER G. Sociological Theory[M]. New York: McGraw-Hill,1992:365.

第二节 概念体系与理论逻辑

一、基本概念

话语理论分析的概念体系主要建立在“埃塞克斯学派”的代表人物——厄内斯特·拉克劳（Ernesto Laclau）和尚塔尔·墨菲（Chantal Mouffe）的话语理论之上，在本体论层面认为并不存在本质性原则或天然的基础决定社会以何组织和结构，一切社会事物与现象均由话语获得意义。话语被描述为一个结构化实体，是接合实践的产物[①]。接合（articulation）是话语理论分析的一个核心逻辑，被定义为“在各因素间建立关联，从而使它们身份得以改变的实践”[②]。有学者对这一过程提出一种更为通俗的解释，认为接合就是人们通过将特定的文字、对象、想法和概念与世界组合、连接在一起来赋予后者意义，当这种组合一次又一次重复时，所构成的模式便形成一个稳定的结构，最终我们将其视为社会世界[③]。话语嵌入在话语性场域之中，其中充满了各种“漂浮的能指”，它们可以在不同语境或话语中展现出不同的意义，被形象地描述为“意义的溢出”（overflowed with meaning）[④]。也就是说，这些能指存在被多种话语结合的可能。当这些能指被接合进入特定的话语之中时，它们的某种意义便被话语所捕捉，进而转变为要素，与之相对，原先未被接合时的状态被称为因素。这种转化依靠一种在话语中占据特殊位置的能指完成，这就是节点（nodal points），类似于拉康的“锚定点”的概念（points de

---

① LACLAU E, MOUFFE C. Hegemony and Socialist Strategy: Towards a Radical Democratic Politics[M]. 2nd ed. Norfolk: Verso,2001:105.

② 同上。

③ JACOBS T. The Dislocated Universe of Laclau and Mouffe: An Introduction to Post-Structuralist Discourse Theory[J]. Critical Review, 2018,30:3-4,294-315.

④ TORFING J. New Theories of Discourse. Laclau,Mouffe and Žižek[M]. Oxford：Blackwell,1999:301.

caption），接合实践存在于节点的建构之中，实现对意义的部分固定[①]。节点在特定的话语内获得它们的意义，同时话语围绕节点得以组织起来。正是节点与因素的连接与组合实现了因素的结构化，使其转化为一种要素的意义系统，从而编织成一个特定的表意链条[②]，最终使一部分“漂浮的能指”围绕节点固定下来，成为“意义结构网络的一部分”[③]。

话语的意义并不是稳定、闭合的，接合实践也仅仅是在话语性场域中构建起某一个实现意义的部分固定并维持其相对稳定的临时性结构。这是因为因素与要素的转化永不停止[④]。始终有剩余的因素（并承载着多种意义的可能性）没有或无法被接合，而漂浮于话语固定的意义链条之外。原有的要素可能与节点解除接合，重新变成意义浮动的因素；而被话语排除在外的因素也可能被再次接合进入话语中，使话语结构中融入新的意义。这些转化不断构成对话语结构的冲击，使话语的意义受到扰乱和破坏[⑤]。因此，在话语之外的因素会阻止话语意义的完全闭合[⑥]，话语便成为“一种意义被不断协商与建构的结构”[⑦]。

如果说接合实践是话语内部的节点试图支配话语性领域的尝试，与之相似，话语外部的各种意义结构（也就是多套节点与要素组成的表意链条）同样在针对社会性的主导地位进行角力。在这种话语性竞争中取得胜利的一方则能够成功构建一组作为社会秩序基础的节点并维持其稳定，这一话语也就

① LACLAU E,MOUFFE C. Hegemony and Socialist Strategy: Towards a Radical Democratic Politics[M]. 2nd ed. Norfolk: Verso,2001:113.

② HOWARTH D,STAVRAKAKIS Y. Introducing discourse theory and political analysis[M]// D HOWARTH, A J NORVAL, Y STAVRAKAKIS,eds. Discourse theory and political analysis: Identities, hegemonies and social change,2000:1-23.

③ 史密斯 . 拉克劳与墨菲：激进民主想象 [M]. 付琼，译 . 南京：江苏人民出版社，2011：134.

④ 徐桂权，陈一鸣 . 后马克思主义视野下的媒介话语分析：拉克劳与墨菲话语理论的传播适用性 [J]. 新闻与传播研究，2020，27（2）：42-57，126-127.

⑤ CARPENTIER N. The Dislocation of the Empty Signifier Freedom as a Tool in Global Political Struggles: A Case Study on RT's Mini-Series How to Watch the News[J]. Javnost-The Public,2021:1-16.

⑥ LACLAU E,MOUFFE C. Hegemony and Socialist Strategy: Towards a Radical Democratic Politics[M]. 2nd ed. Norfolk: Verso,2001:111.

⑦ LACLAU E. Metaphor and social antagonisms[M]//NELSON C, GROSSBERG, et al. Marxism and the Interpretation of Culture. Urbana: University of Illinois,1988:249-257.

成为一种社会意象[①]。其本身的建构本质被忘记，而这种话语建构则被人们视作客观的和自然的[②]。某种话语所取得的这种社会性主导状态被称为领导权。

领导权的产生根植于话语本身所具有的对抗特性（antagonism）。接合使得话语性场域中的部分因素得以成为要素，这就导致了一种特定的意义结构与它可能的替代性系统间的天然分野。雅各布斯将其阐释为一种话语性场域的"结构二元论"，即总有两大话语结构（注意不是仅有两种）彼此相对[③]。这种对抗企图破坏"他者"身份的稳定，但又需要一个特定的"他者"作为一种外部构成来使自我身份稳定化与合理化[④]。拉克劳与墨菲引入"等同链条"（chain of equivalence）深入解释这个问题，围绕节点所展开的接合实践使多种身份聚集于同一个话语之中，这些身份的差异性被弱化，同时被统合起来共同对抗被话语排除在外的其他身份，在这一意义上，这些身份在接合过程中被等同起来。大卫·霍沃斯（David Howarth）提出的表达式能帮助我们更好地理解这一逻辑：

> 若 a、b、c 为三种被等同的身份，即 $a \approx b \approx c$，
> d 为话语外"他者"的身份，
> 则等同链条可表达为 $d = -(a, b, c)$[⑤]。

如上所述，正是话语的对抗性和意义接合实践所展现出的偶然性，决定了话语间的冲突以及不同身份间的相互排斥。话语往往面临着其他话语通过

---

① CARPENTIER N. Deploying discourse theory. An introduction to discourse theory and discourse theoretical analysis[J]. Media and Communication Studies Interventions,2010:251–266.

② CARPENTIER N. The Dislocation of the Empty Signifier Freedom as a Tool in Global Political Struggles: A Case Study on RT's Mini-Series How to Watch the News[J]. Javnost–The Public,2021:1–16.

③ JACOBS T.The dislocated universe of Laclau and Mouffe: an introduction to post-structuralist discourse theory[J]. Critical Review, 2018,30(3–4):294–315.

④ CARPENTIER N. Deploying discourse theory. An introduction to discourse theory and discourse theoretical analysis[G]// Media and Communication Studies Interventions,Tartu:University of Tartu Press, 2010:251–266.

⑤ HOWARTH D. Discourse[J]. Buckingham / Philadelphia: Open University Press,2000:107.

要素的再接合而对自身形成压制与消解的威胁。而一种领导权秩序的成功建立，意味着某种话语在竞争中宣告胜利，而整体的对抗也因此在一段时间与一定的语境中受到抑制与消解[①]。但领导权的长期、必然稳定是困难的，因为其往往不得不面对不断涌现出的新的话语。

话语理论分析的核心概念与理论模型如图 3-3 所示。

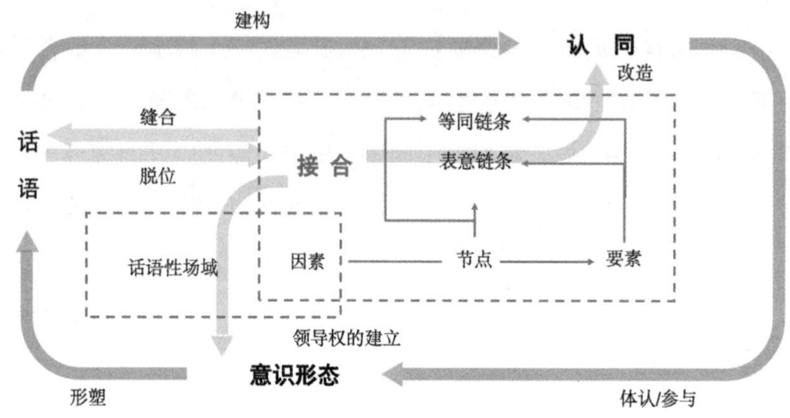

图 3-3　话语理论分析的核心概念与理论模型

需进一步辨明的是，这里的“领导权”尽管由葛兰西版本的“领导权”发展而来，且二者在具体内涵与基本立场上具有显著区别，以及关于领导权的研究整体展现出明显的去意识形态化的趋势，但必须清楚地认识到，这一来自西方学术界的词汇同我国社会语境中的领导权概念并不能简单等同。无论是葛兰西还是拉克劳与墨菲的“领导权”概念，其最为原始的出发点均为对西方社会意识形态与社会文化现状的深刻批判。与之不同的是，中文语境中的领导权指的是中国特色社会主义的领导权，其主要内涵为强调中国特色社会主义的思想文化建设应由作为工人阶级的先锋队，中华民族与中国人民的先锋队的中国共产党进行坚强与科学领导，在意识形态领域不断巩固人民群众当家作主的地位，保证社会主义文化发展始终以人民为中心，为人民的

① JØRGENSEN M,PHILIPS L. Discourse Analysis as Theory and Method[M]. London:Sage,2002:47–49.

发展而服务。与资本主义下单向的、不平等的意识形态控制与异化的权力结构相比，我国语境中的“领导权”则强调以文化人，注重传播与交流的平等性、自主性，如新闻舆论工作所强调的传播力、引导力、影响力、公信力的“四力”原则便是很好的体现。

因此，直接将“领导权”概念引入实际分析语境中使用显然是不合理的。但同样需要肯定的是，话语理论分析对于领导权形成、作用逻辑的思考，以及分析方法对考察中华优秀传统文化视听传播中认同的具体建构具有指导意义。首先，认同本身就是建构性与历史性的。从霍尔的视角来看，认同问题的核心是主体，而主体又是在话语实践中形成的。其次，认同是动态变化的，特别是在后现代的环境下，认同逐渐走向多元化、碎片化，“从‘我是谁’这种过去式的建构转向‘我们会成为谁’这样未来式的建构”①。这体现了认同形成的偶然性与不确定性。最后，认同本身也具有对抗性与竞争性。认同的意义来源于同一性和差异性、持续性和断裂性的张力。等同性链条形成了认同内部的核心，但认同也始终需要外部的他者来形成界定与比较的边界。另外，不同的身份也会抢夺认同资源，使已经形成认同的客体再次产生动摇。以上三个层次共同证明，话语理论分析中“领导权”部分的概念与逻辑能够很好地用于对认同建构的分析。

二、反思与扬弃

（一）“唯心主义”之辩

霍尔曾将自己在文化研究中的理论运用形象地比作“喜鹊筑巢”，称自己“东抓一把，西抓一把，把什么东西都放到自己窝里”②。在构建与完善中国特色学术体系的进程中，我们同样需要这样的开放性理论和实用主义策略。尽管话语理论分析主要着眼于媒介研究领域而非政治学领域，但我们在借鉴、吸收有益的研究视角与方法进路的同时，有必要对其所带有的“拉

① 白苏婷，秦龙，杨兰．认同概念的多学科释义与科际整合 [J]. 学术界，2014，198（11）：80-90，310.

② 参见金惠敏．积极受众论——从霍尔到莫利的伯明翰范式 [M]. 北京：中国社会出版社，2010：87.

墨”话语理论之底色进行更为深入的剖析与扬弃。如此才能真正做到立足我国实际，在马克思主义新闻观的指导下进行辩证的评估与吸收，从而有效服务于我国新闻传播学本土化理论的创新与建构。

“拉墨”话语理论的系统提出见于拉克劳与墨菲于 1985 年出版的《领导权与社会主义的策略》一书。这本书力图从话语的视角作为突破口，对马克思主义理论做进一步创新与发展。其独特的切入视角与新颖的观点，在获得大量关注和积极运用的同时，也引起了一定的讨论与争辩，其中一大焦点便集中于其建构主义的立场之上。

有观点认为，事物通过话语获得意义的观念很明显是一个将其本质化约为变化的知识的例子[①]。例如，马克·爱德华（Mark Edward）指出，拉克劳与墨菲提出的话语理论集中于人类如何将意义与解释赋予世界，这是一种“建构主义的唯心主义”[②]。对此，以霍尔为代表的一批学者进行了针锋相对的反驳，他在阐释福柯提出的“话语之外一无所有”的论述时指出，福柯并不否定事物的物质性存在，他所强调的是“话语之外再无意义”，拉克劳与墨菲对这句话的引用，是为了突出每种社会构造都是有意义的现实[③]。托芬更为明确地表明，这一理论模型是唯物主义的，因为其质疑了实在的客体与思想的客体的对称性。用他的话来说，这种“非唯心主义”的建构主义预设了“世界以及承担对客体进行建构的主体的不完整性”[④]。同时，“拉墨”话语理论中关于“脱位”“社会异质性”（social heterogeneity）等概念的探讨，也是更为具体的物质性的痕迹，这都与关于话语是为物质产生意义的必要条件的立场紧密相连。

但不能否认的是，在具体的分析中，相较于对现实的话语性构成及能

① JOSEPH J. Hegemony: A Realist Analysis[M]. London and New York: Routledge,2003:112.

② EDWARD M. A (Brief) Critique of LacLau and Mouffe's Discourse Analysis[EB/OL]. (2008-09-11)[2022-08-25]. https://struggleswithphilosophy.wordpress.com/2008/09/11/a-brief-critique-of-laclau-and-mouffes-discourse-analysis/.

③ 霍尔．表征的动作 [M]// 霍尔．表征：文化表征与意指实践．徐良，陆兴华，译．北京：商务印书馆，2013：17-114.

④ TORFING J. New Theories of Discourse. Laclau, Mouffe and Žižek[M]. Oxford: Blackwell,1999:48.

指符号的分析的强烈倾向，拉克劳与墨菲对于如身体、组织、实践等物质性构成的关注显然少了很多。对于这些物质层面缺少足够的洞察和阐释是“拉墨”话语理论的盲点，这也是由话语理论发展而来的话语理论分析需要予以回应并着手解决的任务。

（二）对物质维度分析的补充

就上文提到的盲点，话语理论分析以一种去层次化的模型从物质维度进行了补充和完善，从而拓展了关于话语与物质的纠缠状态、方式的学术性思考。就这种纠缠，拉克劳与墨菲曾通过维特根斯坦的“语言游戏”解释道，在一个筑墙的施工场景中，石块、砖块、瓦片等材料依次被叫出名字，并在小工与泥瓦匠之间传递，这一场景表明，语言和行为共同塑造了意义，话语本身也发挥着物质性作用。辛西亚·哈代（Cynthia Hardy）与罗宾·托马斯（Robyn Thomas）则更为直接地提出“话语的物质性作用与物质的话语性作用”的观点[①]。受此启发，卡彭铁尔以“绳结”（knot）比喻话语与物质间的关系，构建起“话语—物质的绳结”（discursive-material knot）的理论模型（图3-4），为深入分析与解读这种纠缠机制提供了一种路径。

“话语—物质的绳结”的模型更加关注物质在话语实践中的能动性，并通过“寻唤”（invitation）、“投注”（investment）等概念进一步丰富了话语理论分析的理论词汇。话语建构的对象具有一种物质性，它会天然地寻唤某种特定的意义进行接合，同时阻止被赋予其他意义。物质常常以特定的方式被整合进入某种话语之中，这取决其本身的能动性、可供性（affordance）等物质特性[②]。举例来说，锤子因为其本身的硬度、质量、密度等物理特性而与“敲打”“碾碎”“力量感”等意义相联系。这种寻唤并不能对意义起到最终决定作用，而是为某种话语优先于其他话语进行接合尝试提供了天然的可能性。另外，物质不仅可以主动为自身寻唤意义，话语也能够为物质投注某种

① HARDY C, THOMAS R. Discourse in a material world[J]. Journal of Management Studies, 2015,52(5): 680−696.

② CARPENTIER N. The discursive−material knot: Cyprus in conflict and community media participation[M]. Peter Lang,2017:45.

意义。也就是说，锤子之所以成为锤子，也是因为重工业、建筑工作、手工劳动等相关话语的形塑。这也说明，话语不仅仅赋予了物质意义，亦作用于物质的生产[①]。

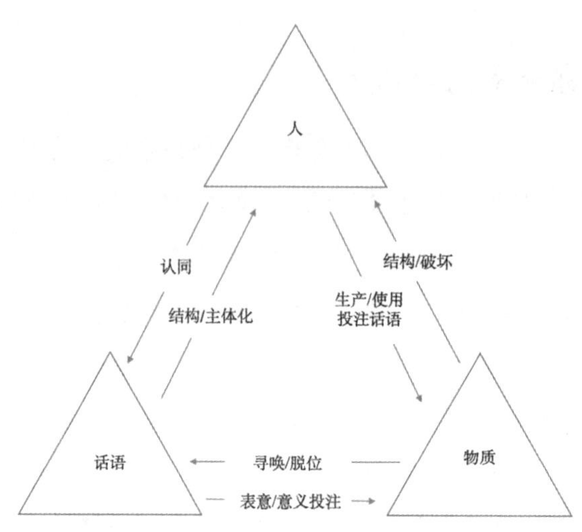

图 3-4 “话语 - 物质的绳结”的理论模型

将话语理论分析的基本逻辑与上述思考相结合，我们可以在“话语—物质的绳结”的模型下描绘出人、话语、物质三者的关系全景。在物质与话语之间，话语通过表意活动对物质进行意义的投注与建构，后者则有能力对特定的话语进行寻唤或脱位。在人类—物质的关系维度，人类具有生产、控制物质的能力，向物质投注特定的话语亦不可能离开人类而完成；与此同时，物质也对人类发挥着限制与结构的作用，或对人类社会造成破坏。人类—话语的关系同样是复杂的，人类通过对话语的认同来获得对自我身份的确认，而后者恰恰是人类主体性得以建构的基石。这一模型的提出进一步完善和拓展了话语理论分析的理论框架，也为更多新的研究议题被纳入话语理论分析的议程打开了大门。

① CARPENTIER N. The discursive-material knot: Cyprus in conflict and community media participation[M]. Peter Lang,2017:46.

第三节　话语理论分析与中国新闻传播研究

一、话语理论与新闻传播研究

尽管围绕“话语”的分析自20世纪70年代起便成为传播学、媒介学以及文化研究的一种趋势，但话语理论在这一领域的系统性应用则长期处于空白。与此同时，作为一种最初诞生于政治学研究的理论体系，第三代话语理论向其他学科延伸仍处于摸索的过程当中。在话语理论分析范式的不断发展与完善下，这种最新的话语理论得以实现跨学科引入，相对恰切地适配于新闻传播学的经验性研究语境之中，并逐渐显现出对各种媒介文化表征独特的洞察力与解释力，体现了其在新闻传播研究中广阔的应用潜能。

目前，话语理论分析在非西方国家中得到广泛应用，主要分析领域涵盖媒介内容生产、媒介文化、受众参与等多个方向。例如，杨尼斯·米洛纳斯（Yiannis Mylonas）、马兹鲁姆·达德伦（Mazlum Dağdelen）等学者基于话语理论对意识形态的媒介呈现、再生产与争论展开分析。前者分析了希腊主流报纸《每日新闻报》（*Ekathimerini*）对欧洲经济危机及其后果的新自由主义式报道，认为《每日新闻报》对经济危机建构出一种领导权式的意义解释模式，将其简化为一个国家性或道德性的问题，而回避其本身的全球性与系统性特征[①]。后者则基于11家土耳其全国性报纸的33则关于土耳其国产新冠疫苗Turkovac的新闻报道对土耳其国家身份的媒介建构进行探讨，发现自我—他者的二分与民族热情是在这些报道中具有强烈作用的话语性节点[②]。

在媒介生产、媒介实践方面，乔·博加茨（Jo Bogaerts）与卡彭铁尔在

① MYLONAS Y. Crisis, austerity and opposition in mainstream media discourses of Greece[J]. Critical Discourse Studies,2014,11(3): 305–321.

② DAĞDELEN M. Vacci–nation: The discursive construction of Turkishness in the news texts about Turkey's Covid–19 vaccine[Z]. the International Association for Media and Communication Research annual conference.Beijing,2022.

一篇关于新闻业面临的后现代挑战与可信身份建构策略的文章中，着重分析了围绕一系列核心新闻价值所建立起来的新闻话语主导权在“流动的现代性”中如何遭到消解[①]。基里尔·菲利莫诺夫（Kirill Filimonov）对俄罗斯的民间独立媒体的生产与参与进行研究，探讨了独立媒体内部多样性、物质性限制以及与国家关系中的权力分配问题，并认为活跃的社会性与媒体社区进一步扩大的潜力是影响独立媒体媒介参与进程的两个关键条件[②]。

在受众研究方面，话语理论多被应用于探讨不同媒体与传播语境下的受众参与。卡彭铁尔与维姆·汉诺特（Wim Hannot）将一档比利时北部的谈话节目作为研究对象，对这一节目的受众以及节目的参与者分别进行了焦点小组座谈与访谈，以探究受众“普通人”的整体立场如何在其媒介参与过程中得以塑造和表征[③]。他和克里斯塔·莱皮克（Krista Lepik）合作的另一项研究则发现，爱沙尼亚知识性公共机构将访客视为人民、目标群体以及利益相关方，以此来理解机构与那些跨越了将其与外界隔离开的边界的人群之间的复杂关系[④]。

二、话语理论分析的本土化发展

话语理论分析在我国学术界的理论本土化历程在21世纪开启，在穿越时空、文化等多重阻碍后，与我国国情与新闻传播实践之本土语境相接合，在我国新闻传播的学术话语里合理落地，并在不断的批判性扬弃与融合创新中发展出独立的知识体系。早期，徐桂权与熊壮对我国受众研究话语变迁进行考察，二人沿着话语理论分析的分析进路，运用扎根理论的方法论对国内

---

① BOGAERTS J,CARPENTIER N. The postmodern challenge to journalism: Strategies for constructing a trustworthy identity[M]//Rethinking Journalism. Routledge,2013: 60−71.

② FILIMONOV K. The performance of participation in Russian alternative media：Discourse,materiality and affect in grassroots media production in contemporary Russia[D]. Uppsala：Universitatis Upsaliensis,2021.

③ CARPENTIER N, HANNOT W. To be a common hero: The uneasy balance between the ordinary and ordinariness in the subject position of mediated ordinary people in the talk show Jan Publiek[J]. International Journal of Cultural Studies, 2009,12(6):597−616.

④ LEPIK K, CARPENTIER N. Articulating the visitor in public knowledge institutions[J]. Critical discourse studies, 2013,10(2):136−153.

五家新闻传播学顶级刊物中的相关学术文本进行分析与编码，通过对话语节点的打捞，确认包括党媒话语、市场话语、公共性话语、媒体使用话语以及媒介文化话语在内的五种话语结构对“受众”内涵的形塑，并对这种多元建构的内部张力进行了探讨[①]。数年后，徐桂权同陈一鸣合作，在《新闻与传播研究》发文，围绕“拉墨”话语理论与话语理论分析作了系统解读，并切实探讨了话语理论分析在我国新闻传播研究中的适用性与可能性问题[②]，对学者以新的思路应对本土新闻与传播研究起到了显著的启发与鼓舞作用。刘小龙则选取实施渐进式延迟退休年龄政策被写入“十三五”规划纲要作为热点时刻，对由此在微博、微信引发的网络话语进行分析，研究认为其本质是一种利益与情感的自发表达，而非系统明确的政治性规划，与主流话语有较大弥合空间[③]。袁靖华、童威楠基于话语理论分析对经典的新闻框架研究进行了创新，基于2016年到2020年《华尔街日报》关于我国的科技新闻报道建立语料库，通过定量分析，得出《华尔街日报》的涉华国际新闻由“‘东方主义’叙事演进为‘影子种族主义’话语”的结论[④]。

在视听传播领域，汤敏对电影《建军大业》营销宣传、媒体报道、网络传播过程中涉及的多方行动者的话语实践进行网络民族志观察，研究发现，这一影片的传播以一种“年轻化”的话语节点将具有显著差异的能指进行接合，较为成功地实现面向年轻网民的意识形态引领工作[⑤]。刘思琦等基于294条乡村短视频样本对乡村的自我展演与影像表征进行考察，剖析出人性化的乡村交往日常、自信且有尊严的公民身份、与主流意识形态的缝合是移动数

① 徐桂权，熊壮．中国受众观念的多元表述：一种话语理论分析的进路 [J]. 现代传播（中国传媒大学学报），2015，37（9）：49–54.

② 徐桂权，陈一鸣．后马克思主义视野下的媒介话语分析：拉克劳与墨菲话语理论的传播适用性 [J]. 新闻与传播研究，2020，27（2）：42–57，126–127.

③ 刘小龙．解构与建构：当前中国网络民粹主义话语的生成逻辑 [J]. 中共浙江省委党校学报，2017（4）：82–91.

④ 袁靖华，童威楠．“影子种族主义”：国际新闻中的话语霸权再生产 [J]. 未来传播，2022，29（1）：63–75，129.

⑤ 汤敏．《建军大业》传播中的主流意识形态领导权建构：第三代话语理论进路的分析 [J]. 国际新闻界，2019，41（6）：122–144.

字传播时代乡村进行自我再建构策略的核心着力点，同时指出其面对城市话语的有限性：当下此类影像实践仍依稀浮现着城市话语对乡村的主导式建构的痕迹[①]。陈一鸣将研究置于中国社会转型与媒体行业变迁的双重背景之下，透过广东广播电视台《广东新闻联播》《今日一线》两档新闻节目内容分析了新闻主播的职业身份建构，指出我国新闻主播职业身份主要包括四个层次，分别为掌握专业知识、坚持新闻价值、做故事的讲述者与党的意识形态拥护者[②]。

经过必要的批判、反思、解构与本土化创新等一系列工作的努力，在话语理论分析的启发下，话语的理论视角与分析进路正不断走进我国新闻传播学者的视线，广泛应用于对我国具体的历史情境与传播现象的映射与思考之中，在视听传播推动中华优秀传统文化创造性转化与创新性发展的自主知识体系建设方面，提供了一种富有生机的可行方向。那么话语理论以及话语理论分析在“抵达”并充分结合我国本土语境与经验而得到有效转化之后，具有我国特色的新闻传播学话语分析的知识体系建构又该如何重新出发，还需要一番新的设想、规划，以及更多扎根研究实践的摸索。

三、关于话语理论分析对于本研究的适用性说明

作为新闻传播话语分析的一种新发展，话语的理论视角与分析进路呼应了人文社科研究的语言学转向，强调人类社会实践中意义所发挥的表征与建构的力量，这恰恰切中了当下在数字媒介形塑下日常生活走向全面媒介化的时代脉搏。截至 2023 年 12 月，我国互联网用户规模为 10.92 亿人，其中通过手机移动端上网的人口比例达到 99.9%[③]。流动于各种端口、平台及应用之间的媒介内容，特别是图像、影像，成为人们把握世界、定位自我，管理和

① WENG X, LIU S. Unsilencing home village：A discursive–theoretical analysis of the construction of the rural in Chines short videos[J]. Zeszyty Prasoznawcze (Media Research Issues), 2022(3):43–61.

② CHEN Y. The construction of the professional identity of the TV news presenter in two Chinese news programmes: A discourse–theoretical analysis[D]. Universitatis Upsaliensis,2020.

③ 第 53 次中国互联网络发展状况统计报告 [R]. 北京：中国互联网络信息中心，2024.

安排社会实践的主要方式。正如居伊·德波（Guy Debord）对于“景观社会”本质特性的描述，真实世界沦为图像，而图像则变成了真实存在[①]。景观成为社会动态的决定力量，同时使人在对其入迷的过程中接受控制，依照媒介视觉或视听内容的“模板”来设计、制造以及最终分享生活。因此，关于意义的生产、互动与流通，以及这一意义世界所发挥的结构性作用，是视听传播研究中应得到重视与系统回应的基础性议题。

第三代话语理论所关切的话语多样性及其相互之间竞争的问题，也是我国互联网生态中一个普遍且显著的现象。在话语理论分析的理论视域中，主体是去中心化、去整体的行动者，彼此之间并非存在先天联系，链接的可能性实际蕴含在多种随机的交点之上。这种理解也正是块茎式的网络传播结构中各种内容参与者的写照。在“人人都有麦克风”的时代，围绕特定的网络事件或议题往往呈现众声喧哗、众口难调的景象，而网络圈层、“过滤气泡”、回音室等效应的作用下，不同的声音之间常常难以兼容，甚至出现尖锐对立的情况。主流意识形态在进行传播与实现认同的过程中，一方面需要解决壁垒问题，另一方面则需要应对其他话语的竞争、稀释甚至侵蚀。无论是中央精神、主管部门、主流媒体对于“主力军挺进主战场”“打赢网络意识形态斗争”“构建网络新生态”的反复申明，还是学术界针对主流媒体“破圈传播”、青年亚文化与“饭圈”现象的引导、网络舆情监测与治理等领域日益浓厚的研究兴趣，都反映出多元话语竞争在我国本土语境中的重要性与关注度。因此，从偶然性、对抗性的后结构主义立场出发的话语理论分析思路，无疑对我国的新闻学、传播学分析具有一定的参考和借鉴价值。

就目前话语理论的发展而言，“话语”的概念内涵正逐步得到拓展，并基于此发展出一套兼具灵活性与系统性的阐释方式，对新闻传播领域的话语分析具有独特的优势。首先，“话语”的概念已超越了对“话语”概念语言/非语言、话语/非话语的传统区分，使所有关于社会文化现象的表征都可以

① 德波．景观社会[M]．张新木，译．南京：南京大学出版社，2017：8.

纳入这一分析体系中[①]，极大地拓展了与之相适配的研究对象的范围。其次，正如霍尔对接合理论的解读，话语的理论视角可以帮助理解意义如何在特定历史条件下聚合在某种话语之中，同时能够追索意识形态的构成成分缘何得以或不得以变为政治主体[②]。也就是说，得益于话语理论本身的理论弹性，从意义的产生，到话语的生成，再到认同的形成以及认同的结构，这些横跨微观到宏观的多维向度得以串联、统摄于同一套理论框架下进行有机、系统的探讨，保证了实际分析中逻辑的连贯性与整体性。最后，当前话语的理论视角避免了后结构主义"唯破不立"的倾向，依托"接合""节点""因素""要素""表意链条"等一系列概念搭建起一座完备的理论武器库。这一话语分析策略使我们能够从更深层次对话语及认同的动态建构过程的内在肌理作敏锐窥见与有力剖析。

话语理论分析通过敏感性概念实现话语理论与方法论的桥接，进而将话语的理论体系转化为实用的分析框架。多种研究和分析技术均可以运用于相关的研究实践之中，特别是我国新闻传播学界的本土化应用与创新，这也让我们看到了其与量化研究方法结合的可能性。这种分析模式在方法论上的开放性与宽容度，对于填补视听传播与话语分析等相关研究中的实证性薄弱环节有着积极的意义。

① 徐桂权，陈一鸣．后马克思主义视野下的媒介话语分析：拉克劳与墨菲话语理论的传播适用性[J]．新闻与传播研究，2020，27（2）：42–57，126–127.

② 参见 GROSSBERG L. On postmodernism and articulation: An interview with Stuart Hall[J]. Journal of Communication Inquiry, 1986,10(2):45–60.

第四章　作为话语实践的中华优秀传统文化视听传播

第一节　研究问题的提出与话语流动模型

从人们在日常生活中接触最多的电视节目与新媒体内容切入，我们立足视听传播观照中华优秀传统文化的传播，并沿着话语理论分析的思维进路，将其视为一种主流价值话语的典型实践，以考察视听传播中围绕中华优秀传统文化的意义如何得以编织、运作。这是因为它一方面是激活与焕新中华文明数千年赖以生存和发展的根本思想、精神内核的尝试，另一方面承载了中国共产党不断将马克思主义同我国实际相结合，引领中国特色社会主义现代化建设、实现中华民族伟大复兴的意涵。与此同时，一种话语最终能否成为"主流"并非取决于传播者本身，而是由其能否在广泛传播中取得社会性主导所决定。而这种社会性主导指的便是社会大众对话语的"广泛参与和意义体认"，进而"产生认同效果"[①]。对于中华优秀传统文化视听传播的话语分析同样不能忽视"意识形态功能如何得以发挥"的问题，必须充分考虑对于中华优秀传统文化的视听建构如何在与日常生活话语的互动中得以结晶化和自然化。所以，本文将多种行动主体相作用的，涵盖内容生产、传播、受众反馈的多种意义的实践活动视为一个结构化总体，以话语理论的基本概念将其接入话语理论分析工具中，进而对中华优秀传统文化的视听传播实践进行探寻和解读。

① 汤敏.《建军大业》传播中的主流意识形态领导权建构：第三代话语理论进路的分析 [J]. 国际新闻界，2019，41（6）：122-144.

综上而言，本书探索的中心问题可以明确地表述为：在媒体深度融合，以及“创造性转化”与“创新性发展”的全新语境下，中华优秀传统文化何以在视听传播中实现话语性建构，这种建构又如何在移动社会化传播过程中达成广泛认同。以此深层次、系统化地探究媒介的视听化重塑对于中华优秀传统文化激活与创新的作用机制，与在漂移性、流动化的众声喧嚣与多元文化认同的传播新格局中广泛连接、凝聚共识，进而重塑中华优秀传统文化的引领地位，进一步强化继承与发扬的路径与方法。基于话语理论分析的逻辑体系同我国视听传播发展与中华优秀传统文化创新发展的实际关切，围绕中心问题，可建立以下传统文化视听传播的话语流动模型逐步展开分析（图4–1）。

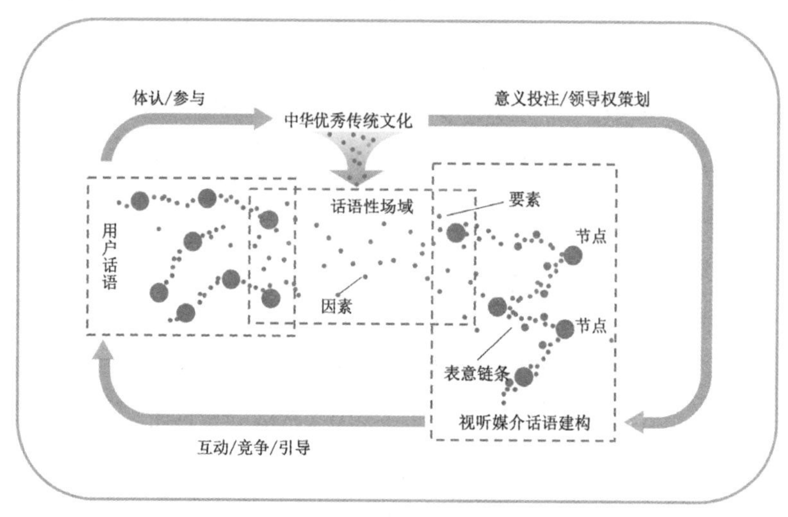

图 4–1　中华优秀传统文化视听传播的话语流动模型

通过这一模型，可以较为清楚地看到中华优秀传统文化、视听传播、文化认同这几个主要关键词间的逻辑关系，以及对其进行分析的可能性进路。基于这一分析模型，研究的中心问题可进一步拆解为以下几个子问题，在下篇内容中逐一进行探索和回答。

问题一：中华优秀传统文化的视听传播实践呈现出怎样的历史演进逻辑？当下的发展又处于何种现实语境之中？不同历史时期的主题有何差

异？一次次流变与转折之后分别是哪些结构性因素与动力机制在发挥作用？

问题二：视听传播中的中华优秀传统文化何以被建构起来，是否凸显出新的意义与特征？视听传播实践中与之相关的话语性、物质性因素是如何作用于话语的生成与再生产的？

问题三：在用户圈层化、多元文化认同特征突出的传播环境下，中华优秀传统文化的视听传播主体如何进行话语传递，使相关视听产品及其承载的建构性意义走向、走进、融入广阔的用户群体，从而最大限度地提升可见度与影响力？

问题四：这种话语如何在同用户的互动中融入社会日常生活之中，从而实现文化认同的建构，形成广泛的正向引导？认同效应又可以如何衡量？

第二节　作为主要行动者的主流媒体

研究选取我国主流媒体围绕传承和弘扬中华优秀传统文化所开展的视听传播活动作为主要研究对象。一般认为，“主流媒体”（mainstream media）的概念最早见于美国学者诺姆·乔姆斯基（Noam Chomsky）《主流媒体何以成为主流》（*What Makes Mainstream Media Mainstream*）一文。在乔氏看来，诸如《纽约时报》（*The New York Times*）、哥伦比亚广播公司（Columbia Broadcasting System，简称“CBS”）等与大众媒体相区别的“精英媒体”（elite media）或“议程设置媒体”（agenda-setting media）可被纳入“主流媒体”的范畴。这些媒体组织都是营收可观的大型公司，与处于西方资本主义私营经济这一结构顶端的垄断集团具有关联或隶属关系，这些媒体拥有庞大的资源，为大众议题设置框架。它们的受众为包括政客、企业高管、大学教授、记者等在内的社会特权阶层[①]。据林姝静的考证，“主流媒体”一词在

① CHOMSKY N. What makes mainstream media mainstream[J]. Z magazine, 1997,10(10):17–23.

1991 年已出现在我国新闻传播学期刊之上[①]。在媒体界,《华西都市报》率先在 1998 年提出建设主流媒体的目标。在引入国内的过程中，我国学者从中国社会实际出发，从经济、政治、社会影响等多个维度对“主流媒体”的概念，特别是何为“主流”进行了界定和阐发。例如：邵志择将其定义为“面对主流受众，运用主流的表现方式体现主流观念和主流生活方式”的媒体[②]；林晖认为“严肃新闻”“专业操守和理念”与“弘扬主旋律的文化自觉”是我国主流媒体的主要特征[③]；等等。新华社曾对“主流媒体”提出一套较为全面系统的判断指标，认为“主流媒体”首先应具有党、政府和人民的喉舌功能，是三者意见、声音的权威代表；其次，应传播和体现社会主义意识形态及与之相适应的价值观；再次，媒体报道应被广泛关注，并成为社会主流群体思想和行动之依据……[④] 综合上述观点来看，“主流媒体”本质上是一种受官方支持且传播广泛的价值媒体，如喻国明做出的凝练概括，它是“关注社会发展中的主流问题、影响社会中的主流阶层、引领社会主流意识形态的媒体”[⑤]。

2014 年，“新型主流媒体”的表述在中央全面深化改革领导小组第四次会议上首次被提出，引领业界、学界在媒体融合的语境下进一步更新、深化了对于主流媒体的认知与理解。“新型主流媒体”延续了“主流媒体”的本质属性与基本特征，而这一“新”字主要蕴含了传统主流媒体面对互联网时代巨大冲击的应对及跨越。综合相关政策文件、重要讲话以及已有研究来看，“新型主流媒体”之“新”主要体现在上下两个层次。上层是将互联网作为主流媒体挺进的主阵地，在分众化的大背景下实现精准传播、有效传播，从而扭转由大众传播模式转向互联网传播模式的水土不服，被动无力的

① 林姝静．作为观念的“主流媒体”：以“新媒体”为参照 [D]. 厦门大学，2014.

② 邵志择．关于党报成为主流媒体的探讨 [J]. 新闻记者，2002（3）：15-18.

③ 林晖．断裂与共识：网络时代的中国主流媒体与主流价值观之构建 [M]. 上海：复旦大学出版社，2013：46.

④ 主流媒体如何增强舆论引导有效性和影响力之一：主流媒体判断标准和基本评价 [J]. 中国记者，2004（1）：20-21.

⑤ 喻国明．主流媒体与互联网平台的关系 [EB/OL]. 中国社会科学网．（2021-05-06）[2022-09-16]. http://www.cssn.cn/zx/bwyc/202105/t20210506_5331203.shtml.

生存与引导的困境，继而在新语境下更好地承担和行使党的宣传思想工作与新闻舆论工作的职责使命。下层则可以概括为围绕这一总的战略目标，在内容、技术、平台、管理、体制、市场等多个方面的融合与改革的具体方向，详细内容见表 4–1。

表 4–1　新型主流媒体建设的若干细分维度及内容

类别	内容
技术赋能	以先进技术作为支撑，将前沿技术运用到内容采集、生产、分发、接收、反馈的各个环节。
内容生产	按照集群化、融合化思路再造内容生产流程，实现一体策划、一体采集、多种生成、多元传播、全端覆盖；专注内容质量，扩大优质内容产能，创新内容表现形式，提升内容传播效果；适应分众化、差异化传播趋势，积极满足用户需求；以开放平台吸引广大用户参与信息生产传播。
平台生态	建设自主可控的新媒体平台；建立健全全媒体传播矩阵；打造“媒体 +”业态模式，将主流媒体内容与其他社会资源进行整合，向垂直领域延伸业务触角，推动产业多元化发展。
人才队伍	培养具有专业背景的复合型人才，打造“一专多能”的全媒体人才队伍；建立灵活高效的人才管理制度，优化人才队伍结构，把更多熟悉新媒体的中青年优秀人才充实到关键岗位；实行一体化用人机制，创新薪酬考核与人才评价机制。
体制机制	建立适应全媒体生产传播的一体化组织架构，激发内部活力；推进跨区域一体化协作机制。
市场效益	具有强大的市场竞争力和自我造血能力，能够获得良好经济效益，成为引领传媒行业发展的主导力量。
对外传播	掌握国际传播规律，加强对外话语体系建设，推进中国故事和中国声音的全球化表达，增强国际传播的亲和力和实效性。

按照行政安排和规划，我国的主流媒体系统鲜明地划分为四个序列，包括以人民日报社、新华社、中央广播电视总台等为代表的中央媒体；由各省（自治区、直辖市）党报、广电集团、新闻网站组成的省级媒体；由地市级党委和政府指导部署的党报、广电集团、新闻网站构成的城市媒体；在县级报刊、广电、新媒体等资源的基础上整合建立的县级融媒体中心。鉴于主流媒体总体规模庞大，在可用资源、制作条件、辐射范围等方面又存在显著差异，同时本文关于主流价值认同的研究目标也天然地对传统文化类视听内容

在全国范围内的典型性与传播影响力构成了一定的要求，因此，本书的研究对象主要限定在中央与省级这两类主流媒体机构主体之中。

之所以在研究对象的选取上如此设计，主要是出于如下三个方面的考量。

第一，对研究边界进行限定和廓清，是保证中华优秀传统文化视听传播研究的实际操作性的必要前提。中华优秀传统文化的视听传播本身就是一个较为宏大、宽泛的领域。特别是在产消合一、参与式文化突出的数字媒体时代，它是一个涵盖主流媒体、商业平台、“自媒体”、社会组织、政府机构等多个主体的复杂总体，可细分研究的实践主体、相关样本多如牛毛，实难面面俱到。因此必须对研究对象做进一步聚焦，才能确保研究在“以何立场”“看向哪里”的方向性问题上有一个清晰的逻辑基点，在依据由话语理论分析发展而来的基础框架展开具体分析时得以对话语互动以及认同建构的主体与客体做出明确区别。

第二，主流媒体与主流价值的天然关系决定了其在弘扬和传承中华优秀传统文化活动中担任主要行动者的角色。由上文对于主流媒体概念的辨析可知，主流媒体本身就是主流意识形态话语建构与传播使命的直接承担者与守护者，更是新媒体语境下复杂社会舆论场中的“定盘星”与“压舱石”，在推动主流话语传播、强化价值引领上具有不可替代的作用。以视听传播推动中华优秀传统文化的传承、创新与发展，更是主流媒体肩负的重要历史使命。与此同时，在中华优秀传统文化类视听内容的生产上，无论是内容质量、产出规模还是社会影响，主流媒体在整个系统中一直处于支柱性地位，对其他行动主体的视听传播实践起到重要的标杆与引导作用。

第三，以主流媒体作为主要考察主体亦有着较强的合理性。围绕中华优秀传统文化的宣传与报道是主流媒体在当下的媒介实践活动中最具创意与活力的领域之一，集中涌现出《国家宝藏》《典籍里的中国》《国乐大典》及“奇妙游”系列等一大批兼具较高文化内涵与显著传播热度的“爆款”内容，这些视听文本无疑较为集中地体现了当下中华优秀传统文化视听传播实践的典型特征。这些优秀视听产品的推出，往往在网络上掀起一阵关于“国学”“国风”的参与热潮，吸引用户积极评论讨论、体验模仿以及二次创作。而对于话语与认同建构的研究，就是要捕捉这些主流话语实践的“热点时刻”，才得以更加充分、准确地剖析发生机制[①]。

第三节　研究设计与方法规划

一、技术路线与实施过程

围绕总的研究目标，依据中华优秀传统文化视听传播的话语流动模型的指引，同时兼顾对研究对象相关数据、资料在获取、处理、解读方面特征的评估，研究依照一定的技术路线进行规划与执行。本书经过初期准备、研究设计、实证数据采集、数据分析、文章写作等多道程序后最终成形。

在初期准备阶段，研究者通过整理学习大量政策文件、讲话精神以及新闻报道，对时下社会发展的重要任务与关键议题做出研判，同时紧跟国家社科基金各类项目的课题规划在近年来的演变趋势，结合自身研究领域，对研究选题的范围与方向做出初步划定。之后对同领域既有文献进行回顾，了解研究现状，以评估选题的研究可行性；探寻学术空白，归纳、吸收前沿成果，为研究寻找恰当的切入口。与此同时，根据研究选题及研究目标物色恰当的理论工具，进行系统学习，并尝试将其投入研究实践中，进行实战化训练与适当性、解释力的检验，以及本土化的探索。

研究设计环节主要包括理论与物质两方面的筹划。一方面，研究者根据业已确定的研究议题选择具体的研究对象，并根据研究对象的具体情况，使用理论工具完成研究模型的搭建。如此，这套分析模型得以完整地组建起来，只要有对应数据与资料的输入，便可按照既定的概念体系与分析思路

① 汤敏.《建军大业》传播中的主流意识形态领导权建构：第三代话语理论进路的分析 [J]. 国际新闻界，2019，41（6）：122-144.

进行处理与解读。另一方面，着重解决“有米下锅”的问题。根据研究对象与研究边界，研究者对样本选取的范围与方法进行了专门的设计，拟定了半结构访谈的提问大纲与较为详尽的田野计划，以保证研究的规范、有序开展。准备数据采集、存储、分析过程中将用到的软件、硬件工具也是本阶段工作重要的一环。本研究使用的软件包括数据分析软件 CiteSpace（5.8.R3）、MAXQDA、fsQCA 3.0 Mac、ROST Content Mining 6，Python 语言编辑器 PyCharm，文献数据管理软件 EndNote X9，作为数据采集工具的腾讯会议与讯飞听见。硬件设备主要包括录音笔、笔记本电脑、移动存储硬盘等。所有软件、硬件设备在投入研究使用前均通过稳定性检测。对于研究的伦理规范问题，在数据收集的过程中严格遵循先征求受访者书面同意，再开展调查的程序，确保受访者的知情权与自愿参与，维护受访者的权益。

从数据采集开始，研究就进入实质性的实施阶段。研究主要通过数据网络收集、网络民族志、半结构访谈的方法进行数据收集。在数据采集前以及过程中对采集流程、方式进行反复推敲，最大限度保证收集工作的严谨性、合理性与科学性。受数据获取渠道、同受访者的时空关系等客观条件影响，数据采集工作以线上与线下相结合的方式进行。收集过程中如发现一定的问题和阻碍，研究者将返回上一环节，对研究设计方案进行重新修正。

从数据分析起，研究进入撰写的阶段。使用对应分析工具，在对所收集数据进行整理、清洗、校准后执行扎根理论分析、话语理论分析、定性比较分析（qualitative comparative analysis，简称“QCA”），以及内容情感分析等操作。在编码、分析的过程中严格遵循质性研究的规范化操作程序，针对研究的信度、理论饱和度不断进行检验，并及时修正发现的问题。之后根据数据分析的结果，对研究发现进行整理、归纳，提炼出研究的最终结论，进行撰写，并根据研究实施的实际过程与对研究发现的评估进行讨论，思考研究存在的不足，同时指出研究可以进一步发展的方向。

二、主要研究方法

如前所述，话语理论本身与质性研究的基本原则存在广阔的对话空间，加之通过建立敏感性概念的策略实现二者的接合，研究者得以根据研究对象特性与实际需要在多种质性研究方法中灵活取用，组建起特定的话语理论分析武器库。本研究主要采用半结构访谈、网络民族志、扎根理论、定性比较分析和内容情感分析的方法，对主流媒体在中华优秀传统文化视听传播中的话语实践与认同建构进行探析。

（一）半结构访谈

半结构访谈是一种通过向他人提问获取信息的研究方法，介于结构化访谈（structured interview）与非结构化访谈（unstructured interview）之间。这种类型的访谈既包括受访者预先准备好的问题，也包括由这些封闭式问题的回答所引发的后续关于"为什么""怎么样"的问题。也就是说，访谈双方总体上围绕预定的主题进行交流，也可能深入探讨一些先前无法预见的问题。在学术发展史上，半结构访谈曾先后被冠以"焦点访谈""精英访谈"的称呼。不同学科对其叫法亦有不同，如文化人类学更多用"人类学访谈"（ethnographic interview）的说法，而社会学者则将其归入"深度访谈"（in-depth interview）之中。在半结构访谈中，访谈者一次仅能访谈一位参与者，持续时间一般认为不宜超过一小时[①]。半结构访谈的优势主要在于人们对这种对话形式的熟悉度，以及可以适时改变问题以获取最详细信息的灵活性。而它的主要缺点为时间、精力消耗较大，对访谈者的老练程度要求较高。

本项研究的访谈工作面向在主流媒体渠道上线的传统文化视听内容的生产与运营人员，完成基于北京（6）、石家庄（1）、杭州（1）、郑州（1）、太原（1）共 10 人次的数据收集，被访者包括 4 名男性，6 名女性（表 4–2）。所有访谈在征得被访者同意的前提下进行录音，通过软件讯飞听见进行语音识别、文字转化后导出逐字稿。根据录音对逐字稿进行进一步对照整理后，共得到文字性资料 12 万字。

---

① ADAMS W C. Conduction semi–structured interviews[M]//WHOLEY J S. HATRY H P, NEWCOMER K E. Handbook of Practical Program Evaluation. 4th ed. San Francisco: Jossey–Bass, 2015:492–505.

表 4-2　受访者信息表

编号	性别	年龄	工作岗位	所在单位	城市	访谈时间（分钟）	访谈方式
C01	女	28	《典籍里的中国》分集导演	央视创造传媒有限公司	北京	70	腾讯会议
C02	女	27	《国家宝藏》分集导演	中央广播电视总台	北京	75	腾讯会议
C03	男	39	《最美中轴线》总导演	北京广播电视台	北京	25	微信
C04	男	41	《中华好诗词》制片人	河北广播电视台	石家庄	120	腾讯会议
C05	女	26	新媒体中心编辑	人民日报	北京	60	腾讯会议
C06	女	33	《秒墨中国心》总导演	浙江广播电视集团	杭州	60	腾讯会议
C07	女	52	“中国节日”系列总导演	河南广播电视台	郑州	80	电话通话
C08	男	47	《走进大戏台》制片人	山西广播电视台	太原	70	电话通话
C09	女	25	《行走中国》项目主编	中国传媒大学	北京	60	腾讯会议
C10	男	22	《解密中华文化基因》分集编创	中国传媒大学	北京	35	腾讯会议

（二）网络民族志

作为民族志五彩缤纷的知识谱系中重要的方法进路之一，网络民族志自20世纪90年代兴起，因其审视网络空间与网络文化的细致视角与高度效用日益受到新闻传播学者的重视。它一方面继承了马林诺夫斯基为民族志研究确定的由书斋走向田野的基本理念，另一方面是民族志在互联网成为日常生活基础设施的当下的进一步变革与拓展。这种针对互联网现象的民族志研究存在多种表述，如克里斯汀·海因（Christine Hine）提出的“虚拟民族志”

（virtual ethnography）[①] 和"面向互联网的民族志"（ethnography for internet）[②]，凯蒂·沃德（Katie Ward）使用的"赛博民族志"（cyber-ethnography）[③]，娜塔莉·安德伯格（Natalie Underberg）与伊莱恩·佐恩（Elayne Zorn）使用的"数字民族志"（digital ethnography）等[④]。这些定义虽有差别，但整体内涵较为接近。"网络民族志"（nethnography）是我国学界最常用的一种表述，最早由罗伯特·库兹奈特（Robert Kozinets）提出，在他看来，网络民族志是基于线上田野工作的参与观察研究[⑤]，其以传统民族志方法作为基础，注重对成员在线交互内容和形式的定性分析，旨在研究在线群体呈现出来的亚文化、交互过程和群体行为特征[⑥]。

由上述定义可见，网络民族志相较于传统民族志研究的突出特点在于"田野"与方法。网络民族志中的田野不再具有明确的时空边界，研究对象变成了与现实世界相对的虚拟网络空间，随着研究者与研究对象的运动而不断流动。换句话说，网络民族志关注的重点由田野的物理空间转向了田野中的文化过程[⑦]。根据库兹奈特的归纳，网络民族志适用的田野至少包括博客、论坛、聊天室、音视频网站、社交媒体和游戏空间。在具体方法上，网络民族志的参与观察不再是身临其境的交流、观察和描述，而是变成了以线上各种媒介文本的交换、互动与分析。研究者既可以用"潜水"的方式在自然情境下进行非介入性观察，也可以积极进行"角色扮演"，进入田野之中，与调查对象进行互动，加入并体验他们的媒介实践活动。

本研究选取哔哩哔哩（简称"B 站"）、微博、抖音、豆瓣、小红书作

---

① HINE C. Virtual Ethnography[M]. Thousand Oaks, USA: Sage, 2000.

② HINE C. Ethnography for the Internet: embedded, embodied and everyday [M]. London: Bloomsbury, 2015.

③ WARD K. Cyber-ethnography and the emergence of the virtually new community[J]. Journal of Information technology, 1999,14(1): 95-105.

④ UNDERBERG N,ZORN E. Digital ethnography: Anthropology,narrative,and new media[M]. Austin,TX: University of Texas Press, 2013.

⑤ 库兹奈特 . 如何研究网络人群和社区：网络民族志方法实践指导 [M]. 叶韦明，译 . 重庆：重庆大学出版社，2016：71.

⑥ KOZINETS R V. I want to believe：a netnography of the X-philes' subculture of consumption[J]. Advances in consumer research association for consumer research, 1997,24(1):470-475.

⑦ 卜玉梅 . 虚拟民族志：田野、方法与伦理 [J]. 社会学研究，2012，27（6）：217-236，246.

为线上田野，主要对以上商业平台用户围绕传统文化视听内容《典籍里的中国》所进行的参与式内容生产实践进行观察与分析。田野调查工作于 2022 年 10 月 5 日到 2023 年 1 月 12 日间进行，共持续三个多月时间，经详细梳理整合，最终得到 3.6 万余字的田野记录供进一步解读与分析。

（三）扎根理论

扎根理论（grounded theory）是一种处于“质性研究革命最前沿”的研究方法[①]，也是一种具有相对明确、规范流程的方法[②]。简单来说，扎根理论指的是从事旨在发展理论的质性研究时可供使用的一套系统化的归纳方法，直接从数据分析中建构起中观层次的理论是其归旨。因此，在实际运用中，扎根理论这一术语既可以表述一种较为灵活的分析策略，也可以表示运用这种策略进行分析的产物。扎根理论最早源于美国学者巴尼·格拉泽（Barney Glaser）与安塞尔姆·施特劳斯（Anselm Strauss）于 20 世纪 60 年代开展的一项对医院处理临终病人的实地观察。二人在 1967 年推出的《扎根理论的发现：质性研究策略》（*The Discovery of Grounded Theory: Strategies for Qualitative Research*）一书正式宣告了这一方法的诞生。芝加哥社会学派与美国实用主义是扎根理论的两个重要思想来源，前者注重实地观察与访谈在数据收集中的运用，后者强调在问题解决的行动中形成方法[③]。在它们的影响与形塑下，扎根理论的基本思路包括理论源自数据，对理论建构保持敏感，不断比较、连续抽象，多种抽样方式相结合，以及对文献保持灵活态度。

最能体现扎根理论程序性特征的是其数据分析过程，也被称为实质性编码（substantive coding）。由施特劳斯与朱丽叶·科尔宾（Juliet Corbin）发展而来的程序化的扎根理论[④]，其编码程序共分为开放性编码、主轴编码与选择

① CHARMAZ K. Constructivist and Objectivist Grounded Theory[M]//DENZIN K, LINCOLN Y, et al. Handbook of Qualitative Research. 2nd ed. Thousand Oaks, CA: Sage,2000:509–535.

② 吴毅，吴刚，马颂歌．扎根理论的起源、流派与应用方法述评——基于工作场所学习的案例分析 [J]. 远程教育杂志，2016，35（3）：32–41.

③ 陈向明．扎根理论的思路和方法 [J]. 教育研究与实验，1999（4）：58–63，73.

④ STRAUSS A，CORBIN J. Basics of qualitative research: Grounded theory procedures and techniques[M]. Sage Publications, 1990.

性编码三个环节。在开放性编码阶段，研究者要对数据 / 资料保持完全开放的态度，逐行 / 句寻找、发现概念类属，进行编码，直至编码出现饱和，从而完成基本的概念化与抽象化工作。主轴编码则是在上一阶段所形成的初始化编码之间寻找关系，通过分类、比较，提炼出一系列亚类属，这些类属形成了一个又一个概念主轴。在选择性编码的过程中，研究者要对已有的若干概念主轴进行进一步系统分析，从中选出一个对其他类属具有中心统领性，在资料中反复、稳定出现，并容易发展为具有概括性理论的核心范畴，以此进行理论归纳与建构。

在本研究中，扎根理论用于对中华优秀传统文化视听内容中符号与意义的挖掘与分析。这些资料被导入质性分析软件 MAXQDA，按照扎根理论的分析程序进行初始编码、属类整合、核心范畴提取、模型建构等操作，保证经验性数据向理论性发现合理、科学、规范地抽象与提炼。

（四）定性比较分析

定性比较分析由美国学者查尔斯 · 拉金（Charles C. Ragin）发展而来，是一种巧妙地将质性与量化研究联合在一起的混合研究方法。拉金从数学的基本分支学科集合论中构建起自己的认识与阐释框架。他通过观察发现，社会科学研究的命题在语法上多呈现为（或可转化为）“主系表”结构的语句，因此可将它们转译成集合间的隶属关系进行数学运算[①]。依据布尔代数的运算律，导致某一现象发生 / 不发生的多种条件组合将被化简、整合，以提取最典型、最核心的关键因素组合，从而得以对这一现象建立起更为客观精准的解释模型。相较而言，传统的质性或量化研究往往只能依次分析 / 测量某单一因素 / 变量对事件的相关影响程度，但现实中这种单因素发挥作用的理想状态几乎不存在[②]。而定性比较分析的优势则正是如此，基于集合论的分析进路使其能够有效捕捉复杂问题中多元因子以何种组合方式共同发挥作用的机

① 毛湛文 . 定性比较分析（QCA）与新闻传播学研究 [J]. 国际新闻界，2016，38（4）：6-25.

② 曾祥敏，翁旭东 . 信息疫情形成与扩散的要素组合研究——对涉疫假新闻的模糊集定性比较分析 [J]. 青年记者，2021（23）：51-55.

制。另外，定性比较分析对质性与量化两种进路的吸收与融合，也使其一方面具有丰富的情境信息，另一方面具备处理大量案例的逻辑和经验强度[①]。

定性比较分析适用于中小规模的样本，样本量控制在 60 以内为宜[②]。在进行定性比较分析时，须先对所要分析的解释变量逐一进行赋值，赋值方法的不同决定了定性比较分析模式的差异。例如，清晰集定性比较分析法（crisp-set QCA，简称“csQCA”）使用 0 和 1 进行赋值；模糊集定性比较分析法（fuzzy-sets QCA，简称“fsQCA”）在 0 到 1 的区间内引入多个小数来标定变量的隶属度，一般常用的有四值集（0、0.33、0.67、1）与六值集（0、0.2、0.4、0.6、0.8、1）；多值集（multi-value QCA, 简称“mvQCA”）则是将 0 与 1 以外的其他自然数引入赋值之中。

本文所采用的为清晰集定性比较分析法。围绕已有文献与本文前序研究成果，构建起“内容—传播”的分析框架，提取文化融合、话语风格、前沿技术、内容形态、传播矩阵、多元联动、社交互动与话题热点八个指标作为影响中华优秀传统文化视听内容高热度“破圈”传播的条件变量。通过对 B 站上主流媒体账号于 2022 年内发布的 20 个具有代表性的中华优秀传统文化视听内容进行分析，最终识别出两条对于结果变量具有较高解释力的条件组合，为强化中华优秀传统文化视听内容的穿透性与触达力提供路径参考。

（五）文本情感分析

情感分析（sentiment analysis）是近年来自然语言处理领域的研究热点，属于量化的内容分析法的范畴。情感分析主要用于带有情感色彩的主观性文本，从而挖掘其中蕴含的情感倾向，并对情感态度进行划分[③]。随着大数据分析与人工智能的发展，情感分析在舆情监测、市场感知、用户画像、传播效果分析等领域逐渐展现出强大的分析能力与难以替代的应用价值。

---

① RAGIN C C. The comparative method: Moving beyond qualitative and quantitative strategies[M]. Univ of California Press,1987.

② BENNETT A, ELMAN C. Qualitative research: Recent developments in case study methods[J]. Annual Review of Political Science, 2006,9:455–476.

③ 王婷，杨文忠 . 文本情感分析方法研究综述 [J]. 计算机工程与应用，2021，57（12）：11–24.

情感分析目前主要包括三种技术路线，分别为基于情感词典的情感分析、基于机器学习的情感分析，以及基于深度学习的情感分析。基于情感词典的方法是借助于人工构建的情感词典形成一定的判断规则，从而实现对文本情感倾向的判断以及情感类型的划分。机器学习法先使用一定的语料对计算机程序进行训练，形成算法模型，再由此对等待分析的数据集进行分析判断。常用的机器学习法包括朴素贝叶斯（naive Bayes, NB）、K 最近邻（K–nearest neighbor, KNN）等。深度学习法则致力于建立人工神经网络，更进一步地模拟人类大脑的学习过程来完成数据的分析，代表性的深度学习模型有长短时记忆网络（long short–term memory，LSTM）和卷积神经网络（convolutional neural network，CNN）。

本研究主要使用的是基于情感词典的情感分析法，选取大连理工大学的中文情感词汇本体库为基础构建本项研究的情感词典，对传统文化视听内容 2022 年《端午奇妙游》在 B 站上的弹幕数据进行分析。使用 Python 语言编辑器 PyCharm 编写脚本，共获取弹幕 3427 条作为分析数据集。分析过程中综合运用内容挖掘工具平台 ROST Content Mining 6 与贵州财经大学杨秀璋设计的基于 Python 语言的情感分析脚本[①]，最终得到关于《端午奇妙游》弹幕的语义网络、文本情感极性与整体情感值。

① 杨秀璋. 基于大连理工情感词典的情感分析和情绪计算 [EB/OL].（2020–08–09）[2023–02–13]. https://blog.csdn.net/Eastmount/article/details/ 107877713.

第五章　中华优秀传统文化视听内容的话语流变与历史语境

保罗·鲍曼（Paul Bowman）在关于文化研究的探讨中曾做出这样的论述："任何事件的意义都是它所发生的那个语境和（或）对它进行阐释的那个语境'多元决定'的结果。"[①]就中华优秀传统文化的视听传播而言，作为一种承载着主流价值领导权建构使命的话语实践，其致力于实现的是中华民族五千年历史中形成并传承至今的物质、文化成果以及所承载的民族性与现实意涵，同时下社会发展和文化生态里的主客体的有机接合。故而这种话语实践本身便具有高度历史性与语境性的特质。也正因如此，对历史语境的详细考察理应成为针对策略性话语介入的每一次分析的起点[②]。

本研究从人们在日常生活中接触最多的电视节目与网络短视频切入，依托马歇尔·麦克卢汉（Marshall McLuhan）的"后视镜"观点（rear-view mirror），构建审视优秀传统文化视听传播实践之嬗变轨迹的理论棱镜。这一表述最早见于题为《开脑术》的演讲之中。麦克卢汉以"鱼儿不知水"的生动比喻阐释了人类对于其所被包裹的外化环境的感知局限。我们之所以能够注意到新的环境，是因为已有的旧环境提供了基本参照与视线牵引，因此"不可能看不到这些变化之中的场景，不可能看不到它们（新技术）走马灯似的换岗"[③]。在对媒介及媒介现象当前发展与未来趋势的洞察中，对于过往的深刻审视将发挥着如后视镜一般的作用。它帮助我们通过后视看清现在，

① 鲍曼，黄晓武．后马克思主义的话语理论 [J]. 国外理论动态，2011（4）：78-86.

② 史密斯．拉克劳与墨菲：激进民主想象 [M]. 付琼，译．南京：江苏人民出版社，2011：222.

③ 麦克卢汉．开脑术 [M]// 麦克卢汉，斯坦斯．麦克卢汉如是说：理解我．何道宽，译．北京：中国人民大学出版社，2006：105.

倒退着走向未来[①]。受此启发，本章以后视镜的认识方法来导航对中华优秀传统文化视听传播之现实语境的系统性观照，以对中华优秀传统文化的视听传播实践做历史发生学[②]的分析，回望其生成与演进的历史流变，力图完整勾勒这一话语实践的发展脉络，清晰解读这一实践体系浸润于怎样的多元形塑的特定历史社会语境之中，从而试图解答中华优秀传统文化视听传播“何以发展至今”“现状如何”的中心问题。

沿着上述思路，当我们在充分占有文献与资料的基础上开启“后视镜”，可以追溯至 20 世纪 80 年代重新建立认知链：从电视节目到网络短视频，我国的优秀传统文化的视听传播实践可分为四个阶段。20 世纪 80 年代到千禧年是这类视听传播的萌芽阶段，专注于传统文化这一垂直领域的独立电视内容类型尚未成规模出现，而一部分电视节目内容已印记上对民族传统文化进行思考与弘扬的文化意识，并乘着中国电视进入发展黄金期的东风，逐渐形成了一定的传播影响力。2001 年《百家讲坛》开播，以电视讲堂的形式掀起首次文化热潮。中华优秀传统文化视听传播进入第二个发展阶段，中华优秀传统文化的荧屏复兴成为中国人民荧屏上常规节目的时代由此开启。而后续发展因同质化问题与娱乐节目的快速扩张一度陷入沉寂，这一时期持续至 2012 年。第三阶段为 2013 年至 2015 年，尽管这一阶段时间较短，却起到重要的承上启下的作用。《汉字英雄》《中国汉字听写大会》领衔，在全国范围掀起第二次“国学”热潮。在娱乐内容监管进一步收紧与国家政策对原创文化类内容与弘扬传统文化的大力支持与引导下，关于中华优秀传统文化的视听内容成为媒体在市场生存的又一条道路。2016年至今[③]，中华优秀传统文化的视听传播实践进入多样态、多层次、多主体的繁荣发展阶段，主流媒体的同领域视听内容走上自主创新道路，并有效激活、带动各平台视听传播活

---

① MCLUHAN M, FIORE Q. The Medium is the Massage: An Inventory of Effects[M]. New York: Bantam Books,1967:75.

② 发生学，发生学方法兴起于自然科学研究领域，随后被人文社会科学研究领域采用。它的基本原则是：洞悉任何复杂的产物，就是追溯其形成的过程按照它成长的相继阶段去理解它。

③ 本章撰写于 2022 年 10 月。

动，在双方的话语互动与文化共振中实现创造力的持续释放，推动关于文化复兴的媒介文化热潮不断实现上升式发展，并绵延至今。

第一节　在文化与娱乐的苏醒中孕育（1980—2000）

一、“史前史”掠影

如果将中华优秀传统文化视听传播的实践历程比作一条东流入海的大江大河，那么20世纪最后两个十年便是其滥觞之处，而再往前的六七十年代则可看作汇成这一源流的雨露山泉。尽管这一时期并未出现专门的传统文化类视听内容，电视也还未走进寻常百姓家，甚至一度出现对传统文化的系统性否定与排斥[①]，但不能否认其对八九十年代视听节目发展走向所起到的深刻影响。因此，在讨论萌芽期的时代特征与演进逻辑之前，有必要先对传统文化视听传播的“史前史”进行考察。

1958年5月1日，北京电视台（后于1978年5月1日更名为中央电视台，2018年3月同中央人民广播电台、中国国际广播电台共同组建中央广播电视总台）建成开播，开启了中国电视蹒跚学步的艰辛征程。在开播当天的节目安排中，就有由北京舞蹈学校表演的古典舞蹈《春江花月夜》。由于制作力量薄弱，转播剧场演出成为电视台在初创期解决内容匮乏问题的重要方式，梅兰芳、尚小云、荀慧生、周信芳、李再雯等戏曲名家及其名作成为电视荧屏的常客，戏曲内容也因此占据了我国早期电视的大量播出时段。以1958年10月1日开播的上海电视台为例，在1966年5月前播出的戏曲剧种就有41种之多[②]。1960年，在中央广播电视局的主持下，北京电视台成立社会教育部，下设社教组与少儿组，专职文化教育类内容的制作，并于次年播

① 傅铿．论八十年代中国文化传统的复兴[J]. 当代青年研究，1990（3）：2-9.

② 上海市地方志办公室．上海广播电视志[EB/OL].（1998-12-01）[2022-10-02]. https://www.shtong.gov.cn/difangzhi-front/book/detail?oneId=1&bookId=4510.

出我国最早的专注于文化领域的电视节目——《文化生活》。据常江的考证，《文化生活》每月播出2到3次，内容与文学、艺术息息相关，对传统文化也有所涉猎，如节目《介绍我国古代十大画家》，举办关于戏曲与书法知识的电视讲座等[①]。在少儿节目方面，从1961年起，北京电视台在每年元旦上午播出《新年猜谜会》[②]，以传统猜谜的形式进行竞赛。为推动毛笔书法的推广，北京电视台在1963年的1月和2月推出名为《大字比赛》的节目，在当时产生了较大的社会影响。这些少儿比赛正是在21世纪传统文化视听内容中广泛使用的竞技模式的最早雏形。之后早期文化类电视内容的探索与发展曾一度中断。到1977年5月，北京电视台《文化生活》节目才恢复播出。

将这一时期划为"史前史"的另一个重要依据则是电视技术的发展与普及问题。首先，电视内容的制作与运营主体规模羸弱。1960年，我国建成的电视台（包括试播台与转播台）共29座，两年后发展到36座[③]。三年困难时期，在中央广播事业局的调整下，南京、济南、鞍山、苏州等一批电视台相继停办，到1963年只剩5座电视台与3座试验台。其中大部分电视台是在各方资源严重匮乏的条件下仓促建起，制播设备与技术都处于较为原始、简陋的状态，极大地制约了内容的产量与效率。以北京电视台为例，刚开办时每周仅播出4次，每次播出时长为2到3个小时，后逐渐发展至每周8次（周日双播）[④]。与有限的电视内容制作、播出能力相对的是稀少的电视观众。郭镇之描述道："在普遍贫困的中国……电视属于超前消费，仅限于条件最好的个别大城市。它的服务对象还只能是这几个城市中的极少数人。"[⑤]以20世纪60年代初北京地区的平均个人薪资水平作为参考，一台14英寸的国产黑白电视售价相当于7个多月的工资[⑥]。普遍的情况是学校、军队、工矿、政

① 常江．中国电视史[M]. 北京：北京大学出版社，2018：70.

② 从1962年起，《新年猜谜会》更名为《新春猜谜会》，播出时间也从元旦改为农历新年的正月初一。

③ 常江．中国电视史[M]. 北京：北京大学出版社，2018：14.

④ 特别报道 | 百年瞬间：中央电视台正式开播[EB/OL].（2021-09-02）[2022-10-03]. https://view.inews.qq.com/k/20210902A003QU00?web_channel=wap&openApp=false.

⑤ 郭镇之．中国电视史[M]. 北京：中国人民大学出版社，1991：36.

⑥ 杨秾．北京电视史话[M]. 北京：中国广播电视出版社，2012：23.

府机关等单位购买电视并组织集体收看，甚至社会上一度出现专门的电视放映厅。1961 年，全国电视机保有量达到 5 位数，到 1978 年已增长至 304 万台[①]。但从我国庞大的人口基数来看，这一时期电视的覆盖范围仍十分有限，还未能真正走入国人的日常生活，发挥出大众媒介的真正力量。

二、传统文化复归与精英话语底色

1978 年，党的十一届三中全会拉开了改革开放的大幕。进入 20 世纪 80 年代，随着国家经济发展的加速解放与国民生活水平的相对改善，电视在这一时期迅疾在民间普及。我们可以通过一组统计数据来感受彼时电视保有量的增长加速度。1980 年，我国电视机总台数为 902 万[②]，1984 年底全国总量已快速增长至近5000万台[③]。到1990年，全国共拥有1.85亿台电视[④]，以当时人口情况做粗略计算[⑤]，平均每 10 人 1.6 台。另外，“四级办台”以及允许大中型企事业单位自主建立闭路有线电视的政策掀起电视台建立的热潮，播出时长、内容资源大大丰富。此时的电视开始真正进入千家万户，并持续影响着我国国民的家庭生活与文化生活，绵延至今的关于视听媒介对社会文化与生活方式的渗透与形塑的故事也由此开始。

1984—1989 年我国电视周播时长与节目播出套数如图 5-1 所示。

---

① 我国电视的社会拥有量发展迅速 [J]. 科学社会主义，1992（3）：30.

② 同上。

③ 印证，弭秀玲 . 电视与城市社会 [J]. 社会学研究，1986（5）：48-56.

④ 我国电视的社会拥有量发展迅速 [J]. 科学社会主义，1992（3）：30.

⑤ 根据我国第四次全国人口普查主要数据公报，1990 年我国总人口数为 1160017381 人，省市区总户数合计 278662892 户。参见国家统计局人口统计司 . 中国人口统计年鉴 [M]. 北京：科学技术文献出版社，1991.

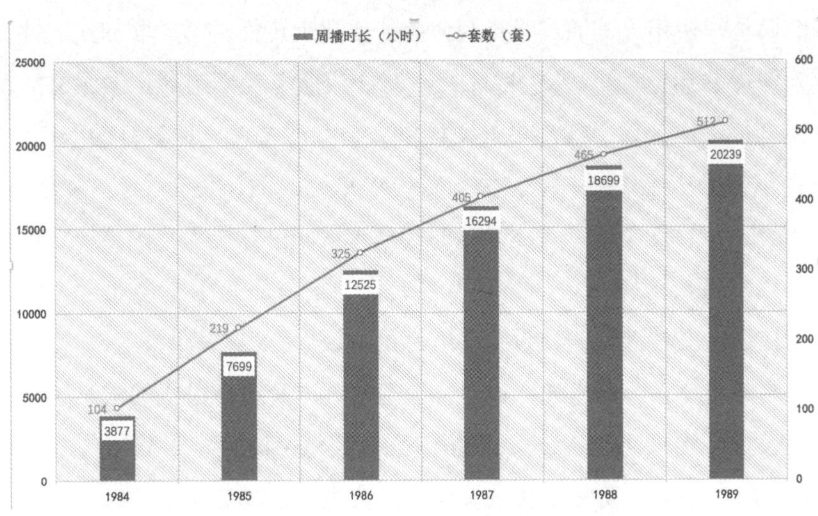

图 5-1　1984—1989 年我国电视周播时长与节目播出套数[①]

在解放思想的过程中，传统文化也开始了自发地、悄无声息地复归，成为 20 世纪 80 年代逐步兴起并渐趋火热的社会文化潮流中的一种。注重挖掘传统文化根脉、展现地方文化特色的“寻根文学”蔚然成风，集中涌现出了一大批兼具文学性与影响力的知名作品，如阿城的“三王”[②]、韩少功的《爸爸爸》、莫言的《红高粱家族》，以及冯骥才的《神鞭》等。与此同时，这些作家以《文艺报》作为主阵地展开关于传统文化与文学写作的讨论，鲜明提出文学创作离不开传统文化的滋养，对民族文化的深入开掘程度与我国文学能否跻身世界一流具有重要联系[③]。学术界也在这一时期活跃起来，对传统文化的研究成为一门“显学”。从社会效益来看，知识分子们围绕传统文化继承与发扬的讨论客观上牵动了国人对于传统文化的关注与感情，扩大了传统文化在社会各个方面的影响。

这种传统文化的复苏，有其自身在压制后的自然反弹的原因，更与文化

① 数据来源：常江．中国电视史 [M]. 北京：北京大学出版社，2018：204.

② 指作家阿城先后完成的三部中篇小说：《棋王》《树王》《孩子王》。这三部作品也通常被称为“寻根文学”的扛鼎之作。

③ 阿城．文化制约着人类 [N]. 文艺报，1985-07-06. 郑义．跨越文化断裂带 [N]. 文艺报，1985-07-13.

政策的调整密切相关，通过管窥与传统文化视听传播密切关联的代表性文件与政策便可感知一二。1983 年 11 月，时任广播电视部副部长的谢文清在广播电视宣传工作会议上提出做好爱国主义与共产主义宣传教育的十点要求，其中就包括“从近代史入手，大力宣传中华民族的历史”，与“古今结合，怀古爱今”[①]。也就是说，至少从这时起家国认同已经成为我国传统文化视听传播的出发点与落脚点。1986 年 9 月，党的十二届六中全会通过《中共中央关于社会主义精神文明建设指导方针的决议》（简称《决议》），第一次提出“中国文明复兴”的表述，面对社会上的资产阶级自由化的错误思想旗帜鲜明地表达了中央对于传统文化的态度。《决议》既肯定了我国传统文化所发挥的积极作用，也明晰了传统文化与社会主义建设的关系，以政治话语确认了文化传承、文明复兴作为社会主义精神文明发展之历史任务的地位。

电视业的快速扩张造成了巨大的人才缺口，因此从事新闻、文学、文艺等文化工作的知识分子大量进入电视内容生产传播的队伍中来。在文化的复苏，思想的解放，以及言论空间相对宽松的背景下，沉寂多年的知识分子群体以视听化的手段展现他们关于社会与民族的关怀与思考，通过电视实现情感表达、观点传播，甚至思想启蒙。这也成就了在传统文化视听传播发轫期“文人电视独领风骚”[②]的一段特殊岁月。1980 年，中央电视台（下文简称“央视”）与日本放送协会（NHK）合作拍摄的纪录片《丝绸之路》在日本播出后大获成功[③]。以此为起点，《万里长城》（1981）、《话说长江》（1983）、《话说运河》（1986）、《唐蕃古道》（1987）、《黄河》（1989）等一批纪录片相继登上电视荧屏。这些彼时的“电视系列节目”内容主要聚焦历史人文风光，但往往以民族精神作为主体表征，以文学化的影像创作方式将创作者的

① 谢文清．做好爱国主义、共产主义的宣传教育 [M]// 中国广播电视年鉴（1986），北京：中国广播电视出版社，1986：209–211.

② 祁林．电视文化的观念 [M]. 上海：复旦大学出版社，2006：87.

③ 在完成拍摄后，中日双方分别进行了纪录片的制作。最终中文版的《丝绸之路》为 15 集，日语版共 14 集。我方于 1980 年 5 月 1 日进行首播，由于播出前并未做有效宣传，同时片子本身各集长度不一，播出时间不固定，每集播出间隔近一个月，播出后并未引起明显反响。而日方则对其进行了史无前例的宣传活动，获得了出色的收视成绩，并一度引起关于“丝绸之路”的文化热潮。

理想气息与人文气质注入到视听文本之中[①]。其中最具代表性的《话说长江》《话说运河》借鉴了我国古典小说的行文结构，分章回将内容娓娓道来。两部作品的撰稿陈汉元既是资深编导也是报告文学作家，在他的苦心经营下，解说工整对仗、文采斐然。最为脍炙人口的当属《话说运河》第一集开篇时“一撇一捺”的比喻修辞：“长城跟运河，它所组成的图形真是非常有意思的。它正好是我们中国汉字里一个最最重要的字眼‘人’，人类的人，中国人的人。请看，这长城是阳刚雄健的一撇，这运河不正是阴柔深沉的一捺吗？”这些电视内容，与当时同样在“文人电视”理念的影响下由原著改编而来的电视剧《西游记》(1986)、《红楼梦》(1987)，共同引起了当年的社会轰动。其高雅的文化趣味，深邃的价值理念，为这一时期的视听内容抹上了浓重的精英话语底色。尽管以今天的眼光来看，这些电视系列节目尚无法被纳入完全意义上的中华优秀传统文化类视听内容，但其所发挥的文化观照、民族认同的作用一定意义上与后者基本无异。

三、大众文化崛起与话语的平民化转向

20 世纪 80 年代的“文人电视”将视听传播引入对社会与文化的思考之中，进入 90 年代，电视话语鲜明的价值理性色彩随消费主义与大众文化的崛起让位于实用理念。强调普遍服务性的电视专题节目进一步细分，作为传统文化视听内容父类形态的文化类节目逐步成形并日臻成熟。在其日趋呈现出多元丰富的驳杂面貌的同时，一个不容忽视的突出特征是与大众趣味以及消费需求的主动调和。关于传统文化及文化的视听话语走下了布道者的神坛，开始了从阳春白雪到下里巴人的书写转向。

这种向通俗化迈进的趋势自然是多种社会因素综合作用的结果，但最具决定性的是社会主义市场经济的快速发展。在 20 世纪 90 年代“风调雨顺”的宏观经济形势下，国民收入显著提升。到世纪之交，我国居民整体收入水

① 孙振虎，赵甜．溯源与流变：中国纪录片“精英文化”的观念史考察 [J]. 现代传播（中国传媒大学学报），2021，43（5）：113-117.

平同比 1978 年增长 15 到 16 倍，城镇地区人均纯收入平均达到 5854 元，农村地区为 2210 元[①]。居民消费水平同期得到明显改善，到 2000 年，我国城镇与农村居民恩格尔系数[②]已分别下降到 40% 左右和 50% 左右[③]。在解决了吃饱这一最基本的生计问题，人们有了更多的空间与需求进行消费与休闲。由央视总编室组织开展的第三次全国电视观众的抽样调查显示，到 1997 年，全国电视收视群体的规模在十年内增长 4.08 亿人，总人数已达 10.94 亿，平均日收视时间超过两个小时，其中城市居民每天更是有将近三个小时在电视机前度过[④]。在当时家喻户晓的电视情景喜剧《我爱我家》中，主人公和平在剧中那句“咱家吃完晚饭除了看电视还能有什么别的项目安排”的揶揄，便极为生动地展现出民间对电视首要作为提供娱乐的消费型媒介的不假思索的肯定。

20 世纪 90 年代的市场经济转型同样深刻影响了电视业的体制调整，作为文化事业单位的电视媒体开始了产业化转型。在坚持党对媒体的领导权与其本身的国有属性不变的前提下，电视业开始逐步脱离对国家财政的依赖，走上自主经营、自负盈亏的市场化道路。正如达拉斯·斯麦兹（Dallas Smythe）的“受众商品论”[⑤]所描述的，观众的注意力成为日趋激烈的市场竞争中决定生存的关键因素，按照大众的文化喜好与审美趣味进行生产成为新的行业共识。可以说，上述来自内生与外在两个层面的变迁赋予了大众文化与视听传播相自然连接的天然合法性。

以 1993 年起对文艺节目频道的重点建设为中心，央视在 20 世纪 90 年

---

① 中国经济年鉴编辑委员会 . 中国经济年鉴（2000）[M]. 北京：中国经济出版社，2000：916–917.

② 恩格尔系数（Engel’s coefficient）指食品支出总额占个人消费支出总额的比重，由 19 世纪的德国统计学家恩斯特·恩格尔（Ernst Engel）提出。一般认为，恩格尔系数越低，即食品支出占消费总支出的比重越小，一个国家或家庭的生活越富裕。根据联合国粮农组织划定的标准，恩格尔系数超过 59% 为贫困，50%~59% 为温饱水平，小康水平对应的是 40% 到 50% 的区间，低于 40% 即被视为富裕。1978 年，我国恩格尔系数为 57.5%（城镇）与 67.7%（农村）。2021 年我国居民恩格尔系数为 29.8%。

③ 国务院新闻办公室 .2000 年中国人权事业的进展 [N]. 人民日报 .2001–04–10（6）.

④ 刘建鸣，徐瑞青，刘志忠 .1997 年全国电视观众调查分析报告（摘要）[J]. 电视研究，1998（11）：4–11.

⑤ SMYTHE D. Dependency road: Communication, capitalism, consciousness and Canada[M]. Norwood: Ablex, 1981.

代先后推出了一批形态各异、特点鲜明的文化艺术类节目。到 1996 年，同领域开办的节目累计达到 47 档[①]。于 1991 年开播的《曲苑杂坛》明确提出“弘扬中华传统文化，尽显民族艺术瑰宝”的口号。节目主要聚焦包括相声、大鼓、快板等传统说唱艺术以及杂耍、戏法等传统技艺表演，注重挖掘这些传统艺术形式的欣赏性与娱乐性。其“东西南北中，君请看曲苑杂坛”的栏目歌曲成为众多国人的集体记忆。随着 1985 年评书表演艺术家田连元携全国首个电视评书作品《杨家将》登录辽宁电视台，整个电视业在 90 年代刮起一阵“评书 TV 热”。1994 年，央视《电视书场》节目开播，依托央视的渠道优势，很快从各电视台的收视混战中杀出重围，成为最具影响力与代表性的评书节目。此外，创办于 1985 年的专门的戏曲节目《戏曲欣赏》在 1993 年改版为《九州戏苑》，下设《戏曲专递》《今日头牌》《就听这一口》《票友天地》《点戏台》等九个子栏目，着力对传统戏曲及相关内容进行深挖。综合上述几个例子不难看出，这些最早一批的传统文化视听内容并未延续 80 年代发轫期以挖掘和思考民族精神内核为己任的传统，更多是将电视化的视听语言同传统文化中文艺性、娱乐性的元素相结合，呈现出注重感官愉悦与精神放松的文化旨趣。这种话语实践是对改革开放的时代精神与日趋多元的市场需求的主动回应，在一以贯之的文化传播、社会教育的价值核心，以及市场化进程中日趋凸显的娱乐功能之间，保持微妙的动态平衡的时间旅程由此开始[②]。

---

① 刘习良．中国电视史 [M]. 北京：中国广播电视出版社，2007：370.

② 周逵，黄典林．娱乐的正当性：当代中国大陆电视综艺节目的观念与实践流变 [J]. 国际新闻界，2021，43（7）：59-79.

第二节　故事化造就首个传播热潮（2001—2012）

一、讲坛模式的兴起

尽管专注于中华优秀传统文化的视听传播活动在20世纪90年代出现并初具规模，但其还处于一种背靠特定文化趣味群体，传播相对垂直化的发展状态（评书与戏曲类节目可以说就是较为典型的例子），并以这种姿态成为荧屏内容的必要补充。真正由电视版图的边缘走向全民的视线中心，则发生在21世纪的第一个十年里。2001年，北京市获得2008年奥运会主办权，我国正式加入世界贸易组织，民族自信心得到空前振奋。历史往往存在一些有趣的巧合，在同一年，分别来自凤凰卫视与中央电视台的两档电视讲坛类节目《世纪大讲堂》与《百家讲坛》先后诞生。特别是得益于后者的发展与带动，传统文化视听传播的花蕾初次绽放便可说得上惊天动地、艳丽夺目，中华优秀传统文化的屏幕复兴自此成为视听传播实践中的寻常视角[①]。而在中华优秀传统文化视听传播发展历程中的首个黄金时期中[②③]，电视讲坛模式一骑绝尘，仅凭一桌一人一口就创造出传统文化强大的荧屏魅力。

《世纪大讲堂》与《百家讲坛》并不是同领域中第一个吃螃蟹者。我国最早的电视讲坛节目是1997年湖南经济电视台播出的《走向21世纪的中国文化》，后在1999年发展为湖南卫视栏目《新青年》的子版块《千年论坛》。这种节目的类型的源头则可以追溯到出现于20世纪70年代末，兴盛于80年代的电视大学课程[④]。而且这两档节目在开播之初都惨遭收视“滑铁卢”，

① 颜梅，何天平．电视文化类节目的嬗变轨迹及文化反思[J].现代传播（中国传媒大学学报），2017，39（7）：87-90.

② 罗姣姣．荧屏新主流的可持续推进——文化类节目的生产创新与解困之道[J].中国编辑，2019（1）：21-26.

③ 寇飞．外热内冷，文化综艺类节目如何破局[J].视听界，2018（1）：95-98.

④ 张译丹，刘广宇．电视讲坛节目的类型生成及演进[J].西南交通大学学报（社会科学版），2018，19（2）：17-22.

《百家讲坛》历经三次改版之后，才终于实现“华丽转身”，成为 21 世纪第一个十年里中华优秀传统文化视听传播的主要阵地。

2001 年 7 月 9 日，《百家讲坛》伴随着央视科教频道的建立而同时开播。这时的《百家讲坛》延续了《千年论坛》所开创的模式基础，节目定位于打造开放的学术论坛，主打“文化品位、科学品质、教育品格”。节目选题涵盖来自各个领域的科学知识与学术问题，这一时期的节目也因此被部分学者形容为“电视版百科全书”[①]。这些内容往往以系列专题的形式组织起来，每期由不同的主讲人讲授其中一节。所邀请的主讲嘉宾包括杨振宁、欧阳自远、丁肇中、周汝昌、罗伯特·蒙代尔（Robert Mundell）等一批学术大家。无论是从选题、内容还是主讲阵容，这时的《百家讲坛》都透露出较强的学术性与专业性。然而从传播效果上看，《百家讲坛》处于叫好不叫座的困境，收视率始终徘徊在央视十套所有在播节目第 20 名左右。2002 年 5 月，随着第二任制片人走马上任，《百家讲坛》开始减少专题的形式，同时灵活加入主持人与多位学者共同探讨的节目形态。然而这次改版并没有挽救节目的困境。同年下旬，《中央电视台栏目警示及淘汰条例》推出，基于收视率的“末位淘汰制度”开始实行，《读书时间》《美术星空》等一批老牌文化类节目先后成为历史。与此同时，电视讲坛的元老级节目《千年论坛》也在 2003 年被腰斩。在这一背景下，收视率长期低迷的《百家讲坛》也走到了生死存亡的关头。

2004 年起，《百家讲坛》开始新一轮大规模的调整。节目摒弃了之前的精英化路线，节目宗旨也重新定位于“让专家、学者为百姓服务”，强调知识的通俗化传播，根据大众口味挑选讲授的主题。也正是从这一阶段开始，《百家讲坛》明确地将中国历史与中华优秀传统文化作为突破口，内容上往这一领域高度集中。通过任中峰、彭薇对 2005 年 11 月 7 日之前十个月内《百家讲坛》各系列节目的整理[②]（表 5-1），我们可以看到，与历史探秘或古典文学经典主题相关的内容占到了绝大多数，在 139 期节目中占到了七成

① 陈鹏.当代电视媒体中的传统文化传播 [D]. 山东大学，2009.

② 任中峰，彭薇.《百家讲坛》的“雅俗”变革 [J]. 传媒，2006（3）：60-62.

以上。《百家讲坛》由传者所主导的，围绕科学、哲学所开展的学术论坛，转变为以受众为中心的，关于文史知识的文化讲坛，并由此迎来了持续的国学热潮。

表 5-1　2005 年前十月《百家讲坛》播出各系列节目统计

主讲嘉宾	系列内容	期数	占比（%）
刘心武	红楼梦	23	16.5
马骏	“二战”人物	18	12.9
金正昆	现代礼仪	18	12.9
毛佩琦	明十七帝疑案	14	10.0
孔庆东	金庸小说	12	8.6
阎崇年	清十二帝疑案	12	8.6
易中天	汉代风云人物	12	8.6
马瑞芳	聊斋	10	7.2
姚淦铭	老子	8	5.8
周思源	红楼梦	6	4.3
纪连海	和珅	6	4.3
总计		139	100

《百家讲坛》快速发展为现象级媒介文化事件的标志，是 2004 年北京社会科学院研究员阎崇年主讲的“清十二帝疑案”系列节目。这一系列节目收视率最高达到 0.57% 的成绩，一度将原来常年倒数的《百家讲坛》推向科教频道收视金牌的位置。随后推出的“刘心武揭秘《红楼梦》”“于丹《论语》心得”“纪连海正说和珅”等系列节目的相继成功，使《百家讲坛》得以在社会上掀起一波又一波学史、论史的文化浪潮。这也造就了一批明星学者，为此后中华优秀传统文化视听传播的进一步发展储备了电视学者资源，如从《百家讲坛》走出的康震、郦波、蒙曼等学者至今仍活跃在各种中华优秀传统文化视听节目之中。2006 年，《百家讲坛》被央视评为仅次于《新闻联播》的年度优秀栏目。转型后的《百家讲坛》所引起的轰动效应也带动起各地方电视台的积极跟进与模仿，一批关注优秀传统文化的相似内容文本集

中涌现，如宁夏电视台《名家塞上行》、重庆电视台《重庆掌故》、北京电视台《中华文明大讲堂》、山东电视台《新杏坛》，以及湖南电视台再度开辟的《湖湘讲堂》等，电视讲坛成为这一时期传统文化视听传播的主力军。而对文史知识的长期倚重更是在后续的视听传播实践中形成了一股强大惯性，深深影响到主流媒体在后面两个时期的选题策划与内容选择。

二、故事化转化的主要表现

《百家讲坛》的第三任制片人万卫将电视讲坛现象的形成归因于对知识讲座的电视化[①]。在电视讲坛节目形态下，如影视片段、flash动画等，视听语言的使用实际上受到了较大程度的限制，这些具象符号主要运用于内容导视与背景资料介绍之中，更多发挥的是调节节奏、避免视听疲劳的辅助作用。因此，万卫所说的电视化，实际上是抓住了电视媒体更深层次的核心叙事逻辑——讲故事，以故事化实现对中华优秀传统文化的激活和转化，从而让上至耋老、下至垂髫的全国性受众群体得以心甘情愿地守在电视机前，感受传统文化知识的魅力。具体来看，对传统文化的故事化转化主要体现在以下三个方面。

第一，选题策划贴合受众喜好。《百家讲坛》在中华优秀传统文化的大方向上聚焦历史与文学的细分领域。对于这些知识，普通观众或多或少都有了解和储备，这样节目内容便更具贴近性，并能够在专家的深入讲授下实现由近及远，在观众熟悉、感兴趣的领域挖掘新的知识与观点。细化到具体选题的确定上，《百家讲坛》的节目单往往紧跟重要历史时刻与媒介文化热点，特别对后者保持紧密的联动。《百家讲坛》常借势于同期热播电视剧推出相关话题内容，如"清十二帝疑案"就是在"清宫剧"掀起文化热潮的背景下推出的，"汉代风云人物"在电视剧《汉武大帝》热播之中酝酿而出。叶勤指出，《百家讲坛》巧妙利用了古装历史剧所开辟的广阔受众市场，并以正

① 赵允芳．做电视科教节目的王牌——访中央电视台《百家讲坛》制片人万卫[J]. 传媒观察，2006（11）：12–14.

说历史的方式对其进行了深度开发[①]。与此同时，节目在内容选择上注重趣味性与可讲述性，以充分调动观众的感性情感，如楚汉争霸、孝庄与多尔衮、秦可卿之死等话题相继出现在屏幕之上，既成了人们茶余饭后的谈资，也激发了较为严肃的探讨。

第二，故事化、戏剧性呈现。第二次改版的《百家讲坛》有意识地学习了同频道兄弟节目《走近科学》的话语表达方式，以好莱坞模式进行内容结构的搭建，让悬念成为故事发展的动力机制。每三到五分钟设置一个子悬念，作为内容讲述的转折点，若干转折组合起来，形成对整期内容的牵引，使观众能够随着层层谜题的解开而不断深入讲述的内容之中。同时节目也融入评书的技巧，突出历史事件中的矛盾冲突，注重对人文与情节中细节的描述，让讲述变得栩栩如生，引人入胜。在观点阐发的视角上，主讲人也往往从当下社会语境出发，结合人们的普遍精神需求进行解读。

第三，学术明星的打造。针对主讲人这一前台话语主体，《百家讲坛》进一步提高了合作的门槛：主讲人不仅要学养深厚、见解独到，更要具有良好的现场表达能力与个人亲和力。节目组甚至在全国范围内进行海选。节目编导按照一定的技术标准与主讲人反复打磨，培养他们将学术成果转化为剧本的能力。另外，《百家讲坛》也注重对学者的性格、语言、肢体动作等方面的特点进行挖掘，凝固学者们在讲坛上的独特讲述风格。如此，刘心武、王立群、纪连海等一系列学者独特的形象得以立起来，凭借独特的个人魅力吸引了一定规模的受众，甚至拥有了学术粉丝。他们成为保障内容传播影响力的一张张“名片”，也有力推动了中华优秀传统文化的普及与传播。

这种故事化转型迅速将《百家讲坛》及其追随者推上传播过热的顶峰。而这一话语建构的方式同样引发了一系列质疑。这种争论的焦点在于，2004年后的《百家讲坛》仅仅征用了学者在文化场中作为精英文化代表的象征资本，所谓的“寓教于乐”在实践中明显偏重后者，在朝娱乐化、商业化的方

① 叶勤.《百家讲坛》现象研究——对电视媒体的文化生产机制的反思[J].社会科学论坛（学术评论卷），2008（8）：81-90.

向前进的同时，背离了对于知识传播与内容品质本该有的严肃立场。有学者指出，《百家讲坛》对故事化的钟情，说明其已放下思考的担子，在故事越讲越精彩的同时基本堵死了说理的路径[①]。更有声音认为，“百家讲学”实际上变成了“百家说书”[②]。另外，明星化的包装与运作被指催生了一批借助电视谋名逐利的“电视知识分子”，对大众以及年轻学者均造成了误导，学界与视听媒介的“互搭梯子”将对公共文化造成颠覆性破坏[③]。在诸种争论之下，《百家讲坛》在2008年逐渐走向沉寂，到当年9、10月，节目收视最低达到全频道第18位，处于中下游水平[④]。节目主讲人也先后出现遭遇人身威胁与攻击的风波。2009年后，随着《百家讲坛》复归平缓发展的状态，大部分紧跟其后的电视讲坛节目也纷纷偃旗息鼓。

三、泛娱乐化渐成发展趋势

以电视讲坛为代表的传统文化类视听传播的故事化、通俗化转向，是对21世纪后走向泛娱乐化的媒介生态的响应与跟进。在各地方电视台完成上星后迈入日益激烈的市场竞争，以及受众对于视听传播娱乐消遣功能空前膨胀的平民化诉求的节节紧逼下，娱乐从某些特定内容类型中外溢并蔓延开来，成为整个视听传播领域中的实践自觉。在这一背景下，对故事性的挖掘成为传统“严肃”类视听内容的普遍传播策略。例如，与私人化事件“零距离接触”[⑤]的民生新闻在江苏电视台《南京零距离》的成功后快速在城市台中兴起，拉开了新一轮电视新闻改革的大幕；《探索・发现》《走进科学》等科教内容明显在选题上倾向“充分满足观众的猎奇心理”的题材，致力于在故

① 赵勇.从“学术电视”到“电视娱乐”——《百家讲坛》的流播小史与变脸方术[J].艺术广角，2008（1）：66–72.

② 张法.从“百家讲学”到“百家说书”[M]// 张法等.会诊《百家讲坛》.合肥：安徽教育出版社，2007：1–16.

③ 易前良.透析“电视讲坛”现象——关于《百家讲坛》的思考[J].中国电视，2007（3）：38–41，1.

④ 张守刚.媒体清算百家讲坛：收视率下降 改不改或许都死[EB/OL].（2008–11–21）[2022–10–14]. http://www.chinanews.com.cn/cul/news/2008/11–21/1459001.shtml.

⑤ 谢建华.媒介批判视野中的电视资讯娱乐化现象[J].北京电影学院学报，2004（2）：19–24，106.

事的讲述中潜移默化地让观众“增长科学知识”[①]；一部分法制类内容也被指责过多放大对案件曲折离奇经过的述说，反而法律普及、监督执法的核心主旨却被冲淡了[②]。

这股泛娱乐化的视听文化热潮的引领者，是在这一时期如雨后春笋般全面崛起，并快速成长为荧屏最为活跃的积极因子的综艺娱乐内容。以 1997 年湖南电视台开播的《快乐大本营》为分水岭，一种更为“纯粹”地专注游戏与娱乐的平民化综艺内容形态开始兴盛于荧屏[③]。随后央视先后推出《幸运 52》与《开心辞典》，以素人参与、智力闯关为主要特征的益智游戏类内容率先在 21 世纪初走红荧屏。2004 年，湖南卫视推出选秀节目《超级女声》，并于次年发展为我国视听传播历史上绕不过去的重要文化事件。《超级女声》凭借原生态海选与单挑型的淘汰赛制，给观众带来前所未有的新鲜感与刺激感，而全民投票的评审方式则决定性地使全国年轻观众狂欢式卷入“全面造星”的运动之中，同时催生了中国本土的粉丝应援文化[④]。《超级女声》在传播与商业上的全面成功旋即引起一股“选秀热”，甚至一度影响到海峡对岸的综艺发展。而选秀类内容在“跑马圈地”过程中不断发生恶意炒作、庸俗媚俗、举止失态、粉丝乱象等问题，同时这类内容在品位格调与思想价值上始终处于社会争议的旋涡之中。2007 年，原国家广播电影电视总局对此专门发文对选秀类内容进行了严格限制[⑤]，这类内容的热度快速冷却。“选秀热”之后，以《中国达人秀》《我爱记歌词》为代表的才艺类内容，以《金牌调解》《爱情保卫战》为代表的情感类内容，以及以《非诚勿扰》《缘来是你》

---

① 秦沈 . 用故事讲出的科学道理——从央视《走近科学》看科教节目创新 [J]. 当代电视，2006（3）：28−29.

② 王群英 . 透析中国电视法制节目娱乐化倾向 [J]. 社会观察，2003（3）：30−31.

③ 我国内地第一档真正意义上的电视综艺为央视于 1990 年 3 月开播的《综艺大观》，“综艺”这一源于港台译自西方“variety show”的词语开始逐渐为大陆观众所熟悉。1994 年 4 月，央视在 20 世纪 90 年代另一档具有广大影响力的综艺节目《正大综艺》开播。这两档节目走的是“高雅”综艺的路线，整体上格调雅致，娱乐色彩并不突出。

④ 周逵，黄典林 . 娱乐的正当性：当代中国大陆电视综艺节目的观念与实践流变 [J]. 国际新闻界，2021，43（7）：59−79.

⑤ 广电总局关于进一步规范群众参与的选拔类广播电视活动和节目的管理通知 [EB/OL]. 中国政府网 .（2007−09−21）[2022−10−17].http://www.gov.cn/gzdt/2007−09/21/content_757330.htm.

为代表的相亲类内容相继实现收视版图的全国性覆盖。面对综艺娱乐类视听内容遍地开花的局面，有关主管部门在这一时期密集发布一系列讲话与文件（表 5-2）对其进行限制与纠偏，这些成文的管理细则与不成文的行业常规共同为综艺娱乐类内容的发展方向搭建起动态的合理性框架，其客观上对传统文化视听传播所带来的溢出性效益也将从下个阶段明显地展现出来。

表 5-2　2009—2012 年综艺娱乐类视听内容发展相关的代表性文件与讲话 ①

时间	文件 / 讲话名称	来源
2009 年 4 月	《关于重申严禁炒作名人丑闻、绯闻、劣迹的通知》（广办发宣字〔2009〕78 号）	国家广播电影电视总局
2010 年 4 月	规范电视节目对外语和缩略词的使用 ②③	国家广播电影电视总局
2010 年 6 月	《广电总局关于进一步规范婚恋交友类电视节目的管理通知》	国家广播电影电视总局
2010 年 6 月	《广电总局办公厅关于加强情感故事类电视节目管理的通知》	国家广播电影电视总局
2011 年 8 月	时任中宣部副部长、国家广电总局局长蔡赴朝在全国广播影视局长会议上的讲话	
2011 年 10 月	《关于进一步加强电视上星综合频道节目管理的意见》（广发〔2011〕83 号））	国家广播电影电视总局
2012 年 4 月	时任广电总局副局长李伟在第 22 届星光电视节目创新创优论坛上的讲话	

可以说，在初绽时期，传统文化视听传播的起与落都与综艺娱乐类内容及其所主导的视听狂欢有着密切的外部关联，即便是“故事化”的话语策略，亦是部分移植并重新进行在地改造的结果。而从下一个历史阶段起，二者开始显著地走向内部关联。经历 20 世纪 90 年代向港台节目的有意识学习，到 21 世纪第一个十年以正式或非正式的方式广泛引进欧美同类节目模式，综

① 表格完整内容参见附件 7。

② 新闻晨报 . 广电总局禁止电视节目用“NBA”等外语和缩略词 [N/OL]. 搜狐娱乐（2010-04-07）[2022-04-14].https://yule.sohu.com/20100407/n271344698.shtml.

③ 北京晚报 . 广电总局解释“屏蔽”外语缩略词 称属媒体误读 [N/IL]. 搜狐新闻（2010-04-15）[2-22-04-14].https://news.sohu.com/20100415/n271536460.shtml.

艺娱乐类内容在充分的学习借鉴与激烈的市场角逐中积累起丰厚的视听传播技术与经验，也形成了基本贯穿于这一时期的“素人化 + 故事化”的话语特色。综艺娱乐类内容，连同政策、行业层面相关的指导与管制力量的发展，为中华优秀传统文化视听传播的转折奠定了必要的基础。

第三节　游戏性转向下的二次发展（2013—2015）

一、知识竞赛与户外真人秀的走红

2013 年起，中华优秀传统文化视听传播第二次进入活跃期。这一年也被广泛视为近十年来中华优秀传统文化视听传播走向发展快速路的起点[①②]。此后，旨在展现与弘扬中华优秀传统文化的视听内容逐步形成连续、多元的品类体系，“现象级”产品迭代时间大大缩短，传播热度及其所引起的文化影响力长期持续并不断强化，在中华优秀传统文化的创造性转化与创新性发展中扮演着越来越重要的角色。尽管这一阶段时间较短，但是在我国传统文化视听传播的整体历程中却起到了承上启下的关键性作用。随着综艺娱乐类内容的制作模式与技术深度融入中华优秀传统文化的视听传播实践，游戏性叙事成为这一时期话语实践的突出特征。也正因如此，传统文化类视听内容的可看性与趣味性得到极大拓展，在“乱花渐欲迷人眼”的综艺娱乐中掀起一阵收看、学习、讨论传统文化的视听“清流”，也由此打开了传统文化视听传播的新思路与新局面[③]。

这种“游戏性叙事”转向的一大体现是以《汉字英雄》《中国汉字听写大会》为代表的知识竞赛模式的兴起。2013 年 7 月，河南卫视推出主打汉

① 王永．原创文化类电视节目兴盛背后的冷思考 [J]. 新闻战线，2019（16）：31-33.

② 刘云丹，王雨桐．探析传统媒体文化类电视节目复兴的原因——从《中国诗词大会》等节目说起 [J]. 电视研究，2018（9）：52-54.

③ 胡智锋，徐梁．留存、体验、创造：电视节目应对传统文化的三种理念 [J]. 艺术评论，2017（4）：83-89.

字书写的节目《汉字英雄》，8月，央视开播聚焦汉字听写的《中国汉字听写大会》。两档节目从当时走向白热化的音乐选秀节目的混战中突围，并在开播后迅速引发传播热潮，随即吸引各大卫视跟进，央视与河南卫视也根据自家的成功经验相继推出多档姊妹节目。这类内容采用曾先后在20世纪80年代与21世纪初盛极一时的知识竞赛模式作为基本叙事架构，主要通过赛制的创新，配合当时综艺娱乐内容的视觉技术与剪辑手段，来突出整个视听叙事的悬念感与紧张感。例如，《汉字英雄》将选手的竞技台设计成由数块屏幕构成的“汉字十三宫”，也由此构成整个竞赛的核心动力机制。无论是在初赛还是复赛中，选手均需要进入“十三宫”进行闯关，每答对一题即可进入下一宫继续挑战，直至最终从汉字阵中成功走出。选手如何选择闯关路径，又能成功走到哪一步，这些天然地构成了叙事过程中的悬念。在受众对闯关过程中动态变化的不确定性的持续期待中，节目的紧张感与刺激性也在不断升级。与此同时，素人选秀节目中对参赛选手个人故事的讲述与现场个人细节的捕捉也被运用于这些节目之中，使节目在竞赛闯关的主线上增添了更多故事性，起到了锦上添花的作用。

引入当时风头正盛的户外真人秀[①]模式也是这一时期中华优秀传统文化类视听内容话语方式向游戏性探索的突出特征。在2013年、2014年知识竞赛模式的传统文化视听内容的集中井喷之后，“传统文化 + 户外真人秀”的新形态在2015年开始涌现，比较有代表性的有重走万里茶道的《茶道真兄弟》（东南卫视），以戏曲学艺为主题的《叮咯咙咚呛》（中央电视台），以及主打历史体验的《咱们穿越吧》（四川卫视）。这类视听内容通常会给参与者提前设定游戏任务，让他们在或探访，或寻找，或竞赛的过程中参与中华优秀传统文化的实地体验。作为叙事系统中的核心要素，游戏任务的设置直

① 真人秀（reality show）是一个来自视听传播行业的术语，目前学界对其仍未有一个统一的定义。尹鸿认为，真人秀是一种“普通人在规定情境中的规则制约下，为达到一定目的而做出的自由行动并被记录或者加工播出”的电视节目。“户外真人秀”中的“户外”是指与一般节目录制所在的摄影棚相对的其他空间，因此户外真人秀可以通俗理解为一种节目多数内容在户外完成设置的真人秀类型。

接决定了“人”的参与深度与“秀”的精彩程度[①]。例如，《咱们穿越吧》让参与者“穿越”回我国历史中的不同时代体验当时的生活与事件，如“入学”宋代书院、“经营”晋商票号、在唐代驿站中“送快递”等，同时在主线任务中加入一些古代民俗和娱乐活动，力图在保证视听内容观赏性与趣味性的基础上，让受众通过参与者的亲身体验，生动、具体地感受中华优秀传统文化的深厚底蕴与强大感召力。

2013—2015 年以弘扬优秀传统文化为主题的知识竞技类内容见表 5-3。

表 5-3　2013—2015 年以弘扬优秀传统文化为主题的知识竞技类内容

节目名称	播出频道	首播时间	节目名称	播出频道	首播时间
汉字英雄	河南卫视	2013 年 7 月	挑战文化名人	江西卫视	2014 年 7 月
中国汉字听写大会	中央电视台	2013 年 8 月	中华好故事	浙江卫视	2014 年 8 月
中华好诗词	河北卫视	2013 年 10 月	中华好诗词第三季	河北卫视	2014 年 11 月
成语英雄	河南卫视	2013 年 11 月	中国灯谜大会第二季	云南卫视	2014 年 12 月
中国灯谜大会	云南卫视	2013 年 12 月	最爱是中华第二季	贵州卫视	2015 年 1 月
最爱中国字	黑龙江卫视	2014 年 1 月	中华好故事第二季	浙江卫视	2015 年 7 月
汉字英雄第二季	河南卫视	2014 年 1 月	唐诗风云会	陕西卫视	2015 年 3 月
中国谜语大会	中央电视台	2014 年 3 月	第二届中国谜语大会	中央电视台	2015 年 3 月
中华好诗词第二季	河北卫视	2014 年 3 月	第三届中国汉字听写大会	中央电视台	2015 年 7 月
最爱是中华	贵州卫视	2014 年 4 月	中华好故事第三季	浙江卫视	2015 年 8 月
中国成语大会	中央电视台	2014 年 4 月	中华好诗词第四季	河北卫视	2015 年 11 月
汉字英雄第三季	河南卫视	2014 年 7 月	中国成语大会第二季	中央电视台	2015 年 11 月
第二届中国汉字听写大会	中央电视台	2014 年 7 月			

二、来自媒介生态的拉动与冲击

中华优秀传统文化视听传播的再度兴起并不是一个突然而至的惊喜，它与相关传播主体的自觉实践与探索息息相关，更显现出鲜明的语境性。这种

① 段然．户外真人秀节目的叙事模式 [J]．青年记者，2014（21）：78-79.

“传统文化 + 综艺化表达”、注重游戏性叙事的话语转向，是媒介生态多种拉力与推力反复拉扯、共同形塑的结果。

在这一时期，综艺娱乐类内容的发展迎来集中爆发期，无论是制作规模、内容形态、传播效果还是商业价值，与上一阶段相比都上升到了前所未有的高度。一系列在全新视听技术与理念下制作出来的新型节目高密度涌现，而“现象级”内容则更是几乎以一年一档的速度引领着视听文化热点的高频切换。2012 年，浙江卫视引进荷兰 Talpa 公司的歌唱选秀节目 *The Voice* 模式推出《中国好声音》；2013 年，湖南卫视从韩国文化放送株式会社（MBC）引进节目模式先后制作《我是歌手》与《爸爸去哪儿》，两档节目的大火也开启了电视媒体对韩国节目模式的跟风引进与复制。后者更直接带动起户外真人秀在国内的走红。在接下来的两年中，浙江卫视与东方卫视分别推出《奔跑吧，兄弟》（引进自韩国 SBS 电视台）与《极限挑战》，先后掀起真人秀的狂潮。这些国外视听内容制作模式的集中引进，深深地冲击并影响了我国视听传播理念，为自《百家讲坛》后进入创新瓶颈的中华优秀传统文化视听传播实践提供了有益的启发与参考。而电视媒体在这一过程中所掌握并积累的工业化生产的流程、技术与商品化运作的模式、手段，也被成体系地迁移、运用到中华优秀传统文化类视听内容的生产之中，为后者的全面转型提供了物质与经验的必要准备。

国外节目模式的引进也加速了我国视听内容生产机制的变革，对于规模和投入较大的视听内容，传播主体全面采取更为灵活的项目制。节目作为一个项目每年启动一次，并根据上一年的传播效果与市场表现决定继续或取消，并按照本年度实际情况在内容选题、策划与制作上进行调整。在这一背景下，传统文化类内容逐渐摆脱日播或周播的模式，从这一时期起开始大规模实行季播制。与此同时，制播分离也在这一时期成为内容制作的主流趋势。受此影响，中华优秀传统文化视听传播也不再完全由电视媒体独立完成，由于 2014 年凭自制综艺崛起的网络视频平台，与包括实力文化、知了青年在内的一大批制作和运营公司所构成的社会力量成为传播主体中不可或缺的有机组成部分。

需要指出的是，国外模式引进与深度市场化的趋势对传统文化视听传播实践并不仅仅是正向的拉动作用。后者的集中发展一定程度上也是在剧烈冲击与挤压之下被迫做出的实用主义选择的结果。综艺娱乐内容的大发展不仅体现在内容总量与社会影响之"大"，也体现在成本投入、制作规模之"大"[①]。头部综艺的制作成本已迈入"亿元"时代，而这远非二、三线卫视所能够承受的。这种"大片化"趋势造成竞争门槛的提升，进一步拉大了传播主体平台间的差距，其结果是强者在市场竞争中"田连阡陌"，而他者则面临"无立锥之地"的困境。在这种越发明显的"马太效应"之下，二、三线卫视已失去同一线卫视在大型综艺节目领域正面对抗的能力，被迫更换赛道，在其他类型的视听内容上寻求差异化突破点。在这种市场形势的推动下，非一线卫视率先转向中华优秀传统文化视听传播领域，成为这一时期关于中华优秀传统文化的视听内容生产与传播的发力主体[②]，表 5-3 也可以较为清楚地体现这一特征。

另外，各家卫视对引进海外制作模式的非理性热捧，导致韩国与欧美地区适合我国市场的可用内容形态几乎被悉数搬到我国的荧屏与网络之上，在短短数年间消耗殆尽。与此同时，这些如过江之鲫般的引进内容中仅有极少数真正实现鲤跃龙门。2019 年《中国经济周刊》的一篇相关新闻报道援引业界资深从业者的判断，真正走红的引进节目不到全部的一成，大多数都难逃沦为"炮灰"的命运[③]。这种视听内容"海淘"的客观现实，倒逼着传播主体进入结合本土文化语境进行自主创新探索的关键节点。而具有鲜明民族性特色的中华优秀传统文化则成为本土化创新探索中区隔市场、反身定义自己，形成新的消费意愿的重要发力方向。

① 罗姣姣 . 中国电视综艺发展史 [M]. 北京：中国广播影视出版社，2017：122.

② 吴畅畅 . 浅议河南卫视"中国节日"系列短片的"文化中国性"[J]. 新闻与写作，2021（12）：92–96.

③ 侯隽 . 引进节目带领电视综艺节目走出"抄"时代？ [EB/OL]. 经济网 .（2019–10–18）[2022–10–24]. http://www.ceweekly.cn/2019/1018/271354.shtml.

三、政治议程的多重规划

第二个“黄金时期”的到来也受到政治性议程的规划与安排。这一时期传统文化的视听传播实践有着一个深刻的背景，即国家层面对中华优秀传统文化的关注与重视。2011 年，党的十七届六中全会审议通过《中共中央关于深化文化体制改革、推动社会主义文化大发展大繁荣若干重大问题的决定》，提出建设中华优秀传统文化的传承体系，在全面认识祖国传统文化的基础上去粗取精、推陈出新，通过对中华优秀传统文化思想价值的深入挖掘，使其转化为“新时代鼓舞人民前进的精神力量”①。这也是自 20 世纪 90 年代以来，党的最高决策层再次集中探讨文化课题②。党的十八大以来，在党和国家领导人的亲自引领与推动下，中华优秀传统文化传承、发展实践受到的重视与支持，在政治话语中提升至新的高度。2013 年，习近平总书记在全国宣传思想工作会议上指出，在全面对外开放的条件下宣传阐释中国特色，要讲清楚“中华优秀传统文化是中华民族的突出优势，是我们最深厚的文化软实力”③。同年 12 月，习近平总书记在十八届中央政治局第十二次集体学习中首次提出创造性转化与创新性发展的实践方针，并在 2014 年发表的一系列重要讲话中反复强调。2015 年，中共中央政治局审议通过《关于繁荣发展社会主义文艺的意见》（简称《意见》），《意见》强调要“从传统文化中提炼符合当今时代需要的思想理念、道德规范、价值追求、赋予新意、创新形式，进行艺术转化和提升，创造更多具有中华文化底色、鲜明中国精神的文艺作品”，创作“符合对外传播规律、易于让国外受众接受的优秀作品”④。在领导人重

---

① 中共中央关于深化文化体制改革 推动社会主义文化大发展大繁荣若干重大问题的决定 [EB/OL]. 共产党员网 .（2012-09-28）[2022-10-25].https://www.12371.cn/2012/09/28/ARTI1348823030260190_all.shtml.

② 张爱凤 .2013-2014 国内原创电视文化节目建构的多元认同 [J]. 现代传播（中国传媒大学学报），2014，36（8）：73-78.

③ 习近平在全国宣传思想工作会议上强调 胸怀大局把握大势着眼大事 努力把宣传思想工作做得更好 [EB/OL]. 共产党员网 .（2013-08-21）[2022-10-25]. https://news.12371.cn/2013/08/21/ARTI1377027196674576.shtml.

④ 中共中央关于繁荣发展社会主义文艺的意见 [EB/OL]. 中国政府网 .（2015-10-19）[2022-10-25]. http://www.gov.cn/xinwen/2015-10/19/content_2950086.htm.

要讲话与中央文件的密集推出下，中华优秀传统文化视听传播的政治性、战略性意义得以建构并不断强化。

2014 年关于弘扬和发展优秀传统文化的重要讲话见表 5–4。

表 5–4　2014 年关于弘扬和发展优秀传统文化的重要讲话

时间	重要讲话	概要
2 月 17 日	在省部级主要领导干部学习贯彻十八届三中全会精神全面深化改革专题研讨班开班式上的讲话	加强对中华优秀传统文化的挖掘和阐发，努力实现中华传统美德的创造性转化、创新性发展，把跨越时空、超越国度、富有永恒魅力、具有当代价值的文化精神弘扬起来，把继承优秀传统文化又弘扬时代精神、立足本国又面向世界的当代中国文化创新成果传播出去。
2 月 24 日	在十八届中央政治局第十三次集体学习时的讲话	要处理好继承和创造性发展的关系，重点做好创造性转化和创新性发展。
3 月 27 日	在联合国教科文组织总部的演讲	没有文明的继承和发展，没有文化的弘扬繁荣，就没有中国梦的实现。
9 月 24 日	在纪念孔子诞辰 2565 周年国际学术研讨会暨国际儒学联合会第五届会员大会开幕会上的讲话	要坚持古为今用、以古鉴今，努力实现传统文化的创造性转化、创新性发展。
10 月 15 日	在文艺工作座谈会上的重要讲话	实现中华民族伟大复兴需要中华文化繁荣兴盛，创作无愧于时代的优秀作品，坚持以人民为中心的创作导向，中国精神是社会主义文艺的灵魂，加强和改进党对文艺工作的领导。

面对综艺娱乐内容引进热潮所暴露的原创乏力、资源浪费、过度商业化等突出现实问题，以“泛娱乐化”作为中心议题展开的批判性话语在制度安排、行业管理层面占据主导。这种正当性压力从全国性政策部署，到地方行政管理，再到传播主体具体实践逐级传递，在实践与理念层面深刻影响着视听传播行业的发展走向。2013 年 10 月，原国家新闻出版广电总局下发《关于做好 2014 年电视上星综合频道编排和备案工作的通知》（简称《通知》）（新广电发〔2013〕68 号），限定各上星频道每年至多可播出一档新引进境外版权模式节目，且当年不得在黄金时段播出。每季度仅允许一档歌唱类选

秀节目登上黄金档，且须通过总局评议会确定。同时《通知》要求扩大新闻、文化、科教等非娱乐性内容的总播出时长，以优化视听内容结构。2014年，原国家新闻出版广电总局下发《关于积极开办原创文化节目弘扬和传承优秀传统文化的通知》，鼓励广电系统学习借鉴《汉字英雄》《中国汉字听写大会》《中国灯谜大会》等节目的成功经验，"积极开办以弘扬和传承优秀传统文化为主旨的原创文化节目"[①]。之后分别于2014年9月与2015年6月发文，要求对劣迹艺人进行封禁，并对节目主持人和嘉宾使用进行明确区分[②]。2015年7月，《关于加强真人秀节目管理的通知》出台，要求各电视台控制引进模式节目数量，强调对以"中外合作"方式变相引进的情况予以坚决治理，同时鼓励各单位根植中华优秀传统文化，进行具有中国特色、中国风格和中国气派的原创模式创新[③]。这一系列成文的细则以及由此衍生出的行业要求，使中华优秀传统文化视听传播的正当性得以在对视听内容生产的规训与引导中被不断强化。在政策的调控与推动下，制作资源向综艺娱乐内容非理性集中的局面得到有效扭转，传播主体从中华优秀传统文化中汲取营养、挖掘选题，进行原创性视听表达模式的探索，从而为中华优秀传统文化视听传播实践带来了难得的发展契机。

四、快速发展下显现的新问题

以《汉字英雄》《中国汉字听写大会》为起点，中华优秀传统文化视听传播走向近十年来的全面兴起。而在2013年到2015年这一重要转折期，随着中华优秀传统文化类视听内容生产力、传播力与影响力的快速扩大，一些不足与问题也逐渐显现出来。

首先，对传统文化元素的开掘面仍相对较窄，大多数视听内容的选题

① 关于积极开办原创文化节目弘扬和传承优秀传统文化的通知.[EB/OL].国家广播电视总局.（2014–01–23）[2022–10–25].http://www.nrta.gov.cn/art/2014/1/23/art_113_4879.html.

② 参见《关于加强有关广播电视节目、影视剧和网络视听节目制作转播管理的通知》（新广电办发〔2014〕100号），《进一步加强广播电视主持人和嘉宾使用管理》（新广电发〔2015〕129号）。

③ 总局发出《关于加强真人秀节目管理的通知》[EB/OL].陕西省广播电视局.（2015–07–23）[2022–10–25].http://gdj.shaanxi.gov.cn/info/1980/19051.htm.

集中于汉字、古诗词等具有很强辨识性与象征性的领域。整理汇总发现，在这三年中，明确提出以弘扬和传播中华优秀传统文化为宗旨的电视节目不少于 44 档，而呈现内容落脚于汉语言文学范畴的节目占据绝对多数，其中以汉字题材类最多，占整体的 16%，古诗词与综合类国学知识以 14% 的比例并列第二，灯谜与传统故事各占 9%，成语与姓氏占比分别为 7% 与 4%（图 5–2）。也正因如此，这一时期的传统文化视听内容被媒体和观众形象地称为“语文课”。我们并不否认这些传播实践对“小初高”语文教育所起到的辅助性作用，但这种选题高度集中、频频“撞题”的现象也从一个侧面说明，传播主体更多是循着自身的第一反应来选定视听内容的表征对象，在视线可见的浅层进行着传统文化资源的挖掘，缺乏对传统文化本身更为深刻的审视与思考。

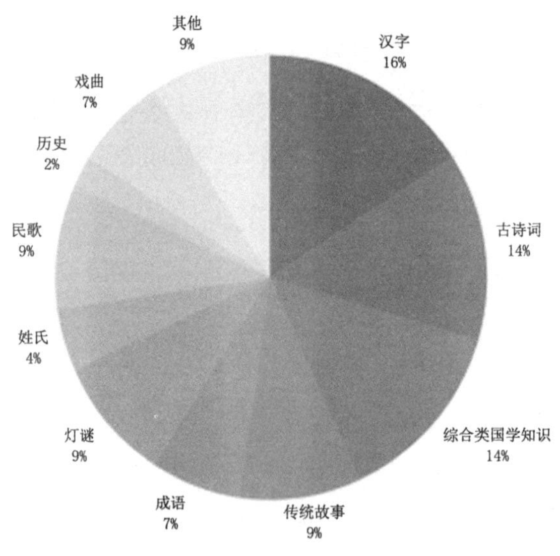

图 5–2　2013—2015 年各类选题所占比例

其次，内容模式、话语形态同质化现象严重，缺乏差异化开拓和创新。尽管这一时期出现了一些具有原创性的内容制作模式，然而在这些模式成功之后，紧随而至的是大量的跟风与仿制。“竞赛 + 闯关 + 专家点评”随着各台的视听传播实践被固定为一种标准化模式而渐渐趋于呆板。而变得如出一辙的不仅仅是主旨定位、内容形态与环节设置，甚至许多节目的名称与学者阵容也高度相似。很多有关传统文化视听传播的项目在未得到充分研发和论证的基础上仓促上马，粗制滥造、有量无质的局面也未得到有力扭转[①]。因此，不少节目在高调播出一季后便消失得无影无踪，而多季播出的内容中能掀起较高传播热度的同样屈指可数，再没有出现媲美首季《中国汉字听写大会》与《汉字英雄》的节目。这种盲目扎堆的趋势极大地缩短了传统文化类视听内容模式的生命周期，同时这种低水平的重复建设也易引起受者的审美疲劳，进而消耗其在一段时间内对传统文化的兴趣。内容创新的想象力与发展理性依旧是这一时期传统文化视听传播实践最为需要的品质。

最后，以游戏性为中心对传统文化所展开的媒介化建构，一定程度上也造成了传统文化本身主体性在视听内容之中的陷落，其所服膺的根本逻辑依旧是娱乐主义与消费主义，而传统文化的视听传播则逐步滑向契合文化工业的去深度化的符号生产。在表面繁荣之下，有着丰富与深层隐喻的中华优秀传统文化则在媒介化的过程中被置换为一种放低门槛的媒介展演，以建立大众对文化的神圣崇拜，唤起人们“怀旧寻根”的情感回归。比如，汉字类内容被指背离了本身弘扬汉字文化、拯救汉字书写能力的归旨，相反沦为聚焦偏字怪字、机械式死记硬背的简单竞技[②③]。个别节目甚至通过国学知识的比拼进行选美。有学者在分析中指出，许多传统文化视听内容选择绕过了文化性这个最难的核心点，而是在其他内容形式之上直接披上一层文化外衣[④]。还有学者认为，那些象征“传统”的文化符号经过传播主体的文化拼贴，为视听内容创作出一种关于传统文化想象的“滤镜”效果[⑤]。在一些个别节目，传统文化起到更大的作用是为视听内容的安全生产与顺利过审提供正当性

① 寇飞．外热内冷，文化综艺类节目如何破局 [J]. 视听界，2018（1）：95–98.

② 秦悦．五问汉字听写：靠死记硬背能撑多久？ [EB/OL]. 人民论坛网．（2013–10–25）[2022–11–01]. http://politics.rmlt.com.cn/2013/1025/170642.shtml.

③ 张利红．民族文化传承不能靠“死记硬背”[N]. 光明日报，2016–06–07（3）.

④ 寇飞．外热内冷，文化综艺类节目如何破局 [J]. 视听界，2018（1）：95–98.

⑤ 颜梅，何天平．电视文化类节目的嬗变轨迹及文化反思 [J]. 现代传播（中国传媒大学学报），2017，39（7）：87–90.

依据。

从传统文化视听传播发展的整个历程来看，这些困境与不足可以说是电视讲坛时期所显现问题的再度回归。解决的关键就藏在贯穿整个历史流变的中心线索之中，即如何更好地把握视听传播与中华优秀传统文化的关系，对后者的挖掘与再现如何进一步走精走深。这些都有待于在中华优秀传统文化视听传播实践下一个历史阶段的新发展中得到新回应。

第四节　体验与参与驱动下的全面激活（2016 至今）

一、多元共创局面的形成

以 2016 年《中国诗词大会》的热播为标志，中华优秀传统文化视听传播进入创新发展的新时期。在技术疆域、文化型构的深刻变革与国家意志的深入引导下，中华优秀传统文化视听传播的创新发展潜力被全面激活。相关视听内容从电视荧屏上的一股“清流”发展为网络传播环境中的媒介文本主流，在泛传统文化性的社会化生产传播与快节奏、高密度的推陈出新中，视听创造力与传播影响力持续发展与不断增强。传统文化视听传播呈现出勃勃生机、万物竞发的新气象。这一时期的一个突出特点是视听传播实践主体的变迁，电视媒体不再是传统文化视听内容生产传播的绝对主体，取而代之的是以主流媒体为引领、视频网络平台积极跟进、自媒体广泛参与的多元共创格局。

在媒体融合的发展过程中，视频化成为传统媒体数字化突围的核心进路。2014 年，人民日报中央厨房正式立项并开始建设，在 2015 年全国两会期间投入使用。同年 7 月，新华社全媒报道平台启动运行。中央电视台则在重大时政报道中搭建起融媒体编辑部。在这些中央媒体的带动下，各级报纸、广播、电视台等传统主流媒体在 2016 年前后纷纷引入融媒体中心的内容生产机制，集中发力视听业务，视听化成为内容生产的重要趋势。素有媒体融合转型“练兵场”与成果“试验场”之称的全国两会报道为我们提供了一个很好的观察样本：人民日报、新华社、央视与光明日报在2015年全国两会期间推出的可视化新闻报道产品主要以信息图表为主[①]，到2017年，包括专题视频与动画在内的视听产品占比已超过50%[②]，此后历年全国两会报道在技术与形态的新突破也均集中在视听传播领域。不同类型的媒体都能生产音视频内容，已成为当下我国媒体融合发展的突出特征[③]。在这一融合转型的发展过程中，主流报纸、广播等媒体逐步成长为中华优秀传统文化视听传播实践主体的重要组成部分，同电视媒体共同发挥示范和引领的作用。

2014年，我国社会迎来“网络综艺元年”。是年末，网络视频平台爱奇艺出品的网络综艺节目《奇葩说》以辩论的形式与犀利的观点创下收视纪录。受此鼓舞，各大网络视频平台开始相继发力网络自制综艺节目，并在接下来两年的专业化、规范化生产的摸索与发展中快速发展壮大，与广电视听内容逐渐形成“双峰对峙”的格局[④]。尽管在上个时期网络视频平台已参与中华优秀传统文化的视听传播之中，但在更多情境下仅仅发挥传播渠道的功能。而在2016年以后，在政策引导与“传统文化热”所引起的广泛市场需求的双轮驱动下，网络视频平台开始有意识地布局传统文化类视听内容，积极参与中华优秀传统文化视听传播的实践当中。网络视频平台围绕传统文化的视听内容生产可以概要地分为两种，一是纯平台独立出品，如《博物奇妙夜》（爱奇艺）、“登场了！”系列（爱奇艺）、《青春京剧社》（优酷）；二是同主流媒体联合制作，如《舞千年》（河南卫视与B站）、《邻家诗话》（河北卫视与腾讯视频）。网络视频平台已成为传统文化视听传播的重要力量。

新时期传统文化视听传播的最大变量当属视听类用户生成内容（UGC）

① 曾祥敏，关伟娜．时政报道中的信息可视化产品研究——基于2015年全国两会报道的个案研究[J]. 现代传播（中国传媒大学学报），2015，37（7）：29–33.

② 曾祥敏，翁旭东，黄莉莉．时政新闻报道融合创新——基于2017年全国两会可视化产品的分析研究[J]. 编辑之友，2017（7）：5–12.

③ 杨岚．媒体融合蓝皮书：“视频化＋社交化”正站在行业的风口[EB/OL]. 中国政协网．（2021–10–15）[2022–11–03]. http://www.rmzxb.com.cn/c/2021–10–15/2967529.shtml.

④ 同上．

的激活与大量涌现。网络用户广泛参与中华优秀传统文化视听内容的共创共享之中，成为中华优秀传统文化视听传播最具活力与创造力的力量。2005 年左右，随着博客、播客、网络社区等彼时的新型网络应用兴起，我国网络传播进入 Web2.0 时代[①]。大大降低的技术门槛与由此兴起的参与文化使公众不再是被动消费信息的受众，而成为“以从前意想不到的方式，塑造、分享、重构和重新合成媒体内容”[②]的“产消者”（prosumer）。2005 年末，自由职业者胡戈将影片《无极》重新剪辑、改编为《一个馒头引发的血案》，并在网上发布，引起广泛关注和讨论。以此为起点，我国视频 UGC 内容首先以“恶搞”的面貌走入公众视野。2008 年 2 月，我国互联网用户规模达到 2.2 亿人，首次超过美国[③]。在网民规模快速膨胀的基础上，草根文化进一步兴起，视频 UGC 内容在此时从“恶搞”转向“山寨”。是年，两次被《百家讲坛》拒之门外的韩江雪自费拍摄 6 小时《从靖康耻到风波亭》以挑战《百家讲坛》。需要指出的是，这段时期的视频 UGC 内容仍处于生产权力部分下放的阶段，依旧有着较高的技术门槛，用户生产、传播视听内容的能力真正得到彻底解放则发生在 2013 年左右 4G 通信技术与智能手机大规模普及之后。特别在经历接踵而至的“直播元年”（2016 年）、“短视频元年”（2017 年）、“Vlog 元年”（2018 年）之后，视听内容的消费、生产与分享已成为最基本的媒介实践活动，深深嵌入人们的日常生活。传统文化研究领域的专家学者、民族传统艺术从业者、民间传统技艺传承人纷纷转战抖音、快手、B 站等视频平台开设个人视频频道。与此同时，随着汉服、民乐、甲胄等亚文化的不断发展与相关网络趣缘社群的成形与成长，大量传统文化爱好者参与中华优秀传统文化的视听传播之中，涌现出“李子柒”“自得琴社”“中国装束复原小组”“武阵天王—杰哥”等一大批具有强大网络传播影响力的内容创作者。

① 闵大洪 . 2005 年的中国网络媒体与网络传播互联网大步迈进“Web2.0 时代”[EB/OL]. 人民网 .（2014-04-15）[2022-11-04]. http://media.people.com.cn/n/2014/0415/c40606-24898384.html.

② JENKINS H, FORD S, GREEN J. Spreadable media: Creating value and meaning in a networked culture[M].New York: New York University Press,2013:2.

③ 杜笑宇 . 中国互联网用户数量超过美国 跃居世界第一 [EB/OL]. 中国经济网 .（2008-04-21）[2022-11-04]. http://intl.ce.cn/specials/zxxx/200804/21/t20080421_15227202.shtml.

来自用户“自媒体”的视听内容极大拓展了对中华优秀传统文化挖掘与转化的广度，丰富了中华优秀传统文化视听内容的呈现方式与话语形态，并在传统文化的跨文化传播中显现出不可取代的作用，为中华优秀传统文化的视听传播注入了生机与活力。

二、内容样态极大丰富

多元社会主体的媒介参与深刻地改变了传统文化类视听内容的整体面貌。中华优秀传统文化视听传播走向多样化与分众化，对中华优秀传统文化进行挖掘的广度和深度得到进一步拓展，视听化转化与传播的新方法持续涌现，呈现出“百花齐放”的崭新局面。而在这满目琳琅之下，视听内容的话语方式整体上呈现由激发感官刺激到强化感性体验的转向，体验感成为蕴含在这一时期多元异质之中的鲜明共性。

2016 年，萨德反导系统入韩在我国社会各层面引发对韩资、韩流的抵制与制裁，同时有部分内容制作机构在未取得正式授权的情况下仿制韩国节目造成海外负面舆情[①]。在“韩国模式”退热与相关政策的引导下，各大电视媒体以更强的主动性与积极性投入原创节目的研发探索之中，这极大推动了传统文化类原创节目形态的丰富与迭代速度的提升，围绕文化体验感打造了一系列各具特色、气质鲜明的高品质视听节目。例如，央视在“中国大会”系列以外不懈开拓，从遗址文物、传统服饰、文化典籍等维度对中华优秀传统文化进行开掘，先后推出《国家宝藏》《衣尚中国》《典籍里的中国》等现象级内容，以多时空交错与戏剧 / 影视相结合的表现方法，引领观众在时空穿越之中感悟中华优秀传统文化的厚重与魅力，很好地实现了思想性与艺术性的相得益彰[②]。河南牛年春晚节目《唐宫夜宴》受到大量网友自发宣传，轰动全网后，河南卫视重新回归中华优秀传统文化视听传播创新的第一梯队，

---

① 周逵，黄典林. 娱乐的正当性：当代中国大陆电视综艺节目的观念与实践流变 [J]. 国际新闻界，2021，43（7）：59–79.

② 曾祥敏，翁旭东. 重塑文化主体性——电视文化类节目创新实践探寻 [J]. 电视研究，2021（6）：22–25.

聚焦中华传统节日开辟传播新场景，推出“奇妙游”系列晚会节目，以网剧的呈现方式重塑晚会形态，以强烈的视觉创意与对网络传播规律的精准把握，创造出兼具美学与趣味的沉浸式体验感。北京卫视则瞄准本地丰富的历史文化资源，推出《上新了，故宫》《遇见天坛》《我在颐和园等你》《最美中轴线》等“京味十足”的视听内容，接地气的选题使内容表达极具贴近性，慢节奏叙事让观众有更多可以细细品味与感悟的空间。

在网络视听层面，平台自制节目、直播、短视频、动画、交互融媒体产品等视听内容形态集中爆发，同传统的电视节目内容一道共同组成新时期中华优秀传统文化视听内容的百景图。其中，短视频已快速发展为用户接触、消费与生产中华优秀传统文化相关内容的基础形式，当之无愧地成为中华优秀传统文化视听传播的新兴主阵地。在这一场域中，各家新型主流媒体集中发力，依托自身技术、经验、资源优势推出大量传统文化类短视频，如人民日报出品的《新千里江山图》《博物馆演唱会！》，新华社推出的《似是故人来》《西安人的歌》，光明日报的《华夏四季歌》等，都是较为典型的代表。以这种轻量化的方式，主流媒体源源不断地快速产出优质内容，以四两拨千斤之势实现对网络环境中中华优秀传统文化视听共创的有效引领。而在 UGC 与 PGC 内容层面，传统文化类短视频更是包罗万象，特别如制作传统美食、穿着民族服饰出行、民族乐器演奏、传统百工技艺、传统节日习俗等主题的内容受到年轻用户群体的喜爱与追捧。依托短视频平台的社交可供性，平台和用户往往通过设置话题挑战、激励计划的方式吸引更多用户参与中华优秀传统文化的视听体验，如抖音平台上推出的“我变脸比翻书还快”“我要笑出国粹范”“我为‘非遗’打 call”等用户挑战，话题所带动的播放量均在10亿次级别[①]，极大提升了用户以视听内容的方式参与文化体验的积极性与趣味性。这些用户生产的传统文化类短视频往往从日常生活的视角出发，在记录、展现个人与传统文化接触过程中感性经验的获得与积累而更加生动地诠释中华优秀传统文化的意蕴。

① 潘理安，唐嘉蔚．从共鸣到共享：“抖音”的中国传统文化传播策略[J]．传媒，2020（3）：88-90.

三、政策动员持续强化

在这一时期，中华优秀传统文化频频见于中央文件之中，对其的肯定与阐发被提升到新的高度，这无疑为中华优秀传统文化视听传播的大发展提供了适宜的土壤。2017 年 1 月，中共中央办公厅、国务院办公厅联合印发《关于实施中华优秀传统文化传承发展工程的意见》，对中华优秀传统文化发展进行专题部署，中华优秀传统文化的转化与发展事业也由此上升到国家战略高度。该意见从理论层面系统、深刻地阐释了弘扬与传承中华优秀传统文化的意义，同时从实践层面对工程实施的具体方向、方法、目标、效果进行顶层设计。特别是该意见中对中华优秀传统文化深层次的思想理念、传统美德与人文精神的精准、全面概括，为中华优秀传统文化视听传播实践中解决“何为优秀”的关键问题提供了明确的指引和参考。随后，在党的十九大报告、十九届六中全会通过的《中共中央关于党的百年奋斗重大成就和历史经验的决议》以及党的二十大报告中，中华优秀传统文化对于中国特色社会主义文化建设与中华民族伟大复兴的重大意义被反复强调。“十四五”开局之际，中宣部于 2021 年 4 月印发《中华优秀传统文化传承发展工程“十四五”重点项目规划》，为此后五年的中华优秀传统文化传承与发展工作规划出清晰的发展路线，中华文化广播电视传播工程与中华文化新媒体传播工程均被列入重点发展项目。

在行业规制层面，国家广播电视总局通过以意见、规定、办法等方式进行视听传播行业的政策部署与动态调整，为传统文化视听传播的进一步发展提供了有力引导与有力保障。2016 年 6 月，《关于大力推动广播电视节目自主创新工作的通知》下发，对盲目引进海外模式的现象进一步纠偏，同时将“920”时段①定为内容创新的重要基地，鼓励立足中国元素进行自主创新，打造视听文化的中国气派。次年 7 月，《关于把电视上星综合频道办成讲导向、有文化的传播平台的通知》（新广电发〔2017〕163 号）提出地方广电的视听内容应向央视看齐，积极邀请优秀学者与艺术家参加节目，提升节目的

① 指各卫视晚间两集电视剧播完后的 21 时 20 分到 22 时这一时间段的节目排播。

文化性与公益性。在2018年4月的广播电视节目创新创优培训会上，原新闻出版广电总局宣传司司长指出，“小成本、大情怀、正能量”应是自主创新的基本进路，要将“中国特色、中国风格、中国气派”作为内容创新的主要方向，并且强调顺应媒体融合大势，将新媒体打造成创新创优的增长点①。同年8月，总局下发《关于进一步加强广播电视和网络视听文艺节目管理的通知》（广电发〔2018〕60号），再次重申对泛娱乐化、高价片酬、炒作明星等问题的抵制立场，强调视听内容传播要提高品位格调、弘扬社会主义核心价值观。这些制度安排客观上鼓励并加强了中华优秀传统文化视听传播的创新与发展，为其营造出良好的政策环境，并在实际操作层面上为传播主体提供了有益指导。

四、数字技术与参与式文化的深刻型构

自2016年以来，焕然一新的中华优秀传统文化视听传播图景有着鲜明的技术驱动的特征。在上文的论述中，我们已或多或少地谈论了Web2.0、第四代移动通信以及短视频技术，它们从媒介赋权的角度深刻改变了中华优秀传统文化视听传播实践的媒介生态，而技术疆域另一个方向上的拓展则从媒介赋能的角度对视听内容的生产力与表现力发挥着支撑性的作用。从2016年虚拟现实技术（Virtual Reality，缩写为VR）走红以来，对前沿媒介技术的试验与应用成为媒体融合探索的主要议程。包括无人机航拍、人工智能（Artificial Intelligence，缩写为AI）、增强现实（Augmented Reality，缩写为AR）、混合现实（Mixed Reality，缩写为MR）在内的一系列技术先后被引入新闻传媒行业（表5–5）。2019年，超高清视音频制播呈现国家重点实验室落户刚组建一年时间的中央广播电视总台（以下简称“总台”），“5G+4K/8K+AI”被确立为总台的重大战略布局。其他媒体亦围绕视听呈现技术的创新和突破制定了专门的战略并着力推进。随着对这些视听技术的应

① 电视节目如何创新创优？高长力司长用五个“新”划了重点[EB/OL].（2018–04–04）[2022–11–04]. https://www.sohu.com/a/227321150_247520.

用逐步走向成熟化、系统化，对传统文化元素进行可视化转化的创造力与表现力得到极大释放。这些新型视听技术的应用，为那些抽象、艰深的传统文化带来视听化呈现的可能性，同时为视听内容注入全新的美学新质，让中华优秀传统文化的魅力在更为生动、精细的雕琢中得以生动诠释。需要指出的是，这些技术变革并非锦上添花，而是从深层次对视听内容形态的颠覆与重构。它们已经成为支撑传统文化视听内容推陈出新、得以建构的底层逻辑，如总台的《诗画中国》，河南卫视“奇妙游”系列节目等，这些中华优秀传统文化视听传播的实践方式只有且只能在这一阶段的技术条件下才能实现。

表 5-5　2016 年以来历年媒体探索、应用的热点技术[①]

年份	热点前沿技术
2016	VR
2017	无人机航拍
2018	AI 视频新闻制作、AR
2019	AI 主播、VR、MR、5G+4K 移动直播
2020	5G、AI、全息成像
2021	5G+4K/8K+AI、SVG 漫画、CAVE 投影
2022	AICC、AI 超仿真主播、XR

中华优秀传统文化视听传播在这一时期也深刻地受到全新文化构型的形塑。社交平台的兴起在全球范围内构建起一个广泛联结、无远弗届的关系网络，这让处于社会主流边缘的亚文化在多重交叠的网络圈子中获得空前的展演舞台，并在网络用户的大规模参与和协作之中迅速走向大众化。中国网络视听节目服务协会的统计数据显示，到 2021 年中国长视频人均使用时长为 98 分钟 / 天，短视频达到 125 分钟 / 天，其中 20 到 29 岁年龄段的用户网络视频使用率达到97%[②]。年轻群体成为网络视听内容使用最活跃、最庞大的群

① 主要根据历年全国两会报道的前沿技术应用情况制表，资料参考曾祥敏，董泽萱，况一凡．对话、合作、液态化融合：2022 全国两会融媒体产品创新研究 [J]. 新闻与写作，2022（5）：94-106.

② 第 48 次中国互联网络发展状况统计报告 [R]. 北京：中国互联网络信息中心，2021：24.

体，青年亚文化在视听传播领域获得前所未有的发展空间，这种“小众群体展现日常生活的‘有意味的形式’”[①]逐渐发展为数字空间中人们的一种整体生活方式，其符号体系、话语模式被更多人所了解、包容与接受。同时，在资本、大众文化、互联网平台等多种社会因素的助推下，青年亚文化逐渐走向日常化、大众化，并主动向主流文化靠拢对接。在这种文化构型的变迁之中，主流话语也在积极突破自身边界，有意识地向一些有益的青年亚文化进行融合，吸收说唱、动漫、宅舞、虚拟歌手、弹幕互动等表现形式，编织“萌”“燃”“暖”的柔性话语表达，以贴近年轻用户的文化旨趣和视听习惯，实现主流价值的“破壁”与“出圈”。“大象也要学会跳街舞”[②]成为主流媒体在数字化转型过程中的重要发力方向，并深深重塑着传统文化的视听景观。

从“后视镜”的理论视角出发，本章试图对从传统文化类电视节目到相关网络短视频的发展过程进行反方向回望，在一段段历史语境的切片中尽可能实现横向延展，以细致地描绘出中华优秀传统文化视听传播在这一视域内的演进脉络，从纵向维度深化对这一特定传播实践的思考与理解。我们可以将本章四节的篇幅通过以下模型进行极致化浓缩与可视化呈现。进入 20 世纪 80 年代，中华优秀传统文化视听传播的种子开始苏醒过来，于全面改革的春风中破土萌芽，在 21 世纪的第一个十年里迎来首次短暂绽放，之后在低迷之中迎来转折，最终在多元共创的滋养下走向当下的百花竞放、持续繁荣。尽管中华优秀传统文化视听传播在不同的时期也显现出一些问题，但其整体保持着螺旋式上升的发展态势，更是在近年来一路高歌猛进，走向新的发展高度。在这四十余年的发展过程中，中华优秀传统文化视听传播由一隅之中的普通视听文艺类型逐步走向社会文化和国家战略的舞台中心，其传播逻辑也由单纯的文艺路线主导转变为在保持其引领地位的同时强调市场需求以及个人认同。而其所依存的生态构型亦在传统视听媒体与数字媒体逐渐走深的交融过程中，经历初期的政府单向规制与后来的“国家—市场”二元结

---

① 孟登迎．“亚文化”概念形成史浅析 [J]. 外国文学，2008（6）：93-102，125.

② 慎海雄 抓住数字化发展大潮大象也要学会跳街舞 [EB/OL]. 新京报．（2018-11-09）[2022-11-08]. https://baijiahao.baidu.com/s?id=1616603076721351813&wfr=spider&for=pc.

构之后，转变为包括技术赋能、文化形塑（特别是亚文化）、公众参与这些新要素在内的多维混合态。传统文化视听传播的历史流变如图 5-3 所示。

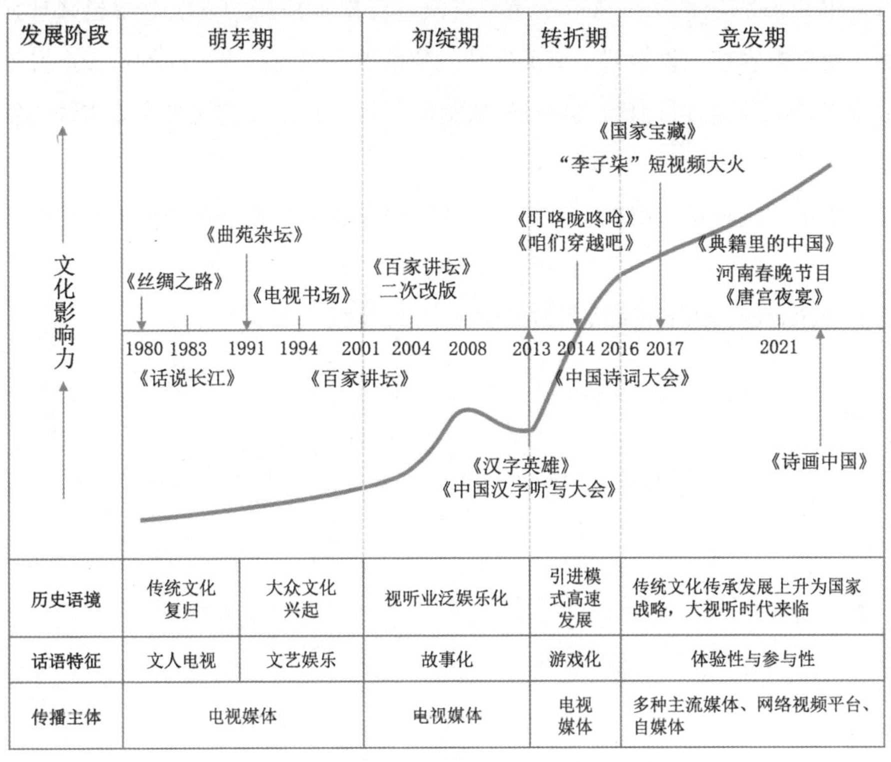

发展阶段	萌芽期		初绽期	转折期	竞发期
历史语境	传统文化复归	大众文化兴起	视听业泛娱乐化	引进模式高速发展	传统文化传承发展上升为国家战略，大视听时代来临
话语特征	文人电视	文艺娱乐	故事化	游戏化	体验性与参与性
传播主体	电视媒体		电视媒体	电视媒体	多种主流媒体、网络视频平台、自媒体

图 5-3　传统文化视听传播的历史流变

通过勾勒中华优秀传统文化视听传播蜿蜒上升的发展曲线，我们得以对其话语的轨迹有更为清晰的把握。中华优秀传统文化视听传播脱胎于精英式的话语气质，在社会文化环境的变迁中向着大众话语渐行渐远，最终在二者间的不断游走与反复调和之中走向一种雅俗共赏式的话语新模式，由此走出一条由启蒙宣教到“讲故事”，到“做游戏”，再到强调体验性与参与性的流变轨迹。尽管这种“载道—娱乐—内心体悟”的历史转折的确是一个多种因素共同且长期作用的过程，但两种因素在这一过程中起到了根本性的推动作用。一方面，中华优秀传统文化视听传播由传播的大众化转向生产的大众化，相关视听内容的全民协作从根本上改变了话语实践的逻辑与方式，多元异质性话语的存在使主流话语必须更具竞争力与整合性才能实现或稳固认同建构。另一方面，内容消费者对娱乐内容的追逐转化为对精神产品的需求，媒介消费与媒介参与不断趋于成熟，对视听精品的需求变得越来越强烈。视听内容在知识学习、审美提升以及精神世界充盈等方面的价值愈发得到重视，兼顾美育价值与文化感性成为中华优秀传统文化视听传播实践的发展方向。

借由“后视镜”所展示的历史流变图景，我们在系统回望传统文化视听传播来时之路的过程中更加透彻地看清脚下的路。这种历时性的详细考察为后面的共时性话语分析确立了清晰的起点与坐标。

第六章　中华优秀传统文化的视听表征与意义生产

伴随着视听传播成为最主要的信息传播手段，海德格尔（Martin Heidegger）所言的“世界被把握成图像”成为作为当代文化主因的视觉文化的典型征候。充斥在人类社会各个角落的视觉装置和可视符号，已成为人们获取知识、感知现实最快捷也最基本的途径。然而，从客观实在到由多种视觉符号所编织成的视听文本的转化并不是一个一对一的简单镜像过程，围绕表征对象的视觉形象生产是“充满了变数的创变与重构”[①]。霍尔关于表征（representation）的理论便很好地阐释了客观实在与其符号呈现的差异。在他看来，表征实际上由两个子系统的先后运作共同完成。在第一个系统中，人们将外在的物或现象与头脑中的特定概念相关联，随后在接下来的第二个系统中，这些内在的概念借助各类符号进行呈现，进而才能实现意义的传播与循环[②]。从这一逻辑出发，中华优秀传统文化视听传播同样建立在对中华优秀传统文化本身进行“事物—概念—符号”之双重转化的原点之上。同时，在中华优秀传统文化的“内在化”环节上发挥作用的并非个体头脑中的主观意识，而是整体化的社会意识形态与价值观。在这种社会化的话语建构之中，中华优秀传统文化资源得以在纷繁驳杂的视觉化可能性中以某种有序的视觉结构与特定的意义内涵流动于不同的屏幕之间。因此，我们若将注意力投向关于中华优秀传统文化视觉形象的整个流通体系，就必然应该首先对中华优秀传统文化的

① 周宪．视觉建构、视觉表征与视觉性——视觉文化三个核心概念的考察 [J]. 文学评论，2017（3）：17–24.

② 霍尔．表征——文化表征与指意实践 [M]. 徐亮，陆兴华，译．北京：上午印书馆，2013：29.

视觉化过程形成基本的认识，这也是视觉文化研究的一般性前提[①]。

从研究的整体框架来看，本章内容主要聚焦视听媒介的话语建构这一部分，以话语理论分析的进路探究主流媒体如何在关于中华优秀传统文化的开放性话语场域中将一系列能指因素接合起来，从而系统性地塑造起其视觉形象与特定意义。话语性场域中存在着大量关于传统文化的漂浮能指，不同话语相互竞争，以自己的方式向它们投注意义，因此呈现出话语接合的多种可能。从建构关键性的节点，到围绕这些节点吸纳离散的偶然性因素组成相对稳定的表意链条，进而形成相对稳定的意义结构，围绕中华优秀传统文化的话语建构逻辑由此展开。沿着话语理论分析的进路，本章主要采用扎根理论的方法，借助质性分析软件 MAXQDA 对近 3 年来兼具较强代表性与传播影响力的 78 个传统文化视听内容文本进行实证分析，探索视听媒介对于中华优秀传统文化的话语建构机制，从而回答在视听传播实践中，中华优秀传统文化呈现出怎样的意义与特征，多种话语性、物质性因素又是如何作用于话语的生成与再生产这两大问题。本章主要研究内容如图 6-1 所示。

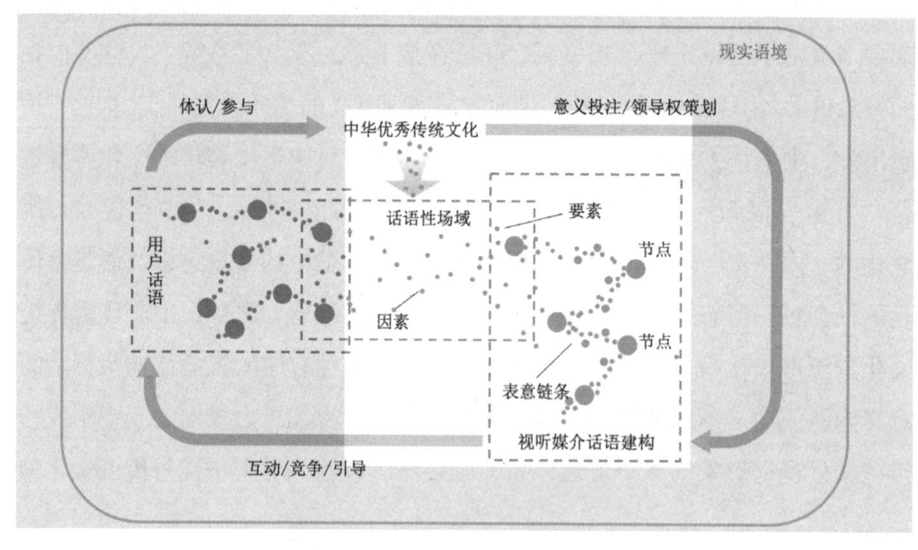

图 6-1　本章主要研究内容示意

① 段炼. 视觉叙事的结构与话语 [J]. 美术观察，2011（8）：124-128.

第一节　研究的方法和过程

一、样本选取与采集

本章分析主要基于近 3 年国家广播电视总局（下简称“总局”）经评选、审议公布的“中华文化广播电视传播工程”重点项目、广播电视创新创优节目以及优秀网络视听作品进行立意抽样，同时以同一时期由中央与省级主流媒体生产、传播的，具有突出网络影响力的其他视听产品作为补充。具体的抽样时间范围设定为 2019 年第三季度到 2022 年第二季度。

“中华文化广播电视传播工程”重点项目评选为总局贯彻、落实《关于实施中华优秀传统文化传承发展工程的意见》，深入推进于 2019 年开始实施的“中华文化广播电视传播工程”，引导、鼓励传统文化类广电内容守正创新，推动中华优秀传统文化创造性转化与创新性发展的专项创建活动。从总局主动公开的公告公示来看，“中华文化广播电视传播工程”重点项目申报与评选于 2021 年开始实行，每年评选一次，截至 2023 年已进行两次。在创建过程中，总局向重点项目提供专项扶持资金，同时对制作全程进行指导[①]。广播电视创新创优节目评选则面向除电视新闻、纪录片、少儿节目、动画片以外的多类型季播、周播以及特别节目展开。根据总局的主动公开资料，广播电视创新创优节目的季度性评选于 2018 年开始，并在季度性推优结果的基础上评选出年度创新创优节目。在历年的评选实践中，各广电制作主体的申报与各级主管机构的推荐往往围绕一定的主题展开，如 2020 年的主题主要为抗击新冠疫情、打赢脱贫攻坚战[②]，2021 年为党的百年诞辰、小康社会全

① 国家广播电视总局办公厅关于开展 2021 年“中华文化广播电视传播工程”重点项目申报工作的通知 [EB/OL].（2021-03-26）[2022-11-29]. http://www.nrta.gov.cn/art/2021/3/26/art_113_55557.html.

② 国家广播电视总局办公厅关于做好 2021 年广播电视创新创优节目评选扶持工作的通知 [EB/OL].（2021-03-05）[2022-11-29]. http://www.nrta.gov.cn/art/2021/3/5/art_113_55308.html.

面建成与中华优秀传统文化[①]，2022 年上半年为迎接党的二十大、北京冬奥会、中华优秀传统文化等。网络视听作品的季度性推优工作于 2020 年首次开展，整体评选方式与广播电视创新创优节目相近，评选对象为在网络视听平台播出的原创视听内容，包括但不限于短视频、H5 作品、网络综艺、网剧等。在评选的标准上，优秀网络视听作品相比广播电视创新创优节目较为稳定。在三年的评选中，对中华优秀传统文化的挖掘与转化始终是重点鼓励方向。对于评选出的广播电视创新创优节目与优秀网络视听作品，总局均向社会公布并通报表扬，同时通过多种平台、活动进行经验推介，以充分发挥引领示范之功能。

选择以上三类名单作为本章研究的样本，核心依据主要基于以下三点。

第一，评选结果具有权威性。国家广播电视总局是我国监督和管理视听传播活动的最高机构，在我国视听内容行政管理体系中居于首位，是传统文化类视听内容的正当性结构之中起决定性作用的核心因素。这些评选的公示结果可视为国家话语对一部分视听内容及其所代表的类型、模式以及发展方向合理性、先进性的确认。此类遴选为视听传播行业领域内的专业性评比活动，具体过程包括制作播出单位申报、省级主管部门推荐、总局组织专家评议三个阶段的层层筛选，同时评价依据包括价值导向、选题立意、表现形式、社会影响等多项指标，在评审程序与标准上具备科学性与系统性。

第二，评选的视听内容具有典型性。参与推优的传统文化类视听内容一般为制作单位的重点建设项目，内容质量普遍过硬，且具有正面、积极的思想立意。这类全国范围内最高级别的专业评选汇集了地方各省的代表性作品优中择优，而最终入围的视听内容往往具有较高的制作水平、艺术造诣与思想站位，在创作、生产、传播等环节中取得突出的融合创新成果，并在社会层面产生了强大的传播影响力与价值引导力。这些推优名单基本涵盖了近年来各档主要的现象级视听内容，如《典籍里的中国》、《国家宝藏》、“中国节

① 国家广播电视总局办公厅关于做好 2022 年广播电视创新创优节目评选扶持工作的通知 [EB/OL].（2022-02-25）[2022-11-29].http://www.nrta.gov.cn/art/2022/2/25/art_113_59637.html.

日”系列节目、《秒墨中国心》等，样本具有较强的代表性与较全的覆盖性。

第三，推优名单具有前沿性。广播电视创新创优节目与优秀网络视听作品的评选均要求报送作品为各制作主体原创且在与评选对应的季度中首播的视听内容，“中华文化广播电视传播工程”重点项目创建更是面向计划创作或正在创作的传统文化类视听内容。因此每次被纳入推优名单的视听内容，都是中华优秀传统文化视听传播实践的最新成果。与此同时，总局开展的优秀视听内容的评选与创建历来有着导向指挥棒的重要意义，无论是评价结果的公示，还是组织先进经验的分享与推广，主要目的均在于通过树立典型对全国范围的视听传播活动形成引领示范，有效引导创作的方向。这些榜单对于视听行业来说无疑释放着重要的风向标信号，预示着今后一定阶段内对传统文化题材挖掘、转化与创新的发展趋势。

经过对以上所述三类作品名单的搜集和梳理，本研究共得到 75 件传统文化类视听内容样本，包括“中华文化广播电视传播工程”重点项目 24 件，广播电视创新创优节目 33 件，优秀网络视听作品 18 件。三类作品名单内容存在部分重叠，如中国教育电视台的《一堂好戏》同时被 2021 年“中华文化广播电视传播工程”重点项目与 2021 年第三季度广播电视创新创优节目收录，河南广播电视台的“中国节日”系列节目连续两年登上所有名单。研究者基于以下四点原则对所得样本进行整理：第一，对在不同名单重复出现的同一节目进行去重；第二，名单中出现同一节目的多季内容仅保留最新一季；第三，同一系列节目中上榜的多个子专题内容仅保留一件；第四，由多期内容组成的节目一般选取第一期作为分析样本。操作后共得到 55 件视听内容样本。同时，为进一步强化样本整体的代表性与可靠性、扩大覆盖面，在综合传播主体类型、表现形式创新性、网络影响力等因素的前提下，研究者在与三类名单同时期的其他传统文化类视听内容中选出 23 件样本。最终共得到 78 件内容样本，总时长共计 3072 分钟，涵盖电视节目、新媒体衍生节目、短视频、微综艺、动画、VLOG 等多种类型，文本时长在 160 分钟到半分钟不等，制作主体覆盖中央与省级两级主流媒体，除广播电视台以外，还包括新华社、中新社在内的通讯社，以及人民日报、光明日报、中国日报、河南日报等报社，样本结构具有多样性，具体见表 6–1。

表 6–1　用于扎根理论分析的中华优秀传统文化视听内容样本明细

编号	年份	视听内容	制作主体	时长（分）
01	2022	一馔千年 第 1 期	中央广播电视总台	90
02	2022	遇鉴文明 第 1 期	中央广播电视总台	52
03	2022	拿手好戏 第 1 期	中央广播电视总台	80
04	2022	古韵新春	中央广播电视总台	160
05	2022	诗画中国 第 1 期	中央广播电视总台	90
06	2022	2022“中国节日”系列节目 2022 中秋奇妙游	河南广播电视台	74
07	2022	中国节气 · 春分奇遇记	河南广播电视台	16
08	2022	从文明腹地到非遗大省，河南向新时代贡献非遗力量	河南日报报业集团	3
09	2022	书画里的中国（第二季）第 1 期	北京广播电视台	65
10	2022	最美中轴线（第二季）第 1 期	北京广播电视台	60
11	2022	博物馆之城 第 1 期	北京广播电视台	70
12	2022	万里走单骑（第二季）第 4 期	浙江广播电视集团	60
13	2022	中国礼 中国乐 第 1 期	山东广播电视台	65
14	2022	黄河文化大会 第 1 期	山东广播电视台	60
15	2022	春天花会开 第 1 期	湖南广播电视台	90
16	2022	斯文江南 第 1 期	上海广播电视台	60
17	2022	长城长 第 1 期	内蒙古广播电视台	60
18	2022	技惊四座（第二季）第 1 期	广东广播电视台	76
19	2022	民族文化 · 广西民间乐器 第 1 期	广西广播电视台	30
20	2022	以梦为马	央视网	6
21	2022	年年有戏 第一期	中央广播电视总台	90
22	2022	这些都是中国的	央视频	13
23	2022	当秋分遇上中国传统舞，每一帧都让人赞叹！	央视新闻	3
24	2022	惊艳！唐代簪花仕女走出了画卷	央视新闻	5
25	2022	赏月、赏桂花、看花灯……还原古诗古画看古人如何过中秋	央视新闻	2

续表

编号	年份	视听内容	制作主体	时长（分）
26	2022	国风广播体操	中国国际电视台	4
27	2022	我们为什么爱敦煌：敦煌壁画中的胡旋舞	中国国际电视台	3
28	2022	新千里江山图	人民日报新媒体中心	4
29	2022	49 件文物讲述“何以中国”	人民日报新媒体中心	4
30	2022	太魔性！博物馆搞了一场说唱 Battle，登场的有击鼓说唱俑、三星堆黄金面具、兵马俑……	人民日报新媒体中心	2
31	2022	XR 创意视频丨冰雪荧煌	新华社	3
32	2022	双厨狂喜！克莱德曼 × 彭静旋隔空合奏《浏阳河》	新华社	4
33	2022	话说中国节 第 1 期	中国日报	4
34	2022	行走中国・中国火锅	中国日报	2
35	2022	惊艳纽约！在国外穿汉服超亮眼！	中国新闻社	3
36	2022	解码中华文化基因：学会这一招，“毛坯房”秒变“精装修”！	中国新闻社	2
37	2022	这个说唱视频很上头！重庆镇馆之宝上分了	重庆广播电视集团（总台）	2
38	2022	沙县小吃・福味	福建省广播影视集团	4
39	2022	山东之美・手造 琉璃篇	山东广播电视台	5
40	2021	国家宝藏・展演季 第 1 期	中央广播电视总台	67
41	2021	中国考古大会 第 9 期	中央广播电视总台	80
42	2021	中国国宝大会 第 1 期	中央广播电视总台	87
43	2021	上线吧！华彩少年 第 1 期	中央广播电视总台	75
44	2021	典籍里的中国 第 1 期	中央广播电视总台	90
45	2021	一堂好戏 第 1 期	中国教育电视台	90
46	2021	最美中国戏 第 1 期	北京广播电视台	72
47	2021	秒墨中国心 第 1 期	浙江广播电视台	66
48	2021	还有诗和远方・诗画浙江篇	浙江广播电视台	75
49	2021	我爱古诗词（第三季）第 1 期	江苏省广播电视总台	86
50	2021	舞千年 第 1 期	河南广播电视台	50
51	2021	齐鲁文化大会 第 1 期	山东广播电视台	73
52	2021	国学小名士（第四季）第 1 期	山东广播电视台	50

续表

编号	年份	视听内容	制作主体	时长（分）
53	2021	邻家诗话	河北广播电视台	40
54	2021	2021 诗书画 第 1 期	上海广播电视台	24
55	2021	传承进行时（第二季）第 1 期	安徽广播电视台	42
56	2021	奇妙的汉字 第 1 期	湖北广播电视台	47
57	2021	国乐大典（第四季）	广东广播电视台	90
58	2021	课间十分钟（第三季）第 1 期	深圳广播电影电视集团	30
59	2021	习近平擘画的现代版“富春山居图”	央视网	3
60	2021	2021 年版清明上河图 藏了一年的彩蛋	央视网	5
61	2021	三星堆“黄金面具”咋搞出来的?	央视网	2
62	2021	好消息！三星堆舞担大立人出道啦!	央视频	0.5
63	2021	奇遇三星堆	中国外文局解读中国工作室	4
64	2021	了不起的宝藏 · 探宝上博 第 1 集	上海广播电视台融媒体中心	4
65	2021	大事件！奉贤博物馆里的青铜人竟集体“出逃”！	上海广播电视台融媒体中心	5
66	2021	广西文博故事大会	广西广播电视台	4
67	2021	8K 看纹样里的中国	人民日报新媒体中心	4
68	2021	二十四节气中的中国文化 · 处暑	光明日报	4
69	2020	似是故人来 第 1 期	江苏省广播电视总台	30
70	2020	新影像 · 春节特辑 年味中国	中央新闻纪录电影制片厂（集团）	6
71	2020	上新了，中国建筑!	新华社	2
72	2020	鸟道天险是啥样？新华社记者带你体验剑门蜀道难!	新华社	2.5
73	2020	不曾遗忘的符号 第 1 期	新华社	12
74	2020	VLOG丨寻找记忆里的端午习俗	中国新华新闻电视网	4.5
75	2019	中国地名大会	中央广播电视总台	80
76	2019	上新了 · 故宫（第二季）	北京广播电视台	60
77	2019	成语天下 第 1 期	河北广播电视台	90
78	2019	戏码头暑期特别节目——全国大学生电视戏曲挑战赛 第 1 期	湖北广播电视台	90

二、基于扎根理论的编码分析

为有效从样本中提炼和归纳概念，形成对视听传播中关于传统文化的话语建构机制的系统性认识，本章在完成抽样的基础上，遵循扎根理论的方法，对视频文本内容依次进行开放式编码、主轴编码与选择性编码，具体操作流程如图 6-2 所示。本研究对数据不断比较、持续归类，从而“系统地提高分析水平，进入更加抽象、更加概念化的描述”①。

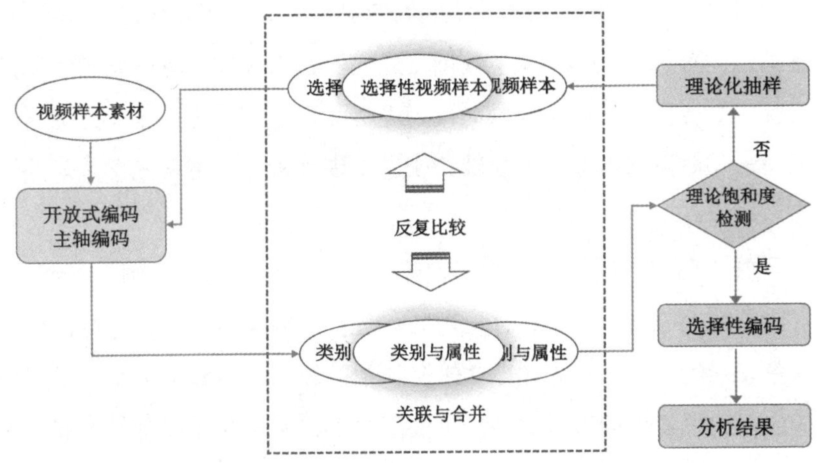

图 6-2　基于扎根理论的数据编码与分析步骤

对样本的编码与分析主要依托数据分析软件 MAXQDA（2018 版）完成。MAXQDA 由德国软件公司 VERBI 研发，首版于 1995 年正式发布，是一款协助研究人员系统性组织、评估以及解读文本性或多媒体数据的专业化计算机工具。相较于其他通用的同类分析软件，MAXQDA 的界面、功能在 Windows 系统与 macOS 系统环境下完全一致，便于研究者在不同的操作系统中快速上手。其性能更加稳定，在处理体量较大的数据时仍可以保持较快的运行速度，并且编码操作简单便捷，有着较为丰富的可视效果。此外，这一软件还具有较为完整的量化分析工具包，能够进一步拓展数据分析的范围和方法，

① 晏青，付森会 . 粉丝 – 明星关系感知的影响因素与作用机理：基于混合方法的研究 [J]. 国际新闻界 . 2021，43（10）：6–28.

支持研究者进行混合分析。在全部样本中，研究者随机选取三分之二进行内容编码与模型搭建，另外三分之一用于理论饱和度检验。

（一）开放式编码

作为数据编码的基础，开放式编码（open coding）是一个先解构再建构的操作化过程，即把所要分析的样本资料“剥开”“揉碎”，将其中有价值的部分与一定的概念化标签相关联（这一核心操作在 MAXQDA 工具环境下被称为创建代码），之后对这些标签进行重新整合，以界定概念、提炼范畴。其具体操作步骤包括：①对文本数据创建代码，从其中浮现的元素、现象中提取概念；②结合已编码文本段对代码进行深入挖掘，进一步提炼更具概括性的范畴；③对范畴名称进行校准；④进一步分析、归纳各概念范畴的性质维度[①]。

在开放式编码的过程中，研究者遵循贴近数据、简短精确、不带预设、实时对比的基本原则，逐帧逐秒地观看、分析视频文本，同时进行创建代码与撰写备忘录的工作。首先，以文本资料中的原始信息作为标签赋予要编码的对应内容（视觉性的和听觉性的）段落之上，实现初始概念的发掘，如语言“当时在全球都是领先水平”的编码为“全球领先”，千里江山图的画面编码为“千里江山图”，用动画的形式进行呈现的段落编码为“动画”等，如此共提取初始概念的总数接近八百个。之后对描述对象一致或语义相近的初始概念进行归纳，对整理后的初始概念依据因果、近似等关系进行聚类，形成 12 个范畴，分别为多元性、趣味性、美学魅力、深邃内涵、日常生活、具象呈现、年轻面孔、柔性表达、潮流时尚、前沿技术、时事热点、主流价值。

（二）主轴编码

在主轴编码（axial coding）阶段，上一环节所得到的概念范畴将再次进

① 刘鲁川，蒋晓阳．社区公共服务综合信息平台居民使用行为研究 [J]. 中国图书馆学报，2015，41（6）：61-72.

行重新组合。主轴编码的任务就是在各个范畴之间探索或建立逻辑关系，基于概念范畴进一步归纳、聚合，提取出更加系统且具备一定理论抽象性的主范畴。这便是施特劳斯所说的，在概念间所形成的密集关系网络中发挥着中心统摄作用的类别之轴、属性之轴[①]。

经分析发现，由开放性编码所得到的概念范畴间确实存在着一定的内在联结。根据 12 个概念范畴间的相互关系与潜在逻辑，研究者归纳出 4 个主范畴，分别为民族性展现、具象化激活、年轻态重塑、时代性话题接合，详见表 6–2。

表 6–2 基于主轴编码形成的主范畴

序号	主范畴	概念范畴
1	民族性展现	多元性，趣味性，美学魅力，深邃内涵
2	具象化激活	日常生活，具象呈现，年轻气息
3	年轻态重塑	柔性表达，潮流时尚
4	时代性话题接合	前沿技术，时事热点，主流价值

（三）选择性编码

相较于前两个阶段，选择性编码（selecting coding）具有更强的针对性。其目标在于将主轴编码结果再次进行整合与凝练，在对所有编码结果的最后一次浓缩中最终找到解释效力足以覆盖全部分析样本的关键词——核心范畴。之后，研究者需基于所依据的基本理论模型，运用这些最为核心的关键词创建出一条清晰明确的故事线（story line）[②]，有选择性地与主要的主范畴下的概念范畴进行连接，同时在不断比较与验证中填补需要进一步发展完善的范畴，最终实现理论性认识的建构。通过选择性编码，研究最终形成民族性、生命力、时代性三个核心范畴。

---

① STRAUSS A L. Qualitative analysis for social scientists[M]. New York: Cambridge University Press, 1987:64.

② 刘鲁川，李旭，张冰倩.基于扎根理论的社交媒体用户倦怠与消极使用研究[J].情报理论与实践，2017，40（12）：100–106，51.

（四）理论饱和度检验

经过开放式编码、主轴编码与选择性编码，关于中华优秀传统文化的话语建构机制的理论框架已经浮现。根据扎根理论的操作要求，需对编码结果进行理论饱和度检验。理论饱和（theoretical saturation）指当收集更多关于某个理论范畴的数据时，不会再从中发现新的理论见解[①]。如在理论饱和度检验过程中发现新的概念或重要范畴，研究需回到资料收集阶段，重复以上编码步骤，直至达到饱和。就理论饱和的标准而言，目前仍未有一个能够得到广泛认可的客观指标[②]，因此对饱和度的判断很大程度上取决于研究者个人的编码经验与对资料的主观把握能力。本研究将预留的 26 件视频样本按照相同的程序进行三级编码，从编码结果来看，并没有产生能够影响核心范畴的新概念、新关系。这说明已有阐释模型在新的文本材料中依然适用，可以认定通过扎根理论从视听文本中提炼出的理论已达到饱和状态。

（五）阐释模型建构

在反复编码、归纳、对比、验证的基础上，本章最终提炼出“视听媒介对于中华优秀传统文化的话语建构机制模型”（表 6–3）。结合话语理论分析的视角，这一模型可以阐释为：在中华优秀传统文化的视听传播实践中，主流媒体对中华优秀传统文化意义的建构主要依托民族性、生命力、时代性三大话语节点发挥作用，通过接合实践，它们将来自话语场域的 12 种因素转化为主流媒体话语中的要素。这些要素包括多元性、趣味性、美学魅力、深邃内涵、日常生活、年轻气息、具象呈现、柔性表达、前沿技术、潮流时尚、时事热点与主流价值，它们与节点相接合，共同构成围绕中华优秀传统文化这一表征对象的表意链条。如此，中华优秀传统文化以一种相对稳定的意义结构呈现于主流媒体的视听传播之中，并依托多元化的能指符号进入内容再生产与社会化流动之中。

---

① CHARMAZ K. Constructing Grounded Theory: A Practical Guide through Qualitative Analysis[M]. London,Thousand Oaks,New Delhi: SAGE Publications,2006:189.

② 郭安元. 基于扎根理论的心理契约违背的影响因素及其作用机制研究 [D]. 武汉大学，2015.

表 6-3　视听媒介对于中华优秀传统文化的话语建构机制模型

节点	要素	子要素
民族性	多元性	国宝文物（12）、传统节日（5）、戏曲（5）、地方文化（3）、民族服饰（3）、节气（3）、民族器乐（4）、画作（8）、文化典籍（2）、历史古迹（3）、礼仪（10）、杂技（1）、中国世界遗产（1）、非物质文化遗产（3）、民歌（1）、古诗词（3）、成语（1）、古代建筑（2）、民族美食（2）、武术（1）、书法（1）
	趣味性	实景真人秀（9）、剧场 + 综艺（7）、围谈 + 演绎（4）、网剧 + 网综（2）、访谈（3）、竞技 / 演闯关（5）、短视频（28）、竖视频（5）、Vlog（2）、音乐视频（3）
	美学魅力	惊艳（5）、亮眼（4）、奇妙（3）、美（6）、了不起（2）、灿烂（3）、华贵（3）、好看（7）、雅致（5）、光影造型（13）、转场（8）、场景雕琢（23）、舞美设计（40）、考究道具（9）
	深邃内涵	纳福迎祥（3）、山河理念（5）、祖先的智慧（1）、天人合一（3）、上善若水（1）、救亡图存（1）、舍生取义（3）、英勇向前（2）、精忠报国（4）、远大志向（3）、胸襟旷达（3）、含蓄（2）、君子气节（2）、风骨（3）、倜傥不羁（2）、甘守寂寞（1）、热爱生活（3）、对团圆的向往（4）
生命力	日常生活	装修（1）、穿搭（2）、民俗活动（6）、养生（5）、健身（2）、插花（1）、饮食（10）、写字（1）、婚礼（2）、学徒（2）、探店（3）、旅行（5）
	年轻气息	少年（7）、青春（7）、十八岁（3）、年轻一代（1）、青年（2）、春天（1）、花（2）、小名士（1）、年轻嘉宾（21）、年轻观众特写（9）、儿童（5）、卡通形象（1）、中学生（1）
	具象呈现	舞蹈（8）、演唱（7）、舞台剧（9）、模拟现场（1）、简笔画（1）、历史影像（1）、拟人化（5）、动画（11）
	柔性表达	川渝话（4）、粤语（1）、西安话（1）、河南话（1）、上海话（1）、单押（1）、腿着（1）、一家人最重要的就是整整齐齐（1）、最重要的就是开心啦（1）、打 call（3）、你造吗（2）、你不行啊（1）、就是玩（3）、三点饮茶先（1）、干净又卫生（1）、小伙伴们（4）、一键三连（2）
时代性	前沿技术	LED 高清舞台大屏（10）、8K（3）、CG 动画（11）、XR 虚拟场景（7）、裸眼 3D（3）、AI（4）、AR（6）、MG 动画（7）、航拍（5）
	潮流时尚	流行音乐（7）、说唱（4）、喊麦（2）、脱口秀（4）、影视剧（9）、弹幕（4）、动漫（10）、表情包（1）、时装秀（1）、广播体操（1）、网络模因（14）、可爱表情滤镜（1）、广场舞（1）、数字游戏（5）、DJ（1）、街舞（3）
	时事热点	乡村振兴（6）、生态保护（4）、抗击新冠疫情（4）、郑州抗洪（2）、大国工程（9）、北京冬奥会（4）、中国空间站建设（3）、国防重器（3）、袁隆平（2）、中印边境戍边战士（2）、香港回归 25 周年（1）、东京奥运会（1）、重庆山火抢险（2）、大象北上（1）、G20 杭州峰会（1）、张桂梅（2）、吴孟超（1）、邓兴（1）、农民丰收节（1）、“一带一路”高峰论坛（1）

续表

节点	要素	子要素
时代性	主流价值	人民至上（4）、绿水青山就是金山银山（5）、不忘初心（3）、以梦为马，不负韶华（1）、奋进新征程，建功新时代（4）、中华民族伟大复兴（3）、一起向未来（2）、精准扶贫（1）、弱鸟先飞，久久为功（1）

第二节　民族性话语节点的建构

经由扎根理论方法对样本资料的剥茧抽丝，我们得以于纷繁缭绕的众多视听符号之下打捞起一个较为完整的关于传统文化的意义体系。其中，民族性位于整个表意链条的节点之上，是这些视听内容中中华优秀传统文化所表现出的一种主导性、基础性特质。吴畅畅将这种建构解读为一种民族主义式的编码，其目的与结果在于突出文化的“中国性”[①]。通过将中华优秀传统文化的多元性、趣味性、美学特质、精神内核与民族性这一中心节点相接合，流动于视听传播之中的传统文化集中呈现出区别于其他文明的文化个性与独特魅力，以强化对用户的感召力与吸引力。

一、广博深厚的文化资源

有学者指出，民族性至少包含内容、形式以及审美风格三个维度[②]。文化内容的多元广博是中华优秀传统文化魅力的主要来源。具体到主流媒体的视听传播实践，这一点鲜明地体现在对中华优秀传统文化元素的广泛涉猎与立体开掘上。相较于过往在个别领域扎堆的现象，传统文化类视听内容的选题思路得到进一步拓展，专注于某一细分领域的视听产品层出不穷，极大地丰富了屏幕之中传统文化的视觉景观。在进行编码分析的所有视频样本中，表

① 吴畅畅．浅议河南卫视“中国节日”系列短片的“文化中国性”[J]. 新闻与写作，2021（12）：92–96.

② 纳张元．应全面理解民族性 [N]. 文艺报，2009-11-21.

征对象主要涵盖国宝文物、传统节日、节气、民族服饰、戏曲、民族器乐、画作、文化典籍、历史古迹、礼仪、杂技、中国世界遗产、非物质文化遗产、民歌、古代诗人、古诗词、成语、古代建筑、传统美食、地方文化、书法、国学知识、武术共计23类传统文化内容（图6-3）。

从各类选题的详细分布情况来看，在近年得到广泛传播的传统文化类视听内容中，国宝文物成为最受关注的内容题材，与之相对的是，曾在转折期（2013—2015年）大规模出现的汉字、古诗词、成语类内容此时已非常少见。其次，伴随着新技术的成熟与新叙事模式的成形，以历代传世名画作为表现主体的视听内容近年开始涌现，如2022年总台推出的《诗画中国》、北京电视台的《书画里的中国（第二季）》，人民日报新媒体中心的《新千里江山图》，均取得了良好的传播效果。在所有样本之中，这类内容在数量上仅次于国宝文物类。同画作一样较难用视听化的媒介手段进行生动呈现的还有书法，回顾中华优秀传统文化视听传播的发展历程，专门针对书法的大型文化节目长期处于缺位状态。2021年浙江电视台推出《秒墨中国心》，采取多种手段普及书法知识、讲述书法故事，节目最终以高口碑收官，播出反响甚至超出了主创者自己的预想，在书法类这一中华优秀传统文化视听传播的细分领域实现了突破。2022年2月，总台同中国书法家协会合作的《中国书法大会》项目举行开机启动仪式[①]，总台的入局无疑带动起书法类视听内容进一步发展。值得关注的还有对地方性文化的垂直开掘，如山东电视台的《齐鲁文化大会》《黄河文化大会》，浙江电视台的《还有诗和远方·诗画浙江篇》，另外北京电视台的《最美中轴线》也可以算入此类，这些视听传播实践将视野转向本地文化资源的媒介化探索，有意识地在中华民族共同的传统文化资源之中找寻鲜明地域特色，有效拓展了对中华优秀传统文化的转化与发展的视域，也很好地丰富了视听内容的类型谱系。内容题材上的开放性与包容性，使内容消费者得以在拟态环境下获得对传统文化的丰富体验，形

① 中央广播电视总台与中国书法家协会开展战略合作《中国书法大会》开机启拍[EB/OL].（2022-02-22）[2022-12-17]. https://baijiahao.baidu.com/s?id=1725449712799322350&wfr=spider&for=pc.

象感受传统文化的多元特质。

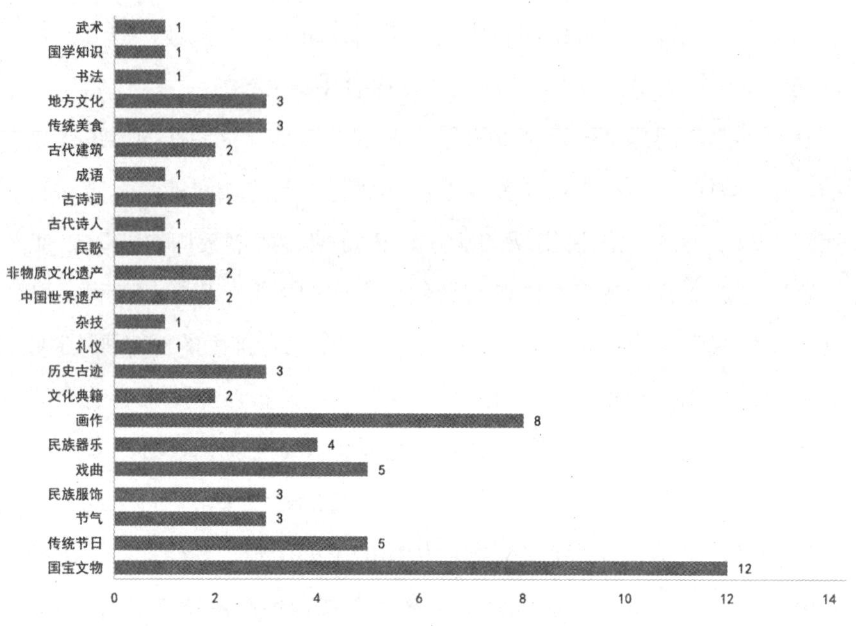

图 6-3 视频样本的题材统计

二、丰富多元的呈现方式

有研究指出，在媒介使用过程中，受众的愉悦程度与其使用态度正向相关[①]。特别是在情感化特征越发突出的网络传播语境下，趣味性在受众与媒介内容之间扮演着重要的桥梁作用，是后者吸引力的直接体现。因此，让传统文化变得好看、好玩、有趣是中华优秀传统文化视听传播的一种基本思路，更是凸显中华优秀传统文化魅力的重要抓手。例如，访谈对象 C03（男，39 岁）、C04（男，41 岁）、C08（女，52 岁）对此表达了类似的观点，他们认为，作为面向社会大众的视听内容，中华优秀传统文化的打开方式绝不应是单纯强调知识性与说教性的课堂，只有通过视觉形象激起受众的兴趣，才有

① 刘强．融合媒体受众采纳行为研究 [M]. 上海：上海交通大学出版社，2012：140.

可能培养起他们对于中华优秀传统文化真正的喜爱。“我想我该做的事情，就是让大家都喜欢靠近它（中华优秀传统文化）……不论这个知识是多么严肃，那么你感染了他，让这个人感兴趣了，他自己扎进去，你拦都拦不住，这才是我们文化的魅力（的体现）。”（C04，男，41岁）

对中华优秀传统文化趣味性的打造主要依靠一系列丰富多样的表现手段与各有特色的内容形态实现。在表现方式上，除传统的视频拍摄外，无人机航拍、超高清拍摄（8K）、动态插画、计算机动画（CG）、增强现实（AR）、混合现实（MR）等也成为再现中华优秀传统文化的常规手段。这些表现手段的综合运用，极大提升了内容的可看性与可听性，在感官修饰之中强化了对中华优秀传统文化的观赏趣味。比如，总台CGTN的竖视频作品《我们为什么爱敦煌：敦煌壁画中的胡旋舞》以动态插画的手段使敦煌莫高窟壁画在视觉上实现“流光溢彩”，同时创作者让壁画中的胡旋舞者形象“舞动”了起来，舞者的飘带也随之飘动，简单的动态化处理却直观展现出敦煌壁画灵动舒展、飘然欲仙的美感，使这一极具中国特色的传统文化生动地展现给外国受众。

在宏观的内容形态上，围绕生动讲好中华优秀传统文化这一中心，涌现出多种特色各异的制作模式，如以《博物馆之城》《万里走单骑（第二季）》《还有诗和远方·诗画浙江篇》为代表的实地探寻类真人秀，以《一馔千年》《中国礼 中国乐》为代表的“小剧场+综艺”模式，以《斯文江南》《邻家诗话》为代表的“围谈+演绎”模式，等等。在样本中，内容形态较为特殊的当属河南电视台的“中国节日”系列节目。“中国节日”系列并未采取季播节目的形式，而是选择以晚会的形式作为基本载体，在制作模式上采用“网剧+网综”的思路，这使“中国节日”系列在创意构思上有相对更大的挑战。参与“中国节日”系列制作的C08（女，52岁）坦言：“它不像季播节目有固定的模式，基本上每个节目就是一个单独创意点……一整期节目是一个大创意点，费的心力会更多，确实挺难的。”

在这些表现手段与内容形态的形塑下所产生的多元视觉形象同样也指涉着，中华优秀传统文化作为一个复杂的议题，并不是大众可能认为的那样枯燥乏味、老气横秋。这些趣味多彩的表现形式削弱了原先对于中华优秀传统文化的想象，使其在新的语境中生发出新的意涵，以一种受众意想不到的清新之感、鲜活之感跃然屏幕之上。

三、富有诗意的东方美学特质

从美学的角度来看，中华优秀传统文化视听传播本质上是一种审美实践，是作为审美主体的受众在中华优秀传统文化的“数字化意象”这一可感知的现象界的刺激下形成一定内心印象的过程。作为人类“观看世界”的一种特殊方式，审美活动使人得以摆脱平常对世界的分类与理解，在感性与理性的综合作用下与之建立起“一种更为根本和源初的联系”[①]。然而，前人的研究成果认为，中华优秀传统文化相关视听内容的美学维度在相当一段时间内并未得到有效重视[②③]，有关美学精神回归的声音从侧面也印证了这一点[④⑤]。而在当下，尚美成为中华优秀传统文化视听传播的重要诉求，主流媒体着力为传统文化类视听内容抹上审美品格的底色，从中华优秀传统文化之中挖掘、强化“美感”，搭建起“东方美学”的意义空间，让中华优秀传统文化的魅力贯穿通过艺术化提炼与升华而得到的审美体验之中。

美学表现力同文化意涵、知识含量、价值引导成为传统文化类视听内容策划与组织的基本逻辑，甚至被受访者视作有效实现后面三者的必要前提。在视觉意象营构上，汉服、斗拱、茶艺、水墨丹青、古典家具、金石丝竹等能够直观展现民族艺术风格与特质的视觉元素，被广泛运用到不同题材的视听作品之中，同再现主体共同支撑起作品的意蕴空间。在视听语言上，无论是拍摄方法、色彩还原、画面构图还是光影造型均走向极致化，以堪比电影

① 宋国栋．想象的审美学 [D]. 湖南师范大学，2004.

② 郑世明．论中国电视娱乐综艺节目的美学特质 [J]. 编辑学刊，2010（1）：35-38.

③ 张国涛，欧阳沛妮．在中华美学精神层面寻得共鸣——解析河南卫视“中国节日”系列节目 [J]. 中国电视，2021（7）：23-29.

④ 王志峰，朱斌．论文化类电视节目中传统美学精神的呈现 [J]. 中国电视，2020（3）：53-57.

⑤ 曾祥敏，翁旭东．重塑文化主体性——电视文化类节目创新实践探寻 [J]. 电视研究，2021（6）：22-25.

级别的水准精雕细琢，力争达到“立象以尽意”的美学表达。一言以蔽之，这些绝美的形象与非凡意境的塑造，来自对细节的严格把控与匠心独运，也展现了中华优秀传统文化视听内容的生产逐渐走向精细化与品质化的趋势。这也对内容创作者提出了更高的要求。

“当你选择了做传统文化类节目的时候，你势必得先成为这个专业的行家。就像我们做书画的时候，为了了解这个书画作品，了解作者本身，我们查阅了无数的资料，也去过实地探访。每一个知识点都读了不下十本书，采访了无数的专家，才能够把这些东西做成给观众呈现的一种方式。”（C03，男，39 岁）

需要注意的是，技术在细节的雕琢和放大上可以说发挥着催化剂一般的作用。其从物质基础的维度赋予中华优秀传统文化更多美学新质，使受众收获前所未有的全新审美经验，给视听内容打上鲜明且生动的技术美学印记。以人民日报新媒体中心在其平台选播的短视频《8K 看纹样里的中国》为例，作品采用 8K 超高清技术对丝绸纹样进行微观拍摄。由于 8K 镜头的色域与色深与人眼非常接近，所以这些丝绸文物的色彩在视频中得到很好的还原。而超高清的分辨率更让受众对纹样的观赏达到明察秋毫的程度。受众不仅仅能够将纹样的走线和针脚看得清清楚楚，甚至能够感受到纹样像山峦沟壑一般的起伏，这在现实生活中几乎也是无法实现的。正是 8K 技术本身细到肌理、毫发毕现的物质特性，使其得以在大气磅礴的配乐的配合下，给作为建构对象的丝绸纹样投注别样的意义，让轻盈的丝绸纹样展现出强大的震撼力与分量感。

四、深厚精妙的文化内核

如我们先前围绕中华优秀传统文化的概念内涵所进行的讨论与阐述，作为在中华民族漫长的历史岁月中能够自我生长、不断兼容的完整文化系统，中华优秀传统文化包括表层文化与深层文化两大部分。除了表层文化的绚烂多彩，中华传统文化内核的精妙深邃也是其最重要的魅力来源。杨翰卿、李保林认为，中华优秀传统文化之精华至少包含彰显民族精神的内容与注重个人道德自觉性的伦理精神、价值观念两个方面①。李宗桂认为其主要包括“以爱国主义为核心的中华民族精神，天下为公的崇高理想，己立立人己达达人、己所不欲勿施于人的忠恕之道，贵和尚中的和谐思想”②。《关于实施中华优秀传统文化传承发展工程的意见》将中华优秀传统文化的精髓概括为以革故鼎新、与时俱进等为代表的核心思想理念，以天下兴亡、匹夫有责等为代表的传统美德，以及以求同存异、和而不同等为代表的人文精神③。在围绕中华优秀传统文化的视听化表征实践中，创作主体亦努力尝试进一步走精、走深，聚焦深层次的思想精华和道德精髓，注重通过对文化内核的深邃特质的挖掘立体展现传统文化的独特魅力。

以浙江广播电视集团《秒墨中国心》为例，节目选择以书法艺术作为表现对象，旨在透过书法作品、书法知识激发受众对书法的兴趣，帮助受众提高相应的审美能力与审美水平。在通过多元化视听手段展现书法之美的同时，创作团队也注重挖掘一件件书法作品之中所展现出的生命智慧与精神气魄。

《秒墨中国心》第一期主要围绕“天下三大行书”中的《兰亭序》与《祭侄文稿》两篇名作对行书字体展开生动讲述。相较于知名度较高的《兰亭序》，颜真卿的《祭侄文稿》则是导演组向节目专家团队主动提出的。作为导演组成员的受访者 C06（女，33 岁）解释道，《祭侄文稿》具备一种“意外性”，即作品书写潦草，一般人不易识读，但其背后却有一个可歌可泣、感天动地的故事。文稿追叙了颜真卿哥哥颜杲卿与侄子颜季明一家在安禄山叛乱中挺身而出，死守不退，最终全家取义成仁的悲痛故事。这幅气势磅礴、情如潮涌的行书作品，烙刻颜氏满门忠烈的英雄事迹，更展现了中华民族铁骨铮铮、宁死不屈、舍生取义的气节与脊梁。节目组邀请演员吴樾

① 杨翰卿，李保林 . 论中国传统文化的当代转换 [J]. 中国社会科学，1999（1）：80–89.

② 李宗桂 . 试论中国优秀传统文化的内涵 [J]. 学术研究，2013（11）：35–39.

③ 中共中央办公厅，国务院办公厅 . 关于实施中华优秀传统文化传承发展工程的意见 [Z/OL]. 中华人民共和国中央人民政府 .（2017–01–25）[2022–12–27].http://www.gov.cn/zhengce/2017-01/25/content_5163472.htm.

以话剧独白的形式对《祭侄文稿》进行演绎，演员泪洒舞台的动人表演与悲痛哀婉的弦乐演奏相呼应，以极具情绪感染力的方式叙说出颜真卿的满腔悲愤，让受众在极大的情感共鸣之中深刻领悟刚正不阿的民族气节与爱国奉献的民族精神。“它（《祭侄文稿》）本身就具备了影视制作上所强调的矛盾点与意外性…… 更重要的是承载了我们民族的一种精神…… 就像总书记说的，我们的节目最终还是要（落到）去讲究我们民族气节的概念。”（C06，女，33 岁）

第三节　生命力话语节点的建构

通过多种意象展现中华优秀传统文化的生命力是主流媒体的话语建构机制的又一中心逻辑。在恩格斯看来，生命力的本质是蛋白体的化学组成部分的不断自我更新[①]。狄尔泰的生命哲学则强调生命是一种永恒的，无法遏制的冲动与能动的创造力[②]。由此观之，文化生命力这一概念所指涉的是文化在多种矛盾运动之下进行相对适应与向上发展的趋势与可能性。而在视听传播语境中的激活，便是在建构的意义世界中使受众对文化的适应力与创造力形成具体的认识与可感的体验。通过生命力这一节点与日常生活、现实价值、叙事空间和柔性表达的接合，关于传统文化的活性的完整表意链条得以建构起来，传统文化“弥新”的活力与“开新”的潜力鲜明地浮现于视听文本之上。

一、与日常生活的深度勾连

经过对视听文本的挖掘与分析，我们得以在驳杂的能指符号与浮动的层层意义中打捞起中华优秀传统文化这一建构对象的日常生活面向。所谓日常生活，相关研究领域的代表性人物阿格尼丝·赫勒（Agnes Heller）界定

---

① 马克思，恩格斯．马克思恩格斯全集（第 20 卷）[M]. 中共中央马克思恩格斯列宁斯大林著作编译局，译．北京：人民出版社，1995：88.

② 孙晓雅．马克思主义生命力研究 [D]. 电子科技大学，2022.

为“那些同时使社会再生产成为可能的个体再生产要素的集合”[①]，进一步来讲，日常生活指个体在平日的认识活动、交往活动以及维持生存的多种活动的总和[②]。对中华优秀传统文化的视听再现与话语建构应有意识地观照其在当下生活中的映照与影响，在中华优秀传统文化中挖掘受众关心、感兴趣的现实生活议题，重新捡拾起历史上中华民族对美好生活的追求中所凝结成的优秀生活方式与生活理念，并将其重新引入受众的日常生活实践当中。比如中央新闻纪录电影制片厂的《年味中国》，中国日报的《话说中国节》详细展示了传统节日中的各种习俗活动，中国新闻社《解码中华文化基因：学会这一招，“毛坯房”秒变“精装修”！》从现代装修的视角打开传统建筑彩绘。这些具有浓浓烟火气和生活味的视听内容，既展现了中华优秀传统文化的实用性与适用性，也诠释了其流动至今的活力与动力。

在所有样本中，总台制作的《一馔千年》可谓最具烟火气。节目着眼于民视之如天的“食”，聚焦历史中的传奇美食，进而展现不同历史时期的生活景观与精神追求。节目以“今天吃什么”这个朴素的提问为中心展开，选取文献中所记载的美食进行复原，端上今天的餐桌。在叙事空间上，《一馔千年》打造了一家尚在研发菜品阶段的同名餐厅，随着探店宾客带来的不同主题，餐厅老板和他的合伙人们着手还原不同时期的美食风味。第 1 期内容由民俗画卷《清明上河图》展开对宋代市井生活与饮食文化的探索，“餐厅”厨师从古卷中寻觅烹饪灵感，并在《事林广记》《饮膳正要》等古籍之中找寻制作配方，最终完成假蛤蜊、盏蒸、荔枝膏三道宋代菜肴。在“论馔”“品馔”与“演馔”的环节中，节目进一步挖掘美食背后的市井人文与文化基因，如宋代盛行的“外卖”经济、科举制度下的“北漂”故事，以及国人进补的观念等。《一馔千年》以生活化的语态，轻松风趣的情感基调，实现了视听内容在深刻性同亲近性之间的灵活跳转，构建起一种独特的视听文化景观。与此同时，存在于历史画卷与前人记载中的日常饮食跨越千年再次出现在人们

① 赫勒．日常生活 [M]．衣俊卿，译．重庆：重庆出版社，2010：3.

② 衣俊卿．日常生活批判刍议 [M]// 李小娟．走向中国的日常生活批判．北京：人民出版社，2005：21.

的餐桌之上，这本身就是一个关于传统文化隽永绵长之生命力的绝佳隐喻。也正是借助“吃”这一生活第一要务，《一馔千年》找到了与古人灵魂相交的有效方式，通过舌尖味道的传承得以超越时间共享生命体验与文化记忆。

二、青春化意象的能动建构

人物是结构视听内容的基本要素，是驱动叙事得以展开的行为主体。有学者指出，媒体叙事要尽快在屏幕上放置“一张能够生动讲述故事的脸”，由人物“牵带出需要叙述的主题”[①]，而对人物的选择往往会潜移默化地引导受众对视听内容形成特定的态度和认知，因此，人物应“符合节目的主题定位”，同时“处处体现节目的风格”[②]。由此观之，作为一种能指符号，人物在视听传播语境下关于传统文化的意义建构中所发挥的作用不容忽视。在所分析的样本中，大部分视听内容文本在主要嘉宾及其他参与者的安排上有意识地突出年轻气息，这一方面是出于面向年轻受众群体进行传播的考量，另一方面是为了强化中华优秀传统文化的朝气与活力，有力地服务于生命力这一中心话语节点的建构。

首先，在对视听内容、嘉宾群体的命名，以及理念、口号的构思上，“少年”“青春”等词语成为常见表达，如“国学小名士”（山东电视台节目名称）、“华彩少年”（总台节目名称）、“万里少年团”（《万里走单骑 第二季》嘉宾团体名称）、“少年书画团”（《书画里的中国 第二季》嘉宾团体名称）、“国乐正青春”（《国乐大典 第三季》口号）等。其次，在文化专家以外的嘉宾团体构成上，年轻人群成为视听内容标配。在《齐鲁文化大会》《国乐大典》《春天花会开》《戏码头暑期特别节目——全国大学生电视戏曲挑战赛》等以竞技选拔为基本框架的视听内容中，参赛选手基本上都是“90后”“00后”。在除此以外的其他类型的视听内容中，嘉宾团体往往以“老带新”的思路组织起来。不同视听内容中新老嘉宾的比例不一，但往往至少包括一名

① 曾祥敏．电视采访：融合报道中的人、故事与视角 [M]. 北京：中国传媒大学出版社，2018：101.

② 范慕原．国内真人秀节目嘉宾选择方法探析 [J]. 新闻爱好者，2019（9）：82–83.

新生代艺人/素人。例如《万里走单骑 第二季》以资深学者单霁翔加周韵、肖央两位中生代演员，再加新生代艺人牛骏峰组成节目的常驻嘉宾团。再如《最美中轴线 第二季》第二期嘉宾阵容中新老艺人的比例达到6:1，除老戏骨王刚以外，其他六位嘉宾分别为新生代艺人希林娜依·高、王弦、符龙飞、徐乐同，以及对年轻受众群体具有较大号召力的流行歌手大张伟、董宝石。最后，在除嘉宾团以外的出镜人员、表演者以及观众的安排上，一般也以青少年与青年为主。通过年轻人物形象所展现出的开朗活泼与蓬勃朝气，视听内容中的中华优秀传统文化之生命力得以进一步凸显。

部分中华优秀传统文化视听内容的制作主体、嘉宾团名称及嘉宾构成见表6-4。

表6-4 部分中华优秀传统文化视听内容的制作主体、嘉宾团名称及嘉宾构成

文本名称	制作主体	嘉宾团名称	嘉宾构成
中国考古大会 第9期	中央广播电视总台	考古推广团	张晓龙（48岁）、姚远芳（图书策划编辑，年龄未知）、张志浩（青年历史教师，34岁）
万里走单骑（第二季）第4期	浙江广播电视集团	万里少年团	单霁翔（68岁）、肖央（42岁）、周韵（44岁）、牛骏峰（30岁）
最美中轴线（第二季）第1期	北京广播电视台	中轴拾音团	王刚（74岁）、大张伟（39岁）、董宝石（36岁）、徐乐同（35岁）、符龙飞（34岁）、王弦（32岁）、希林娜依·高（24岁）
博物馆之城 第1期	北京广播电视台	博物馆探秘团	单霁翔（68岁）、李杰（44岁）、冯琳（23岁）
书画里的中国 第1期	北京广播电视台	绘画少年班	丁程鑫（20岁）、田格格（29岁）、曹嘉佑（7岁）、许瀚月（5岁）、许瀚日（5岁）
邻家诗话 第7期	河北广播电视台	无	王劲松（54岁）、方锦龙（58岁）、周剑之（37岁）、阿兰·达瓦卓玛（34岁）
舞千年 第1期	河南广播电视台	荐舞官	乔振宇（43岁）、张晓龙（47岁）、胡阳（30岁）、华宵一（29岁）、徐明浩（24岁）
这些都是中国的	总台央视频	无	听月（29岁）、梅梅（意大利人，年龄未知）、莎莎（年龄未知）、娜塔莎（俄罗斯人，年龄未知）
奇遇三星堆	中国外文局解读中国工作室	无	菲利普（波兰人，25岁）

* 嘉宾年龄以视听内容播出时间计算

三、视听形象的具象化重塑

具象化同样是展现中华优秀传统文化生命力的重要话语策略之一，旨在开拓叙事方式，通过文化事件的构建，使中华优秀传统文化资源中所浓缩的、相对遥远和抽象的意义，以确切的视觉形象活灵活现地阐释。对样本的分析发现，其具体形式主要包括情景剧和舞蹈两类。

自总台的《国家宝藏》走红后，“+ 情景剧”的叙事模式受到广泛关注，现已发展为结构传统文化视听内容的基本思路。这种情景剧一般作为特定环节穿插于视听内容的整体结构之中，或在演播室中搭建历史剧场，或在户外实景中表演，以戏剧表演的方式对历史故事、诗词古文、文化典籍等对象进行艺术化还原与演绎。如此，对中华优秀传统文化的语言性、文字性的讲述不再苍白与抽象，情感充沛的表演与引人入胜的情节让再现对象“活”起来、“动”起来。例如，总台《一馔千年》设置“美馔记”环节，第 1 期将史书典籍中的三道宋代美食假蛤蜊、盏蒸、荔枝膏的故事生动地展现给受众。山东电视台《中国礼 中国乐》第 1 期则以情景剧《拜见夫子》还原了《论语》中孔子向孺悲传授士丧礼的故事，同时在剧中将《仪礼・士相见礼》所载士人相见时所施“三辞三让”“奉挚”等礼仪一一进行示范展示。

总台的《典籍里的中国》则进一步将这种“剧式表达”发展为整集内容的打开方式，情景剧不再是内容结构中的一个小段落，而是整体内容叙事的基本框架，采用“戏剧 + 影视 + 访谈”的制作思路，以戏剧表演作为基本呈现方式，以电影 / 电视剧的手段进行拍摄，以文化访谈强化知识性内容的传达。来自节目制作团队的受访者 C01（女，28 岁）将节目模式精要地概括为“戏剧影视化”，“它是一个戏剧表演，整场的，它的大景是戏剧表演的三面舞台。每次拍摄的时候讯道拍的是整体的框架……我们还有一个影视化团队，他们专门去拍（细致）拍摄表演的部分。”通过这种方式，有较大呈现难度的典籍文献以活动的形象展现出来，在增强画面表现力的同时强化了场景化的体验感与仪式感，观众能更好地体会与感受传统文化的传奇性与生命力。

齐泽克对事件的定义为："事件总是某种以出乎意料的方式发生的新东西。"[①] 同情景剧类似，2021 河南卫视春晚节目《唐宫夜宴》以舞蹈作为切入点结构新的文化事件，展现出超乎想象的影响力。随后，这种具象化路径快速发展、成形，河南电视台的"中国节日"系列、《舞千年》，总台的《古韵新春》均是这种模式的主要践行者。以样本《2022 中秋奇妙游》为例，视听内容以嫦娥作为影视化观察视角，以月宫中嫦娥和玉兔挑选桂树果实来实现人间愿望的剧情，串联、统摄起十二个文艺短片作品。节目以独舞《嫦娥奔月》开篇，将嫦娥仙子翩跹的身姿与奔月的动态诠释得惟妙惟肖，《思钧如见君》通过富有张力的肢体语言和鲜明的画面色彩，给受众带来关于钧瓷及其制作工艺最直观的视觉和情感冲击。借助身体这一兼具最原始的生命力与强烈的动态感的载体，结合视觉合成技术的加持，本无生命的中华优秀传统文化要素，以及存在于文字与语言之中的故事、神话，鲜活地展现在受众眼前。这一方式既强化了内容对于受众的感性吸引力，也改变了整个意义场域的面貌。

四、网络流行语的灵活调用

在视听内容的语态方面，让厚重的中华优秀传统文化题材实现柔性表达是作为话语建构主体的主流媒体的现实选择。随着数字网络文化的快速发展，网络语言逐渐演化为一种特殊的社会方言[②]，并深度浸润着社会与生活，成为日常语言体系中难以剥离的有机组成部分。通过走出"自留地"，大胆接入网络流行用语，传统文化类视听内容的语言表达进一步软化，以生活化、网络化的修辞模式拉近与受众的情感距离。这也使中华优秀传统文化更加贴近受众，凭借轻松活泼、诙谐有趣的语言风格折射出自身的年轻态与生命力。

这些色彩明丽、笔触广泛的网络流行语，将不同的象征性旨趣同中华优

① 齐泽克．事件 [M]. 王师，译．上海：上海文艺出版社，2016：6.

② 邝霞，金子．网络语言——一种新的社会方言 [J]. 语文建设，2000（8）：21.

秀传统文化勾连起来，在引导和规勉之下，为中华优秀传统文化的视听景观建构营造起积极、协调的复调氛围。从文本中具体的语言符号来看：首先，开始“说”起了方言，川渝话、上海话、陕西话、河南话等具有丰富表现力的语言表达受到重视（特别是在网络视听内容之中），在乡音乡情的强大感染力中凸显中华优秀传统文化的亲近感，而适度的陌生感也使视听内容更具戏剧性。其次，作为国民记忆重要组成部分的经典影视剧台词、场景，流行歌曲等被纳入中华优秀传统文化视听内容的语言词典中，如来自 TVB 港剧的台词“最重要的就是开心啦”“一家人应该整整齐齐”，中国台湾地区偶像剧中常出现的“你造吗”，《护花使者》《依兰爱情故事》等歌曲，通过对共同经验的唤醒为受众提供了更为广阔的联想与解读空间。还有就是在信息交流过程与网络内容走红中所形成、出现的网络原生用语得到广泛使用，如“社会人”“小伙伴们”“我是云南的”“三点饮茶先”“干净又卫生”等，主动贴近年轻互联网受众的言语实践方式，让受众在特定的语境之中能够更好地解读和认同创作者的传播意图与意义表达。

在对网络流行语进行征用的背后，是网络空间中“梗”文化的独特逻辑。关于“梗”的含义存在多种说法，有观点认为“梗”来源于对相声术语“哏”的讹读①，也有观点认为是由英文“gag”（笑话）到日语“ギャグ”（噱头）再到中文的二次音译，还有观点认为是在多种叙述中间形成的笑点，与“典故”的特征相近②。尽管定义芜杂，但所指内涵较为统一，即幽默风趣、具有一定特殊含义的段子、笑点。从本质上讲，“梗”是一种互文性文本，在多个文本意义的震荡与编织中形成，显现出言在此而意在彼的独特意涵特征，这也正是“梗”文化的魔力所在。“接梗”“玩梗”是传播中额外意义的赋予，通俗来讲，相当于在文本之中植入了极为精简的超链接，其指向的是存在于传受双方的共同语言之中的其他特定文本。这一过程中，受众所获得乐趣就在于对这些“彩蛋”的识别、追溯与会心读取之中。因此，通过网络

① 陈谦．群体与仪式：网络“梗”文本的传播符号学研究 [J]. 东南传播，2020（11）：79-82.
② 南帆．“梗”：网络空间新型典故的诞生 [N]. 光明日报．2021-09-09（15）.

流行语言对中华优秀传统文化视听内容之语态的软化与趣味性焕新，正在于为关于中华优秀传统文化的意义结构提供了新的谈资与情绪性点缀，起到了焕发活力的修辞效果。

第四节　时代性话语节点的建构

支撑、（部分地）固定主流媒体关于传统文化的话语结构的第三个节点是时代性。概括而言，就是关注传统文化在中国特色社会主义新时代这一历史新阶段的最新发展，展现其如何凸显当下任务、立足此刻实践、服务眼前要求，在时代发展的浪潮中为人民欢迎、接受，进而反映传统文化的当下性与进步性。这一意涵主要通过前沿技术、潮流时尚、热点时事以及主流价值同节点的接合实现。

一、技术嵌入下科技感的开拓

技术对人类社会的发展发挥着不可取代的推动性作用。它是构成现代性的基础，也是现代社会中的一种突出现象。因此，技术往往被视为现代性的直接象征与重要表征[①]。在信息社会发展与媒体融合向纵深推进的当前语境下，狂飙突进的数字信息技术为全社会所瞩目，深刻影响着人们对于现代性的观看与认知。对中华优秀传统文化视听内容而言，诸如5G、VR、AI等具有突出科技感、未来感的技术本身就发挥着彰显时代性的标签化作用，这从各个视听内容的官方简介，以及相关新闻报道的基本内容与表述方式便能看出。此外，这些数字信息技术并不仅仅提供了一种意义涂层，也深度嵌入传统文化类视听内容的生产之中，依托其可供性给受众带来别开生面的传统文化体验方式，为中华优秀传统文化在当下的新发展赋能。

从分析样本看来，创作团队注重在舞美设计上强化“科技含量”，LED

① 吴国盛.哲学中的“技术转向”[J].哲学研究，2001（1）：26-27，80.

高清巨屏、环屏、冰屏等被普遍采用，以呈现更为清晰、丰富的舞台背景。5G+4K/8K 的播出技术亦成为当下视听内容制作的金科玉律，力求向受众提供高清化的感官体验，从而实现受众的“在场”。此外，动画技术也得到广泛应用，如央视频的《好消息！三星堆舞担大立人出道啦！》、广西电视台的《广西文博故事大会》、上海电视台的《大事件！奉贤博物馆里的青铜人竟集体“出逃”》均通过 3D 动画技术让文物“复活”，或展现诙谐舞姿，或对文物历史知识娓娓道来，进一步拓展了对国宝文物的想象空间。

在对数字技术的综合应用方面，总台推出的《诗画中国》可以说达到了一个新的高度。《诗画中国》对 XR、CG、全息影像、裸眼 3D 等特效技术进行系统性整合，将其应用于对古代经典画作的视听展现上，在保证国画真实质感的基础上，让二维的画卷转化为三维的立体空间，受众得以穿越时空进入画中，以“人在画中游”的形式沉浸式体验作者的情感与画作的意境。在第 1 期节目中，开卷嘉宾李光复由演播室大屏上的巨幅《溪山行旅图》迈入画中，画中的山水之景也随之变为立体情境。李光复化身山间行者，挑担行走于山水之间，吟诵温庭筠的《商山早行》，在瀑布旁笑看两货郎争酒喝的有趣场景。这既详细展示了《溪山行旅图》中山岳溪流的空间关系与行者、商队两处点睛之笔，又通过嘉宾入木三分的表演与货郎争酒的舞蹈，在画卷原有内容之上增添了新的故事与关系，将山中之行的生机与乐趣展现得淋漓尽致。这种虚实交融的沉浸式空间的打造，不仅让画作的诗意境界变得具体可感，让画作的内涵得到创造性延展，更为人们赏画、品画提供了一种全新的数字化方式。（图 6–4）

图 6-4 《诗画中国》之“溪山行旅”

二、差异化混合下的流行性塑造

在科技感以外，流行性也是针对中华优秀传统文化的时代性建构的重要意义维度。主流媒体的视听传播实践同样强调基于当前的生活方式与文化样态重新审视中华优秀传统文化元素，通过对其的灵活改写与运用来创造新的社会文化时尚。时尚指一定时期内某种特殊的文化现象或观念，在西美尔（Georg Simmel）看来，时尚是既定模式的模仿，它满足了社会调适的需要；它把个人引向每个人都在行进的道路，它提供一种把个人行为变成样板的普遍性规则，同时也满足了对差异性、变化、个性化的要求。[①] 而流行这一概念则是关于时尚在社会中流动与扩散之状态的描述。一种得以在人群中大面积流行的文化时尚，往往是通俗的，且主要面向年轻群体的。因此，这些“国风”或“国潮”内容的打造有着鲜明的网络文化与青年亚文化的特点。这主要通过跨界混搭的方式得以实现，即结合年轻群体的文化旨趣与网络传播规律，挖掘具有传播爆点的中华优秀传统文化资源，通过与相适应的流行文化 / 亚文化元素融合混搭，从而打造新的流行文化成果。具体从分析样本

① 西美尔 . 时尚的哲学 [M]. 费勇，吴雪，译 . 北京：文化艺术出版社，2001：72.

来看，流行音乐、说唱、喊麦、脱口秀、弹幕、表情包等网络亚文化符号被勾连进中华优秀传统文化视听内容之中，大量网络模因（meme）也以语言文字或图片图像的形式被运用于文本之中，如代表中国的兔子形象、二仙桥等，这些符号、元素与中华优秀传统文化的碰撞与交流有效推动了后者的年轻化、时尚化呈现。

广东电视台的《国乐大典》选取传统民族器乐作为表现对象，创作上并未拘泥于经典民乐曲目“原汁原味”地呈现，而是以年轻人的视角解读民族器乐，尝试重新配器编曲，将民族器乐同各种各样的现代艺术元素相融合，在交融与对比中展现民族器乐在新时代背景下的特色与魅力。例如，在《国乐大典》第三季第 1 期中，选手李星星将琵琶与民乐摇滚相结合，以高难度站姿演奏、明快强烈的节奏与高超的技巧点燃全场。再如，选手商钟元以爵士乐风格弹奏三弦，在演奏中通过精确的切分音控制使熟悉的京韵京腔之中融入几分爵士特有的灵活、随意与闲适。此外，第三季《国乐大典》提出“国乐正青春”的口号，在参赛选手上着重向年轻民乐新人倾斜，在节目形式上引入网络综艺中较为流行的“创造营”模式，经过民乐大师的“助力营”指导与层层竞演淘汰，最终选出一支全能国乐团。《国乐大典》实现了正能量与大流量的有机统一，民族器乐变得年轻、酷炫起来，给受众带来了好听、好看、好玩的视听体验。同时，在《国乐大典》大胆的推陈出新之中，民族器乐本身的强大包容性与创造力也得到了生动的诠释。

三、以古表今里的鲜明现实关怀

围绕时代性这一中心节点，在“以古绘今”“借古言今”的话语逻辑的作用下，中华优秀传统文化与当下时政热点事件紧密勾连。具体而言，就是从中华优秀传统文化中寻找创意来源，以中华优秀传统文化内容作为载体，通过对中华优秀传统文化符号体系的解构、挪用与重构，创造讲述时代故事，反映重大成就的新方法与新形态。如此，在漫长岁月中积淀下来的历史经典与中国特色社会主义建设的最新成就形成互文，在古今互鉴中有效拓展了中华优秀传统文化的外延，也为其注入了新的时代意涵。

例如，人民日报新媒体中心上线的《新千里江山图》，总台央视网推出的《2021 年版清明上河图藏了一年的彩蛋》均在我国十大传世名画中的艺术经典之上进行再创作，将当下某个阶段内的一系列热点事件以与原画相近的风格植入画卷之中，让受众在移步换景之中盘点重大事件与发展巨变。以《新千里江山图》为例，短视频以 2022 年火遍全国的《只此青绿》中的经典形象开篇，在长袖舒卷之中北宋王希孟所作名画《千里江山图》缓缓打开，随之带领受众以主观视角进入画面之内，在中国青绿山水画技法与三维建模、场景 CG 技术共同构建起的时空中穿梭遨游。伴随着场景在田野、高山、大江、海洋、城市、天空之间的变化，近十年来国家建设与社会发展中的一系列重大事件、热点人物逐一入画。3 分 54 秒的时长里共浓缩了 26 项热点时事元素，主要涵盖大国工程、“时代楷模”、乡村振兴与重大事件四类（表 6–5）。这些意象集中指向党的十八大以来我国社会主义现代化建设所取得的辉煌成就，同《千里江山图》所描绘的祖国大好河山在视觉上创造性地融为一体，在走向极致的视觉表达中完成“江山如画”的意义建构。通过对千里江山中新时代新故事的描绘，一幅关于中国式现代化道路的时代画卷在《千里江山图》中孕育、生成（图 6–5）。

表 6–5 《新千里江山图》中出现的各类时事热点元素

类别	热点元素
大国工程	高铁、C919 飞机、白鹤滩水电站、“奋斗者”号全海深载人潜水器、港珠澳大桥、塞罕坝、国家公园、中国天眼 FAST 望远镜、北京大兴国际机场、北京冬奥会“雪如意”国家跳台滑雪中心、航空母舰、歼 15、歼 10、长征五号火箭、中国空间站
“时代楷模”	袁隆平、张桂梅、邓兴、中印边界戍边战士
乡村振兴	悬崖村、十八洞村
重大事件	北京冬奥会、G20 杭州峰会、珠峰高程测定、重庆山火抢险等

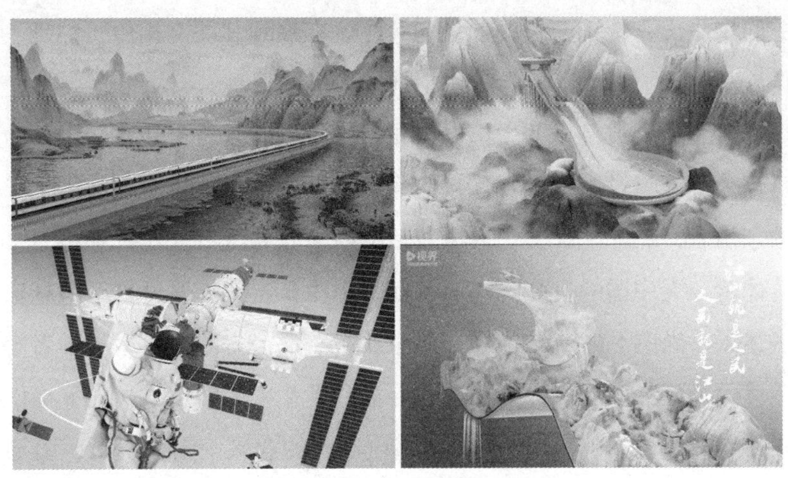

图 6-5 《新千里江山图》

总台央视频的动画短剧《以梦为马》则是让元代画家赵孟𫖯的《人骑图》与清代画家郎世宁的《十骏图—狮子玉》中的两匹骏马从画中走出，讲述他们在当下重大时间节点与社会热点相遇时发生的故事。例如，在第 1 期中，在香港回归 25 周年之际，两匹骏马跑着去新建成的香港故宫文化博物馆参展，路途中经过郑州火车站、深圳水库，由此回顾了当年内地支援香港的两条生命线，在到达香港之际，两匹骏马更是按照极具香港特色的赛马方式开始最后的冲刺。通过古画中的骏马在今天的所见所感，巧妙讲述香港回归 25 周年的时代故事。

四、古今价值中互文性的挖掘

在意识形态层面，话语建构主体将中华优秀传统文化与当代中国价值观念相接续，挖掘中华优秀传统文化与社会主义核心价值观之间的同一性、继承性关系，以马克思主义中国化时代化最新发展成果为引领，重新审视和阐发中华优秀传统文化的思想精髓，为其注入新的现代性内涵，从而推动当代主流价值体系的进一步发展，有力服务于意识形态领导权的建构和巩固。这既是中华优秀传统文化创造性转化与创新性发展的核心落点，也是主流媒体自身属性与功能的要求。在围绕中华优秀传统文化的表意实践中，主流媒体通过关联中华优秀传统文化的前世与今生，在展现其薪火相传、绵延不绝的宝贵特质基础上不断为其注入时代精神的新风新貌。

例如，总台《典籍里的中国》尝试将主持人纳入时空展演之中，主持人以自身作为中介将过去和现在连接起来。其角色由旁观者发展为游走于不同时空的亲历者，见证中华文化典籍背后的故事，并带古代先贤穿越时空来到当代，体验今天中国的发展。在第 1 期节目中，主持人通过自己跨越历史的对话讲述了《尚书》的流转传承与其中所记载的上古故事。通过学者解读和剧本围读两个环节的层层深入，节目在潜移默化中为解读《尚书》提供了特定的语境与方向，“把原始文本中潜在可解释的意义范围缩小了，引导观众把某些立场的解读优先置于其余立场和解读之上”①。由此,《尚书》中的“民为邦本、本固邦宁”的“民本”思想被放置在优先解读的位置，为主流价值的传播留出了空间。在剧场空间内，节目着重表现了伏生护书以及《尚书》所载大禹治水（《禹贡》）与武王伐纣（《牧誓》）的故事，通过对伏生、大禹以及周武王这些人物的塑造，为当下社会树立道德典范与榜样，强化情感共鸣与价值认同。在节目的最后段落，伏生随主持人来到两千年后“清华简”的展览现场，在先贤老者与背诵《尚书》的小学生的对话之中，隐藏于视听内容之下的潜文本得以完整勾勒出来。节目的核心表达也由自古传承的“民本”思想上升到党中央提出的以人民为中心的发展思想，动情、有力地阐释了马克思主义的本质属性，以及“人民至上”的价值追求。

再如，总台央视网推出的《习近平擘画的现代版“富春山居图”》以总书记在 2018 年十九届中央政治局围绕“实施乡村振兴战略”集体学习中提到的“打造现代版‘富春山居图’”为灵感，将闽宁镇、金米村、十八洞村、潭头村、安吉余村、赤溪村这些乡村振兴标杆村镇融入名画《富春山居图》中，生动地展现了新时代乡村的蝶变与农民不断提升的幸福感，生动地展现了乡村振兴战略实施以来中华大地的全新景象。配合习近平总书记的讲话原

① 泰勒，威利斯．媒介研究：文本、机构与受众 [M]. 吴靖，黄佩，译．北京：北京大学出版社，2005：75.

声与对当地扶贫干部和脱贫民众的采访，以及精练的文字呈现，这一作品在展现乡村新貌的同时，响亮地点明“东西协作”“精准扶贫”“保护生态”“弱鸟先飞”等理念，以大开大合的想象力在《富春山居图》前世今生的流转变化中展现摆脱贫困、全面建成小康社会的成果，为其赋予了新的价值内涵。

从话语理论分析的视角出发，基于对 2020—2022 年兼具较强代表性与传播影响力的 78 个中华优秀传统文化视听内容文本的扎根理论分析，本章系统考察了视听传播中围绕中华优秀传统文化的建构机制，揭示了中华优秀传统文化作为一种视觉结构的有序性，以及蕴藏于主流媒体话语实践当中的社会规则与文化语法。在这些中华优秀传统文化视听内容中，关于中华优秀传统文化的表意链条主要围绕“民族性”“生命力”与“时代性”三个话语节点建构起来。这些节点对话语场域中的其他因素施加整一性影响，使后者被接合进表意链条之中，从而围绕所建构的节点实现多元意义的组合，关于中华优秀传统文化的话语型构也实现部分固定。具体来看，这种话语接合的过程如此运作：为了展现中华优秀传统文化的民族性特质与魅力，实践主体通过对中华优秀传统文化元素的广泛涉猎与开掘，展现其多元丰富的特征，依托多种内容形态强化受众对其趣味性的认知和体验，在精心雕琢中华优秀传统文化的审美旨趣的同时，强调文化内核的精妙与深邃；为了通过视听表征激活中华优秀传统文化的生命力，反映其文化活性与生机，同现实日常生活相关联成为让受众感受其活的传承与影响的重要方式，青春化的叙事话语与年轻嘉宾的大面积起用使中华优秀传统文化视听内容（连同中华优秀传统文化本身）的年轻气息得以强化，舞蹈、情景剧等被广泛运用，借构建的文化事件使传统文化以具象化形象得以展现，言语风格也进一步软化，追求轻松活泼、可爱诙谐的修辞效果；为了向传统文化注入时代性特征，前沿媒介技术的大量运用强化了中华优秀传统文化的数字化与科技化体验，大胆同流行亚文化元素融合混搭以增强中华优秀传统文化流行性与时尚感的形塑，同时注重中华优秀传统文化与当下热点时事的有机结合，以中华优秀传统文化推动当代社会主流价值体系的丰富与发展。

需要补充的是，以上分别表达了中华优秀传统文化中对应的重要意义面向的三个节点并不是简单的并列关系。它们处于不同的层次之上，彼此间具有一定的逻辑先后关系。围绕“民族性”节点的接合实践为第一层，其所发挥的作用在于重现中华优秀传统文化的本身特质，强化其吸引力；以“生命力”节点为中心的接合实践为第二层，旨在探索、展现中华优秀传统文化在当下的适应性及其与群体间的接近性；“时代性”建构则为第三层，力图在历史与现实文化交汇点、价值共识点与情感共鸣点之上创造、推出一种新兴文化、先进文化。这三个层次同样是中华优秀传统文化的建构机制的重要组成部分。

与此同时，当我们从每种特定意义的建构实践还原到相对应的视听内容的实际生产过程之中时，通过对相关话语性元素与物质性元素的仔细审视与综合把握，可以较为清晰地看到，主流价值同数字技术、网络文化分别从内、外两个维度主导着中华优秀传统文化的视听建构：主流价值决定了视听内容内在的主题选择与内容表达，而数字技术、网络文化则在外在的呈现方式与视觉修辞上发挥着主导性作用。三者相辅相成，共同推动中华优秀传统文化向包含“三个层次”与“两个时态”的全新结构转型，即传统文化与当代文化、高雅文化与大众文化、民族文化与外来文化三个层次的结合，历时与共时两个时态的统一[①]。

视听表征的本质在于意义的生产，这也是本章所重点观照的内容，但其不仅仅是视听传播流通体系中符号与文本的再生产，也包括“与特定视觉意义相一致的理解方式”[②]的社会化。因此，在回答了视听传播中关于中华优秀传统文化的意义建构的问题之后，“传受同构”与“心理同构”何以实现便成为有待进一步追问的话题，对中华优秀传统文化视听传播的分析也将进入更加广阔、斑斓的社会场域。

① 孟建．网络视听：“视听中国”战略的认知与阐释 [J]. 视听理论与实践，2021（2）：3-9.

② 周宪．视觉建构、视觉表征与视觉性——视觉文化三个核心概念的考察 [J]. 文学评论，2017（3）：17-24.

第七章 “破圈”与连接：传播主体的行动逻辑

布尔迪厄（Pierre Bourdieu）指出，在高度分化的社会中，社会世界中会出现大量具有相对自主性与自身逻辑的小世界[①]。这一观点有力印证了当下信息传播场域的底层逻辑：在铁板一块的传统大众传播模式被彻底瓦解之后，互联网语境下的信息传播并未走向极致的“颗粒化”与“原子化”，而是形成了一系列介于公共场域和个人场域之间的中间场域——圈层，呈现出既汇聚又分化的突出特征。这些圈层已然成为公众进行信息获取与文化实践的依赖性路径，并作为一种后台力量深刻形塑着社会结构与文化生态。李志超与罗家德认为，在限定的社会空间当中，行动者的自我认同、信任感、行为规范与其所处的社会网络结构息息相关[②]。层出不穷、形形色色的圈层内部具有较高相似度与较强向心力，彼此之间却边界明显，难以形成共同意见。因此，圈层是当下中华优秀传统文化的传播与弘扬所面临的重要挑战。洞悉圈层传播之特性，尽可能穿透更多圈层，实现“破圈”传播，是主流媒体视听传播围绕中华优秀传统文化的话语主导权有效建构的重要前提，也是中华优秀传统文化视听内容在流通环节着力实现的现实目标。

本章内容主要关注的是在以圈层化为突出特征的传播环境下，中华优秀传统文化视听内容何以最大限度地实现用户触达，使其所承载的关于中华优秀传统文化的建构性话语在广大用户群体日常媒介使用与内容消费中具有可见性，从而为传受同构、话语认同创造可能。围绕这一中心问题，本章的探

---

① 布尔迪厄，华康德．实践与反思——反思社会学导引 [M]．李猛，李康，译．北京：商务印书馆，2015：134.

② 李志超，罗家德．中国人的社会行为与关系网络特质——一个社会网的观点 [J]．社会科学战线，2010（1）：159-164.

索和分析主要从三个部分展开。在第一部分，尝试对“圈层”“出圈”等概念进行廓清，并在对圈层形成机制与出圈动因的探讨中形成对于“破圈”行为本质的思辨性认识，并试图找到应对“圈层”问题的主要行动方向。第二部分，基于面向研究受访者的半结构访谈资料的分析与解读，勾勒出传播主体努力推动中华优秀传统文化视听内容“破圈”传播的实践图景，进一步检视其中蕴含的行动逻辑。第三部分，借助定性比较分析的方法对实现中华优秀传统文化视听内容高热度传播的条件组合进行识别，以学界与业界相融合的实验力场探寻实现中华优秀传统文化视听传播泛关联、强互动的参照路径（图 7–1）。

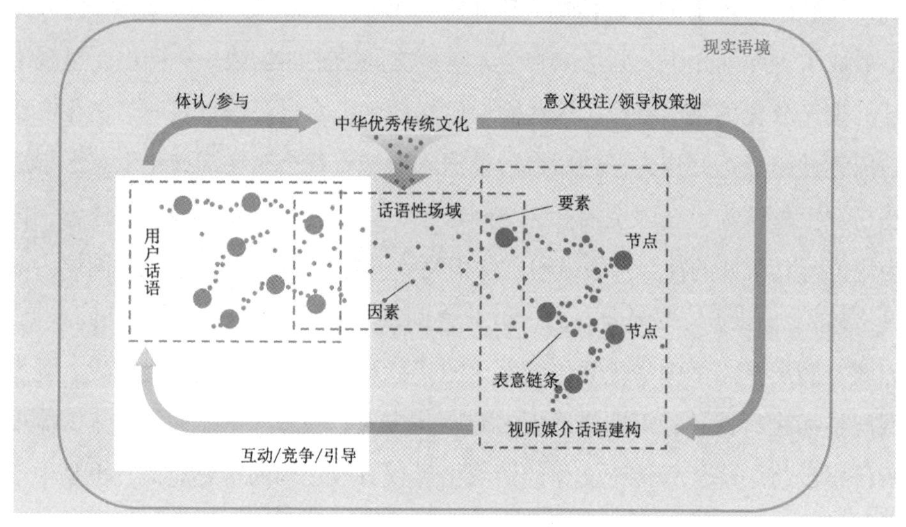

图 7–1　本章主要研究内容示意

第一节　关于“圈层”的三重认知

一、类聚与区隔：网络传播的圈层化

（一）圈层的概念、形成与特征

尽管“圈层”已是传播学界关注的热词，但研究者往往下意识地将其视

为一个不言自明的概念，未加辨析则直接使用。这一现象的出现很大程度上是因为“圈子”本身就是一个非常常见的生活化的现代汉语词汇。根据《现代汉语词典》的释义，“圈子”指集体的范围或活动的范围，这构成了我们对于“圈层”概念的天然认知。但作为一个学术术语，“圈层”在地理学、经济学、社会学等领域有着截然不同的内涵指向，传播学语境下的“圈层”主要来源于社会学研究领域，后者使用这一术语来描述和理解存在于中国人这一群体之间的独特社会关系格局。20 世纪 40 年代，费孝通以“差序格局”的概念来形容他在中国乡村所观察到的围绕血缘和地缘关系所组织起来的圈层结构：“我们的社会结构……像把一块石头丢进水面所发生的一圈圈推出去的波纹。每个人都是他社会影响所推出去的圈子的中心。被圈子的波纹所推及的就发生联系。”[①] 随着现代化进程的推进，除了血缘、地域、职业这些传统关系，人们得以围绕相同或相近的文化惯习、兴趣爱好形成新的社会关系，特别是在媒介技术与社交网络的驱动下，这种关系模式得到前所未有的崛起壮大，并深刻影响着社会形态的变迁。这种关系圈子便是关于“传播圈层”“网络圈层”的研究与探讨之下的实际关切对象。

做出这种判断主要基于传播学视域中广为接受的两种定义，其中一种将圈层界定为围绕兴趣、爱好上的共同点纽结而成的社会共同体[②]，另一种则阐释为社会成员出于多样化的缘由，通过网络平台实现聚集与互动，从而建立并维系的一种具有鲜明远近亲疏区分的关系网络[③]。由此可以看出，网络圈层本质上是一种社会集合，媒介化与趣缘性是其主要特征。一言以蔽之，我们所探讨的圈层，是以网络平台为载体，由特定文化以及价值观发挥核心作用的群体组织。

网络社会形态的圈层化转向主要得益于三个重要前提。第一，现代社会向数字化生存的全面转型极大地冲击了传统意义上的生活方式、人际关系，

---

① 费孝通 . 乡土中国 [M]. 北京：生活 · 读书 · 新知三联书店，1985：23.

② 闫翠萍，蔡骐 . 网络虚拟社区中的圈子文化 [J]. 湖南社会科学，2013（4）：263-266.

③ 朱天，张诚 . 概念、形态、影响：当下中国互联网媒介平台上的圈子传播现象解析 [J]. 四川大学学报（哲学社会科学版），2014（6）：71-80.

基于虚拟关系的自由交流一方面消解了现实世界中的关系结构，作为传统强关系的亲戚在网络交往中往往处于边缘地带就是一个典型的例子；另一方面也为重新定义圈子关系、拓展个体关系网络提供了可能，使人们能够自由、便捷地建立更具弹性与开放性的关系圈子。第二，圈层以内容的集中消费与定向生产形成联系。互联网的开放结构与 Web2.0 技术在操作利用上的便利性推动以个性化与参与式为突出特点的专业余文化的兴起，个体可以实现更多观点与更大声量的自由表达，同时 UGC 内容产能的释放极大丰富了社会文化产品种类与总量，使主流文化以外的亚文化得以快速生长蔓延，为圈层的孵化、增殖与熵变提供了丰厚的培养基。第三，圈层体现的是网络信息由混沌走向一定的秩序，这种秩序以算法为尺度①。尽管理论上个体对海量信息与内容具有充分的自由选择权，但所接触的大部分信息都经过了内嵌于媒介平台的机器算法的过滤，得到普遍应用的个性化推荐将个体所偏好的内容前置并源源不断地投喂。这种选择性接触造成了选择窄化和渠道偏好，在个体信息环境中编织出茧房、回音壁，实际上在虚拟空间中形成了同圈层以外内容的物理区隔。对特定内容类型的反复消费则更进一步强化了个体对所处圈层之中的信息的偏好与认同。平台算法以基础设施的角色发挥着维系与强化圈层的重要作用。

综合已有研究对圈层所进行的林林总总的探索，圈层的特征可以用“合”与“分”二字来概括，即结构化与区隔性。一方面，这种结构化并不仅仅是个体聚合、组织方式的非线性规划以及基于社群规范、集体认同与物质 / 情感依赖所形成的“社区性”，也体现在内容消费与生产方式的固定，意义转译范式的定型，特定文化形态的形成，话语表达体系的确立，以及对应社会文化资本的积累。另一方面，上述若干方面的结构化形成一支又一支向内汇聚的矢量，共同推动圈层发展为一种非透明、半封闭的系统，不可避免地导致了圈层之间鲜明可感的边界性。这些专属的风格、趣味与框架形成

① 刘明洋，李薇薇．“出圈”何以发生？——基于圈层社会属性的研究 [J]. 新闻与写作，2021（6）：5-13.

区隔圈层内外的隐性屏障，使圈内的"我们"旗帜鲜明地同圈外的他者相区别。不同圈层常常无力形成有效对话，难以形成共识。圈层的区隔逻辑也逐渐从虚拟空间溢出，对现实世界中人们认识世界、界定物我的思维方式产生愈发深刻的影响①。

（二）"出圈"的内涵与发生机制

与圈层概念关联紧密，且高频见于网络语言、业界话语以及学术成果中的术语是"出圈"。"出圈"原本为粉丝群体常用表述，指所追捧的偶像从"饭圈"走进大众视野，被更多"路人"认识，因某种事物、话题、事件获得广泛传播热度与影响力的传播现象。"出圈"可能是超出行动者本身期望的客观结果，如"我是云南的"短视频引发各地网友介绍自己的家乡和方言；也可能是通过主动策划与争取以期实现的目标，典型案例如2016年百度贴吧李毅吧（"帝吧"）用户针对中国台湾地区演员周子瑜的"台独言论"以及蔡英文"大选"获胜出征脸谱网（Facebook），在蔡与自由时报等一众台亲绿媒体社交平台账号主页上留言洗版，被网友称为"帝吧出征"。褪去这一"通俗定义"中的网络文化色彩，其本质上所强调的是从一个领域向另一个领域的渗透与扩散。刘明洋、刘薇薇将这种动态性扩张理解为文化系统间的有序性行为，横向来看，"出圈"是某一圈层在其领域以外获得关注以及认同；而纵向来看，也有可能是在同一属性范畴中强势圈层在对其他类似圈层的垂直统摄中产生的声望与影响②。除传播效果维度以外，"出圈"的概念内涵同样也指向了"出圈"对象本身的意义特征。周葆华认为，"出圈"也可以理解为特定对象超越传播主体所在圈层的固有属性而获得更广阔的社会

---

① 互联网新巴别塔：从圈子到知识分层，我们正在变得更加单向度[EB/OL].（2018-12-04）[2023-01-08]. https://www.ifanr.com/1138153.

② 刘明洋，李薇薇."出圈"何以发生？——基于圈层社会属性的研究[J].新闻与写作，2021（6）：5-13.

意义的过程[①]，即“事件的属性超越归属圈子的强度”[②]。故亚文化圈层主动向主流文化、主流价值的靠拢也被视为“出圈”。

“出圈”是内在、外在多种动力共同作用的结果。首先，“出圈”是圈层进化发展的必然结果。作为一种能够自我复制、不断生长的生命体，当其所积蓄的能量突破一定的阈限时，定将向外部生态系统进行扩张。而且随着圈层规模的不断扩大，他者对该圈层接触、关注乃至形成认同的可能也随着其不断增大的传播影响力而增大。其次，“出圈”是圈层群体成员寻求认同的现实选择。作为一种集体行为，认同的建构无法脱离一定的社会关系体系，更离不开与其他认同的相互认知[③]。除了圈层内部的抱团取暖、行动一致，圈层成员同样需要在外向化的定向生产与多元扩散的集体行动中进行自我呈现与个性表达，力图引起圈外共鸣和呼应，在更广范围形成对其身份与价值的认同。再次，“出圈”是文化模因复制、传播的规律使然。圈层的影响力主要体现在其所持有的模因的生命力上。模因是人类文化传承的基本单位，其通过人们的模仿实现不断复制与传播。在圈层间的连接与互动中，能够多次进行复制且在复制过程中稳定保持高保真性的模因脱颖而出，在不断重复的模仿过程中将某种文化基因的片段嵌入到所流转的各个圈层之中，便形成了“出圈”的效应。最后，“出圈”与商业资本驱动密切相关。圈层经济的一大特点在于内容产品周期短，迭代快，而圈层的互动便源源不断地提供新的消费热点。另外，资本的扩张属性要求不断扩张市场规模，而对于垂直细分的圈层，则需要通过圈层内外的联动来扩大消费群体，这也是圈层营销的关键要素之一[④]。因此，“出圈”的方向、方式往往受利益最大化原则的规划。

---

① 周葆华．出圈与折叠：2020 年网络热点事件的舆论特征及对内容生产的意义 [J]. 新闻界，2021（3）：21–27.

② 朱天，张诚．概念、形态、影响：当下中国互联网媒介平台上的圈子传播现象解析 [J]. 四川大学学报（哲学社会科学版），2014（6）：71–80.

③ SCHLESINGER P. (1987). On national identity：some conceptions and misconceptions criticized. Social Science Information, 26(2):219–264.

④ 罗小林．圈层经济 [M]. 北京：中国经济出版社，2017：85.

（三）主流媒体的“破圈”传播

“出圈”不仅映射出当下传播生态的主要特征与传播过程中相关行动者的基本活动方式，也成为主流媒体在深度融合背景下探索全媒体传播体系建设，重塑主流舆论格局的重要议题，进入主流媒体及相关主管部门的官方话语，从网络语言、行业术语变为“国家队”“主力军”的常用词。例如，广电总局监管中心会同中广联合会微视频短片委员会发布的《2021 短视频行业发展分析报告》，正文以“‘破圈’表现亮眼”描述省级以上所属广电媒体短视频平台账号的创新成效①；“出圈”表述也出现在由中共中央宣传部举行的 2022 年“中国这十年”系列第 21 场主题新闻发布会的领导讲话中，用以介绍党的十八大以来文化事业与产业的发展成就。在这些表述中，“出圈”主要指内容与价值的传播效果。另外，“出圈”也主要指涉主流媒体的融合传播创新的方法策略与具体实践，例如，在 2021 年第二届中国广电媒体融合发展大会中，北京市海淀区融媒体中心主任发表的“超大城市区级融媒体中心生存现状和‘破圈’之道”的主题演讲等。

对于主流媒体而言，“出圈”是一个由被动调适到主动探寻的过程。圈层化是互联网传播语境下的分众化传播形式，圈层的跑马圈地极大地分割与侵蚀了主流媒体的受众群体，造成了注意力的严重流失。圈层明显的边界性使不同群体间很难形成共同意见，加之平台算法所引起的“信息茧房”“回音壁”“过滤气泡”等效应，进一步固化了圈层之间、圈层内外的传播壁垒，形成舆论场的分裂与对立。而主流媒体的影响力却难以渗透到不同圈层之中，优质内容无法做到有效触达，对网络用户特别是年轻群体引领乏力。比如 ACGN 亚文化圈层②常说的“次元壁”便是对主流媒体与网络圈层、主流文化与亚文化之间的距离与区隔的生动隐喻。因此，突破圈层限制，解决自身生存危机，重塑传播影响力，巩固、强化主流价值的主动权与主导权成为

---

① 监管中心.《2021 短视频行业发展分析报告》发布 [EB/OL]. 国家广播电视总局.（2022-08-19）[2023-01-09].http://www.nrta.gov.cn/art/2022/8/19/art_114_61271.html.

② ACGN 为英文“动画”（animation）、“漫画”（comic）、“游戏”（game）与“小说”（novel）的合并缩写，代指当下受到青少年追捧的几大娱乐与亚文化领域，也常被称为“二次元”。

主流媒体亟待化解的迫切需求，进而也为主流媒体的未来转型发展提供了创新思路。

从主流媒体的实践出发点与落脚点来看，主流媒体的“出圈”是在洞悉圈层传播特性与规律的基础上，重新激活与不同圈层群体之间的关系以开拓新的传播空间，与亚文化群体展开积极对话和互动，将主流媒体生产的内容与所弘扬的价值观有效传播到相对封闭的亚文化群体之中，实现在各个圈层之中传播力、影响力与引导力的重塑及强化。可以看出，主流媒体的“出圈”传播与一般圈层的“出圈”行为具有一定方向性的差异。一般意义上的“出圈”由相对小众的领域走向相对更为大众的公共空间，而主流媒体“出圈”则是推动面向全体社会成员传播的主流内容进入分众化特征明显的亚文化圈层之中，通过对不同圈层的连接与整合，进一步强化主流价值辐射范围与规模的边际效应。因此，相对于传统意义上的“出圈”概念，将主流媒体这种突破及利用圈层结构的传播活动表述为“破圈”或“融圈”更为精准恰切。

二、转译与竞争：话语理论分析下的圈层实践

（一）圈层实践的转译特征

回归话语理论分析的建构主义立场来审视，由均质的大众传播向异质的圈层传播的转变，使社会话语场域的广袤平原出现明显起伏与褶皱。圈层化所牵动的认知分层与群体区隔，使人们在各自的细分环境中形成不同的话语体系，也就是说，每个圈层实际上就是一个话语社群（discursive community），具有为圈层成员所认可且共同遵循的一定的基本价值观与表征体系。“同质相聚”的圈层一边赋予其成员获得归属感的机会，一边让后者愈发沉浸在熟悉的意义体系中，将“相似”等同于“正确”，难以理解“其他阵营”的逻辑。这些多元异质、单向度鲜明的话语社群，共同在网络空间中搭建起一座新巴别塔。

话语的差异形塑了对应社群对于特定对象不同的呈现与解读方式。在

“出圈”过程中，当某一内容元素由其原始话语社群流入其他话语社群时，其往往并不能始终保持本来的面貌，而是经过后者话语体系的转译，被注入新的意向与内涵，呈现出不同圈层的内部景观。拉图尔（Bruno Latour）从三个维度对转译进行了系统阐释。首先，转译是“行动者不断地把其他行动者的问题和兴趣通过自己的语言转换出来的过程”[①]，因此在转译过程中会出现意义的偏移；其次，转译是一种策略性行为，翻译、转换基于自身利益的巩固所展开；最后，如同由代言人代言一样，不管信息本身所承载的意义与诉求如何，所有语言游戏都能被翻译为同一种版本[②]。由此观之，“出圈”的过程是不同话语相交织与互动的过程。在这一过程中，“出圈”的信息内容本身客观上与其他圈层的消费偏好与定向表达形成适配，甚至传播者在最初的生产过程中便根据对圈层外群体的兴趣不断有的放矢地调试描绘与阐释的方式。其最终结果是，在层层流转与反复转译中，“出圈”内容在异质性的话语圈层间的相互协作中搭建起利益共谋关系，拉近不同意识之间的认同距离，成为广泛连接的社会关系网络所共享的目标与共识。

（二）“破圈”传播下的话语竞争

转译和接合实践使“圈层”现象得以促成相应话语社群的联盟，以“出圈”内容为主要基体凝结具有相对公共性的价值共识，在一定范围内形成“网络空间命运共同体”。然而“出圈”的背后还涉及一个深层次的问题，即圈层之间的压力差与流向何以形成。在“出圈”所达成的最大公约数中，谁为主导、谁被统摄的问题同样需要解答。对于这些问题，我们可以从话语的竞争特性切入做进一步思考与解读。

圈层内部的生产消费活动是圈子模因进行竞争与角逐的赛场。同有机生命体内基因的生存衍化相似，话语社群的文化系统中存在若干不同的文化模因。这些模因在话语社群内部均受到大量模仿和传播，同时在彼此复制、互

---

① 拉图尔．巴斯德的实验室——细菌的战争与和平[M]. 伍启鸿，陈荣泰，译．台北：群学出版有限公司，2016：42.

② 王前，陈佳．“行动者网络理论”的机体哲学解读[J]. 东北大学学报（社会科学版），2019，21（1）：1–7.

相竞争，最终胜出的模因具有更强的跨平台传播活力与多元接合的可能性，才有机会得以突破圈层的边界限制，进入其他话语社群中实现更大范围的扩散与发展。

竞争性同样是圈层间性的主要体现。如前文所述的“漂浮的能指”概念所揭示的一个能指所蕴含的多种意义面向，圈层现象则从宏观角度展现了同一场域中不同意义结构的存在。这些不同的话语相互竞争，以各自的方式对特定对象进行意义建构，并寻求获得社会性主导地位。一个较为极端的案例便是“饭圈”争端，不同偶像的粉丝群体平时各自美好，相安无事，然而一旦出现挑战行为，便很容易掀起一场网络舆论大战。2018 年，《紫光阁》杂志社[①]官方微博账号对某说唱歌手在歌曲中教唆青少年吸毒和侮辱妇女的扭曲价值观进行点名批评，其粉丝旋即在网络上展开对官媒的攻击，上演了一出“紫光阁地沟油”登上微博热搜的网络闹剧。在这类网络事件中，不同话语社群由竞争滑向对抗，为争夺话语权优势而竭力批判、打压对方，造成了公共舆论场的撕裂和极化。

当某一特定的话语从竞争中脱颖而出、取得胜利时，便在一定范围内实现了对特定对象意义的固定，在所影响的话语社群中建立中心性与主导权，从而将不同的价值表达连接、整合在同一个项目之中[②]，其他话语社群所持有的“替代性”话语系统趋向消失，话语接合与意义建构的偶然性被淡化[③]。对应到“出圈”实践的情境中，不同圈层在交会与碰撞的过程中，占据主导位置的一方具有更大的传播势能，能够消解其他圈层的边界，说服其中部分力量产生“中心—边缘—己方立场”的位移，进一步增大圈层间的重叠面积。由此，某一话语社群的话语形成对其他话语的统摄与引领，在众声喧哗中注入人们普遍认同的基本共识。

---

① 《紫光阁》为中央和国家机关工作委员会机关刊物，创刊于 1993 年，杂志社总部设于中南海紫光阁。2019 年 1 月，《旗帜》杂志在原《紫光阁》杂志基础上创刊。

② HOWARTH D. Discourse Theory and Political Analysis[M]//E SCARBROUGH, E TANENBAUM. Research Strategies in the Social Sciences. Oxford: Oxford University Press,1998:268–293.

③ LACLAU E. New Reflections on the Revolution of Our Time[M]//E LACLAU. New Reflections on the Revolution of Our Time. London：Verso, 1990:3–85.

从当下受到普遍关注的主流媒体与亚文化圈层间的互动实践来看，无论是青年亚文化有意识地向主流文化靠拢，谋求更广阔的社会意义与公共价值的“出圈”，还是主流媒体积极贴近网络圈层文化，焕新呈现表达方式，争取青年群体广泛认同的“破圈”，对二者关系的认识不能简单化约为抵抗与收编。主流文化与网络圈层亚文化是当下社会文化生态中的两类话语体系，两种话语社群处于一种竞合的动态关系中。当一致性明显强于对立性时，充斥在两者间立场的才可能是吸引力而非排斥力。也就是说，只有在这两种话语间寻找、挖掘更多接合的可能性，拉近两者间的认同距离，才能进一步强化网络亚文化圈层呼应、反哺主流文化与价值的积极性，从而有效扩大主流文化的圈际影响，巩固、强化话语引领与认同效应。

三、连接与辐射：弥合关系网络中的结构洞

（一）可见性与关系赋权

从精练勾画出传播基本过程的拉斯韦尔（Harold Lasswell）“5W”模型来看，主流媒体要实现圈层整合、话语认同、价值引领的“出圈”目标，有效解决传播通路上内容信息何以被看到和关注的问题是基本前提，简言之即可见性的获得。可见性（visibility）来源于公共空间注意力的获得。当注意力达到一定的规模时，便产生了可见性。丹尼尔·戴扬（Daniel Dayan）指出，“新媒体不仅使公众得以获得可见性，并且是以自己定义的方式；还使公众得以定义他人的可见性，做可见性的组织者和给予者”[①]。由于内容偏好、群体规范以及技术阻隔的因素，网络圈层掌握了赋予可见性的权力，圈外世界则整体变得不可见。来自外部的异质信息难以走进圈层内部群体的视野之中，而切中圈层内部需求与兴趣点的内容则能够踏上“绿色通道”，源源不断地进入圈层并快速扩散，形成“信息杰利蝾螈”（information

① DAYAN D. Conquering visibility,Conferring visibility: Visibility seekers & media performance[J]. International Journal of Communications, 2013(1):137−153.

gerrymandering）[①]。因此，唯有掌握局部网络中的动态可见性，能动地影响、改变圈层可见性之分配，才能够为“破圈”的发生奠定基础。

可见性的获得主要基于关系赋权。圈层可能从属于一个范围更大的圈层之中，也可能与其他不同类型的圈层有着一定的交叉部分。这些重叠部分便扮演着桥接点的角色，“出圈”行动者得以依托这一关键位置让一定的信息被目标圈层“看见”。有学者用图 7–2 所示模型来形象描述圈层间信息的流动模式[②]。假设圈层甲与圈层丁互有交叉，则重叠部分 A 构成甲丁两圈层间信息流动的前提条件。也就是说，借助于部分 A 这一圈层关系的桥接点，两圈层在对方内部具有可见性。与此同时，圈层乙、圈层丙也同样分别与丁相连接。虽然甲乙丙三个圈层两两之间都不存在交集，然而只要有同三者都有关联的圈层丁的存在，那么甲乙丙三者之间都可以实现传播与互动。比如甲意图向丁进行“破圈”传播，那么借由部分 A 与部分 C 两个关键性桥接点，即可实现圈层甲所生产的内容向圈层丁内部的有效触达。以此类推，甲与乙、乙与丙之间同样具有获得可见性的可能。这里重叠的部分可能是圈层群体、社交平台、相同或相似兴趣、价值共识等。通过连接所实现的可见性，为进一步扭转对象圈层内部的信息流，影响圈层内个体的认知与行为，实现预期传播效果创造了可能。

① “杰利蝾螈”本身是一个来自美国特殊环境的政治术语，最早出现于 1812 年。时任马萨诸塞州州长的艾尔布里·杰利（Elbridge Cgerry）为本党派的利益对本州选区进行重新划分，以最大化己方票源的使用，极小化对方票源的使用。由于重新划分后的选区形状上像一只蝾螈（salamander），因此这一现象被称为“杰利蝾螈”（gerrymander）。“信息杰利蝾螈”由“杰利蝾螈”衍生而来，指的是当个体进入到一定的网络结构中时，由于社交网络对于信息的约束以及狂热分子与自动机器人的进一步极化，个体的意愿会受到整体的影响，进而使整体的集体决策带有明显的偏向性。

② 郑欣，朱沁怡.“人以圈居”：青少年网络语言的圈层化传播研究 [J]. 新闻界，2019（7）：25–36.

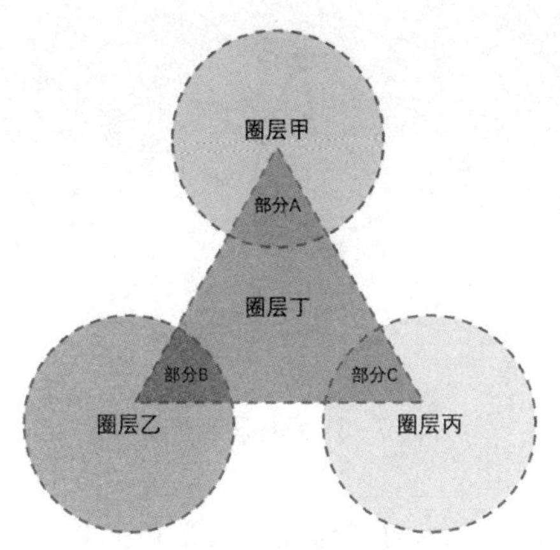

图 7-2 圈层间信息流动模式示意

（二）结构洞与连接的实现

社会学学者罗纳德·伯特（Ronald Burt）将社会关系网络中行动者之间存在的空隙称为“结构洞”（structural holes），并由此发展出“结构洞”理论来整体性考察关系网络结构，为聚合社会关系资源提供理论支撑。罗纳德·伯特认为，节点间不存在联系或直接联系的现象被视为网络结构中出现了“洞穴”[①]，占据这一洞穴位置便能够在两端节点之间建立传送信息与资源的桥梁，进而通过结构洞的位置获得信息利益与控制利益，能够使作为第三方的行动者在关系谈判中占据优势，从而较为容易地对两端节点实施调动，并从整个关系网络中获得叠加式的收益积累[②]。图7–3所展示的便是一个结构洞的基本示例。在一个简单的社会网络中共存在 A、B、C、D、E 五个行动者，其中 E 与 A、B、C、D 四个行动者分别相连，且 A 与 C 相连结，则在这一网络群体中存在 A–B、A–D、B–C、B–D、C–D 五个结构洞，那么行动者 E 便位于掌握整个网络中结构洞的关节性节点之上。借助于 E 的中介作用，上述五对节点得以建立起间接联系。行动者 E 则发挥着较高的中心度，对整个关系网络形成统摄。

① 伯特．结构洞：竞争的社会结构 [M]. 任敏，李璐，林虹，译．上海：格致出版社，2008：19.
② 伯特．结构洞：竞争的社会结构 [M]. 任敏，李璐，林虹，译．上海：格致出版社，2008：30.

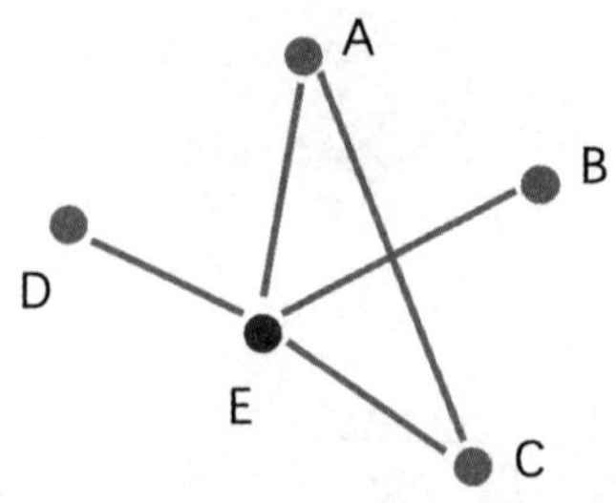

图 7-3 结构洞示意图

“结构洞”理论认为，结构洞与冗余关系负向相关，只有在缺乏冗余关系的地方才会产生结构洞，也才有通过占据结构洞来实现关系资源最大化的可能。冗余关系主要有两种来源，一种是凝聚力标准下的强关系，如兄弟、搭档、夫妻等，只要与其中一人有所接触，就很容易接触到与之形成强关系的其他个体而无须外界中介；另一种则是来自结构等位，即在关系结构中处于相同位置。无论结构等位者互相关系如何，都会由于导向相同的信息资源而产生关系的重复[①]。以此反观圈层的关系结构，圈层内部呈现出强关系结构，并随着中心向边缘逐渐减弱，而圈层之外主要以弱关系的形式进行交流与互动；与此同时，同一圈层内往往保持相似的关系结构，而圈层之间却大相径庭。这足以说明，在圈层内外、圈层之间的隔离带中存在着大量结构洞。

根据“结构洞”理论可以推知，主流媒体要实现关系激活，广泛建立连接，要对“再部落化”的网络传播环境中的结构洞精确定位，最大限度占领，通过更多非冗余关系的搭建延伸已有联结范围。在连接力上比较优势越突出就越能在传播效果上获得可观的回报率。另外，主流媒体也要利用好自身在传播关系网络中的中心位置，不断保持并强化自身的中间中心度，依托结构洞位置有效调控整个关系网络结构，保证对其辐射范围、运营社群的持续嵌入与运营能力，形成稳定的渠道资源与社群结构。落实在具体实践层面，主流媒体一方面以自身为中心打造独立社群平台，吸纳网络用户进入自有平

① 伯特．结构洞：竞争的社会结构 [M]. 任敏，李璐，林虹，译．上海：格致出版社，2008：20.

台，形成具有规模效应、自成体系、联系紧密的圈层系统；另一方面积极挺进已有平台社群，以社群成员身份进入已有圈层关系网络，从中编织具有一定规模与活跃度的子圈层。这也构成在中华优秀传统文化视听内容“破圈”扩散实践中主流媒体行动逻辑的基本出发点。

第二节　传播主体“破圈”传播的行动逻辑

行动是一种有意向的行为，意指“行动个体对其行为赋予主观的意义”[①]。其绝不是面对环境压力的机械应变，而是以一定的意志和目标导向能动地作用、改造世界。行动逻辑即行动的内在规律，凝结于行动者决策到行动实施的事实过程中，是对具体行动方式的自主判断与理性选择的客观展现。面对多元认同、圈层区隔的现实传播生态，为广泛建立连接，强化中华优秀传统文化视听内容的穿透性与触达力，让主流声音传得更广更响，作为行动者的主流媒体进行了一系列兼具偶然性与创造性的创新实践，在如火如荼的行动情境中浮现出具有一定普遍意义与实际效能的路径模式。本节沿着“结构洞”的理论认识继续深入，对10位来自不同单位、参与中华优秀传统文化视听传播的媒体从业者展开半结构访谈，在对客观实践的解读与淬炼中提取出调整优化体制机制、构建复合式传播体系、强化社群运营、发力IP打造与经营四个主要方面，由此构成传统文化视听内容“破圈”传播之行动路书的基本轮廓。

一、制度性结构的优化调整

（一）一体化组织架构建设

随着媒体融合从单点、离散的战术性创新迈向系统化、全局性的战略性

① 韦伯．韦伯作品集Ⅶ：社会学的基本概念[M].顾忠华，译．桂林：广西师范大学出版社，2005：3.

融合，高维度的体制机制改革转型成为全媒体传播体系建设的全局性支点。在组织架构上，主流媒体努力摆脱自工业时代以来日渐固化的科层体系与条块分割，依照全媒体业务的逻辑导向，将组织结构与资源布局打散重组，持续推进协同一体、开放共享的自适应组织的建设，为推进“移动优先”战略，打造多元整合、广泛连接、可持续发展的传播生态提供高度灵活性与体系化保障。与形态创新、技术赋能等单点寻求增量的业务行动不同，组织架构的“脱胎换骨”是对人、物、媒资、关系、市场等已有存量的全方位激活。在此基础上，中华优秀传统文化视听传播的整个流程得以优化再造，将市场化运营思维、互联网传播模式贯穿于主流媒体的“破圈”实践全程。

在 2021 河南卫视牛年春晚节目《唐宫夜宴》意外走红后，河南广播电视台（以下简称“河南广电”）的内容团队在元宵晚会播出前的 5 天时间内推翻原有方案，在极短的时间内制作推出《元宵奇妙夜》，由此开启在青年网络群体中备受热捧的“中国节日”系列节目。来自“中国节日”系列节目团队的受访者 C08（女，52 岁）将实现这一“不可能完成的任务”视为河南广电体制改革的重要成果。2020 年 9 月，河南广电文艺部、精品广播剧创作部、纪录片工作室连同 2014 年成立的河南大象融媒体集团有限公司（简称“大象融媒”）旗下的大象融媒体技术公司合并成立全媒体营销策划中心，这也是河南广电推进经营性事业单位转企改制与制播分离的重要试点。“中国节日”系列节目正由全媒体营销策划中心担纲制作运维。C08 由原专门负责晚会及大型活动制作的文艺部转入全媒体营销策划中心，坦言在新的组织架构下工作方式发生显著变化：

“在文艺部的时候，我作为总导演，带着导演组做完节目、播出了，我们的任务就完成了。然后就等着一周以后接收视率调查表看数字，这是我们（之前）的正常工作流程。但在这儿（全媒体策划中心），对我来说一个特别大的（变化）是我们认知改变了。作为导演组，我们是整个流程中重要的一环，但绝不是唯一……除了导演团队外，我还有一个商务团队和一个宣发团队，他们是同时跟进的。我（导演组）的方案出来之后，要和商务来沟通，一些商务要拿到导演组消化，同时导演组也要反馈给他，让他来跟进客户。同时，也要报一套方案给我们的宣发，我们要一起开会，沟通内容里有哪些（可能的）爆点，他们来做一些宣发方案……播出之后我们也依然要继续跟进……这和过去完全不一样。”

在全媒体营销策划中心的一体化组织架构下，传统主流媒体中彼此相对独立的内容、商务、宣发部门打破边界，合而为一，保证了从策划、创作、分发再到后期运维的连贯性，让市场思维、营销思维从创作阶段起贯穿始终，有效缩短市场与中华优秀传统文化视听内容创作的距离，同时推动资源在“中国节日”系列节目内容传播实践中的科学分配，使河南广电最大限度贴合互联网传播规律，紧跟受众内容偏好与消费需求进行生产分发。

（二）人才资源建设管理转型

中国记协新媒体专业委员会于 2020 年面向我国各级主流媒体融媒体中心或新媒体部门发出的关于融合建设发展情况的问卷调查（N=1480）数据显示，逾六成受访者认为人才资源是制约媒体深度融合的首要因素[①]。建好建强适应全媒体传播体系发展的专业人才队伍，找准激发人才资源积极性与创造力的方式方法，是当下主流媒体在体制机制改革上的又一发力重点。

首先，主流媒体着力推动人力资源结构的优化，积极引进熟稔移动互联网传播规律、具备新媒体产品运营能力的年轻人才，为主流媒体源源不断地补充新鲜血液，全面提升人才队伍整体专业素养与创新能力。以受访者 C02（女，27 岁）所在的总台《国家宝藏》制作团队为例，核心团队年龄较为年轻，处于内容编创主导岗位的人员年龄整体不超过 30 岁。“我们最大的领导，制片人是团队（年龄）最大的，也就刚 40 出头。一线的节目导演基本上都是 90 后，差不多都在 1992 年到 1995 年之间……因为团队整体年龄比

① 曾祥敏，刘日亮. 中国主流媒体融合发展现状调查和重点问题探究 [M]// 中国新媒体研究报告 2020. 北京：人民日报出版社，2020：2-29.

较小，所以更多会从我们这个年龄层去考虑问题。”团队的年轻化使《国家宝藏》在对国宝文物的视听化传播过程中天然地关注年轻受众群体的喜好，在呈现方式、网络运营上也更懂年轻人，能够有效引起网络圈层的兴趣与关注。此外，主流媒体也在机构外部寻求人力资源的拓展，同网络平台、新闻类院校以及网红 UGC 内容作者合作，以此作为对自身人才队伍的有益补充。例如，人民日报新媒体中心同传播中华优秀传统文化的多元机构为主体开展共创式生产（C05），见于中国日报新媒体账号的《行走中国》（C09）与中新社的《解码中华文化基因》（C10）均与高校师生团队合作推出。

其次，引入引导良性竞争的激励体制，充分释放人才资源的活力与潜能，实现人才成长与平台发展的良性循环。以上文提到的河南广电为例，2021 年 10 月，河南广电副总编辑在第二届中国广电媒体融合发展大会上的主旨演讲中透露，目前河南广电干部、员工基础工资统一为 3500 元，主要通过多劳多得的绩效激励机制拉开差距，如“中国节日”系列节目等产生突出传播效果与社会效益的项目与人才将获得重奖[①]。出品“中国节日”系列的全媒体营销策划中心内部在工作室制度的基础上引入淘汰机制，经过时间沉淀与市场检验，工作室数量已由初期的 18 个优化至 2021 年末的 10 个。“中国节日”系列项目同样实行竞聘上岗制，各工作室向总经理办公会提交方案审议，胜出的团队方能负责某一传统节日的“奇妙游”内容的制作与运维，目前明确能够获得的奖励达到数十万。

二、复合式传播体系建设

（一）传播渠道多元布局

圈层化的传播关系网络中大量结构洞的形成同网络平台本身紧密关联。如麦克卢汉“媒介即信息”的经典论述所言，不同平台基于其自身可供性（affordance）形成了特定的信息。具体来看，以支持技术、使用方式、界面

---

① 中国节日裂变传播后，河南广电台副总编李波谈“破圈之道”[EB/OL].（2021-10-26）[2023-01-14]. http://news.hnr.cn/djn/article/1/1452932350129532929.

设计等为代表的底层技术逻辑往往使其对特定人群产生较强吸引力，并在用户与平台的互动中逐渐形成独有的文化氛围与行为模式。也就是说，不仅平台走向彼此封闭的内容生态系统使不同的网络传播渠道难以实现相互兼容，渠道本身的技术底色也成为圈层区隔的重要标签，如抖音与快手分别被贴上“都市白领”与“小镇青年”的标签，小红书成为精致女性的生活圈，而虎扑社区被视为“直男”聚集地。因此，主流媒体的内容传播不能再走把鸡蛋放进同一个篮子的老路。打造视听内容的全渠道分发矩阵，形成立体传播体系，成为主流媒体推动中华优秀传统文化视听内容“破圈”传播，争取传播效果最大化的现实行动选择。

从早期“两微一端”中的微博、微信，到如今的新媒体账号矩阵，主流媒体密切关注不断涌现的网络技术产品，相继入驻今日头条、抖音、快手、西瓜视频、B站等第三方平台，开通一系列视频账号，依托商业平台业已形成的关系触角布局细分式入口，极大丰富视听内容传播场景，扩大对网络用户的影响辐射范围。例如，《典籍里的中国》除在中央广播电视总台自有渠道播出外，还将完整视频内容投放至腾讯视频、爱奇艺、咪咕视频三家网络视频平台，同时在微博、抖音开设官方账号，以文字、图片、短视频方式发布同节目相关的更多内容。再如，北京广播电视台《最美中轴线》团队将每期内容中嘉宾创作的原创歌曲以同名专辑的形式上线音乐流媒体平台QQ音乐，这也成为团队观察视听内容传播效果的重要窗口。

> “一开始我们在做的时候，就有一些专家质疑，（把）中轴线写（成）歌儿，（嘉宾）能写出来吗，能写得好吗……我们有了歌曲以后，从QQ音乐的数据来看，实际传播效果真的是很不错的，对我们团队也是很大的激励。”（C03，39岁，男）

从2011年苏州广电传媒集团推出“无线苏州”客户端首开自建主流媒体客户端先河后，主流媒体也在以自身为中心，打造自主可控、多元立体的平台矩阵，吸纳网络用户进入自有平台，围绕主流媒体再造社群，形成具有规模效应、自成体系、持续活跃的融媒生态。以人民日报社为例，其先后上线人民日报全媒体聚合平台、人民网+移动传播平台、人民视频、人民直播、人民号创作者平台，并于2022年12月正式推出以PUGC为特色的主流短视频聚合平台“视界”，致力于拓展主流媒体之间、用户生产与专业生产之间的合作渠道，提升优质主流价值内容的有效传播和引领。

（二）差异化的分发策略

在这种全方位、多渠道的传播矩阵中，实际的分发与运维工作不再是同一媒体内容在不同平台上的简单复制。与之相反，差异化成为主流媒体普遍遵循的重要行动逻辑。如上文所述，不同传播渠道的功能与传播属性往往差异显著。因此，在充分熟悉、掌握各平台或渠道实际特点的基础上，主流媒体在不同渠道上的传播内容与传播方式往往各有侧重，努力实现传播内容与平台的完美契合，让内容高效、精准、垂直化地同相应用户所匹配。

例如，在《典籍里的中国》的传播矩阵中，不同平台在视听内容分发任务的分工上明显各异。除电视端的总台央视综合频道，以及腾讯、爱奇艺等网络视频平台上播出的正式节目以外，创作团队还在央视频平台定向投放两档融媒体衍生微综艺，分别为《“典”赞加关注》与《有“典”意思》。来自《典籍里的中国》导演组的受访者C01（女，28岁）介绍，《“典”赞加关注》将每期节目录制的原素材中关于嘉宾戏剧排练的纪实段落单独抽出，制作成10分钟左右的微真人秀，让平台用户了解正片以外更多的幕后故事。《有“典”意思》则可以说是正片内容的“极速版”。“（《有‘典’意思》）主要是主持人王嘉宁和当期（正片）内容的主演进行对话……相当于把差不多90分钟的节目浓缩到三五分钟内，把它最精髓、最经典的东西给挑出来。”而在抖音、微博平台上，创作团队分发的主要是短视频内容，以节目正片的拆条与二次创作为主。“（二次创作）更多的是在同一主题下把不同期重新剪在一起……比如《史记》那期，我们就把它做成英雄联盟那样，来看看这一期撒贝宁一共收集了多少个英雄。”另外，这两个平台上的短视频也有很多关于主持人撒贝宁的宣传，“（这）当然也是一个传播的重点，他在现场非常有意思，很有吸引力。”这一传播体系的整体安排通过对多元受众群体需求的垂直满足尽可能地实现了传播效果的长尾效应。同时，从跨媒介叙事（transmedia storytelling）[①]的角度来看，这些来自不同平台的每一个视听文本各司其职，都为叙事的整体作出独特的贡献，它们共同建立起超越正片内容的、更广大的关于历史典籍前世今生的故事世界，并使其更加完善与丰富。

三、强化用户黏性的社群运营

（一）注重反馈与互动

优质内容通过全媒体渠道实现精准触达，打破了网络圈层下的公域流量限制。而要有效激活社群，形成相对稳定，可反复触达、持续转化的私域流量，在内容分发之后，主流媒体需要解决的问题是如何保持用户忠诚度、活跃度，维持相对持久的用户关系。一项关于国内主流媒体工作者用户运营现状的抽样调查（N=350）数据显示，近一半受访者表示点赞、回复用户评论，内容创作观照网络热点是主流媒体社群运营中的基础行动方式[②]。这也得到本研究访谈对象的印证。C02、C03、C07、C09、C10 均明确表示关注用户的评论或弹幕，将其作为传播效果分析的重要数据参照，同时有意识地以评论回复、群聊天的形式进行互动。来自用户的高质量、高热度评论，关注的热点也会被引入后续视听内容的创作中。来自总台《国家宝藏》团队的 C02 这样描述了她同用户互动的个体经历：

> “基本上每个导演在节目播出之后都会经常去 B 站看大家的弹幕，播出当晚会看，可能过一个多月再看一下，甚至这季播出完，发酵了一年后，还会再回头来看（用户的）反应。很多网友评论特

① 詹金斯．融合文化：新媒体和旧媒体的冲突地带 [M]. 杜永明，译．北京：商务印书馆，2012：157.
② 张悦，郭雅妮．主流媒体的用户运营：传播逻辑重构下的用户关照与内容建设 [M]// 中国新媒体研究报告 2020. 北京：人民日报出版社，2020：272–288.

别超乎我们的想象，比我们总结得要好，我们也会“拿来主义”，把大家的话用进来……比如‘此生无悔入华夏’，当时很多网友都在弹幕上刷，我就用到了聂耳小提琴的部分，这句话也一直根植在了我们的团队中。”

（二）线上线下联动

线上运维结合线下联动也是中华优秀传统文化视听传播过程中引流固粉的重要方式。一方面，随着网络社群走进现实世界，社群成员得以进行更为密切、深入的交流与互动，强化黏性互动，促进情感连接，在主要由弱关系搭建的用户社群中培育熟人关系。另一方面，通过线下活动的反哺，主流媒体进一步拓展受众范围，同用户建立全景式深层连接，全领域提升影响力与引导力。

例如，C08 所在的山西广播电视台《走进大戏台》团队坚持走出演播大厅，常年面向基层组织“送戏下乡”活动，足迹遍布山西全域各县以及内蒙古大部分、陕西北部以及河北张家口地区，不仅有效提升了节目本身的知名度，而且推动了晋剧文化在线下的传播，特别是激活了更为广泛的晋文化区的受众资源。线下活动的场景也让 C08 惊讶于节目的深厚受众基础。“我理解了什么叫忠实观众，也能感受到他们对来自家乡的大戏的迷恋程度。可以说，在他们身上，我看到了栏目的影响力，也看到了自己工作的意义。”

再如，《国家宝藏》曾以线上抽奖的形式邀请节目粉丝参加节目看片会，在 B 站举行“# 我与国家宝藏 #”的主题活动，鼓励受众以专栏特稿的形式发布文章分享自己与节目的故事以及想对国宝说的话，通过委托、合作的方式先后在上海徐汇、山东济南、北京故宫博物院等地举办线下展览，让中华优秀传统文化视听内容变得更加好看好玩，实现了用户参与同口碑的双赢。

（三）强化策划运维

有观点认为，媒体社群运营主要基于 4C 法则展开，即在合适的场景（context）下，针对特定的社群（community），生产有传播力的内容（content）

或话题，并通过人与人的连接（connection）实现快速传播扩散[①]。也就是说，社群运营离不开天时、地利、人和多种条件的支持，要实现强化参与提升黏性的行动目标，必须有意识、有计划地进行策划运维，在运营过程中找准“网感”，及时发现视听内容传播过程中隐藏的热点与爆点。

在中华优秀传统文化视听传播的实践中，主流媒体往往基于用户心理、网络文化趋势来预测哪些话题会引起用户关注，并在社交平台设立话题。通过高辨识度、高传播性的话题的引导，吸引用户积极参与到平台社群的互动之中。“（节目）播出之前团队会再看一遍片子，从宣传的角度去找一些合适的小话题，能够引起网端的一些关注的…… 比如（《国家宝藏》）第三季做的三星堆…… 我们去调研的时候发现有个刚出土的文物特别像《愤怒的小鸟》里的小猪…… 宣传的时候就拿这个点起了标题。”（C02）

网络热点层出不穷，迭代快速，传播机遇转瞬即逝。因此准确预测、判断时机，及时进行相应的营销策划，是主流媒体在中华优秀传统文化视听传播中必须练就的本领。一个最具说服力的例子是“中国节日”系列内容，在 C07 看来，如果 2021 年没有借着《唐宫夜宴》的火爆之势在元宵节推翻原有安排趁热打铁推出《元宵奇妙夜》，那么就不会有后来的“中国节日”系列内容的成功。“这台节目奠定了我们全面挺进互联网，…… 你把握住这个机遇了，你就是弄潮儿，但错过了这个机遇，那么等于一个时代就错过了。”

除从公域流量池中转化、培养主流媒体的私域流量外，借力其他渠道、圈层所积累起的已有私域流量池进行流量牵引，也是主流媒体策划运维的重要方式，在具体实践层面体现为邀请高人气名人、进行共创生产、策划联名活动等形式。C02、C03、C06 均明确表示在传统文化视听内容的嘉宾安排上会选取粉丝规模可观、对年轻群体有号召力的明星艺人，“希望（这样）能够把更多年轻人吸引过来，去重视和喜欢我们的传统文化”。（C06）C05 指出，具有较大网络流量的头部“自媒体”创作者进行共创式生产也已发展为业界较为普遍的合作方式。“这个过程不是说哪一方比较主导，其实很多时

① 唐兴通．引爆社群：移动互联网时代的新 4C 法则 [M]. 北京：机械工业出版社，2017：3-5.

候我们是共同碰撞的一个过程，一起商量着来完成（创作与传播）。”这些明星艺人、网络红人在主流话语向网络社群的持续下沉与发酵中发挥了重要的触媒作用[①]，为正能量获得大流量的赋能发挥了积极作用。

四、IP 打造与产业化经营

（一）人格化 IP 孵化

根据由施拉姆（Wilbur Schramm）发展而来的选择或然率公式可知，受众选择某种信息内容的可能性同获取其的困难程度成反比关系[②]。也就是说，在拥有海量信息资源的网络空间中，用户能够自然想到的或由他人推荐的内容产品（这样的内容获取方式可以视为是最省力的），最容易被其选择和消费。这有力地证明了品牌塑造在主流声音破圈传播中的重要作用。视听内容品牌的 IP 化运营有利于在流量稀缺的传播环境中持续获得关注，同受众群体之间培养起较为稳固的消费关系。IP 背后是广大的粉丝群体与丰富的注意力资源[③]，打造一个成功的 IP 意味着获得一条内容消费的长期通道，能够自行不断地产生流量。

当前，主流媒体对系统内既有资源储备进行组合优化，从内部进行优质 IP 的转化。其中，依托知名度高、可塑性强的优势人才资源打造人格化 IP 则是普及程度最高的行动方式，如以“邻家女孩”形象成为总台流量密码的新闻记者王冰冰，中国日报社围绕记者彭译萱打造的“小彭 Vlog”品牌内容等。2021 年总台推出的新媒体平台综艺《央 young 之夏》更是以 7 亿次短视频播放量与 8300 万元带货成交额[④]的数据展现了个人 IP 矩阵对于视听内容

---

① 翁旭东，曾祥敏．在场、组局、破圈——突发重大公共事件中主流媒体移动社会化传播的破与立 [J]. 电视研究，2020（9）：56–60.

② 选择或然率公式为：选择的或然率 = 报偿的保证 / 费力的程度。

③ 郑玄，龚逸琳．原生 IP 视角下传统主流媒体的内容创新研究——以央视频《央 young 之夏》为例 [J]. 电视研究，2021（11）：29–32.

④ 数据分别来自：《央 young 之夏》公演口碑爆棚破圈传播 [EB/OL].（2021–08–22）[2023–01–17] https://baijiahao.baidu.com/s? id=1708787107970078852 &wfr=spider&for=pc; 张晓荣．央 young 之夏首届直播节盛大开幕，央视名嘴团掀起 全网购物狂潮 [EB/OL].（2021–08–24）[2023–01–17].https://movie.huanqiu.com/article/44U4dXL5Eh7.

品牌塑造与价值变现的强力驱动。

综合所有受访者所谈到的中华优秀传统文化视听内容，“中国节日”系列在人格化 IP 孵化的探索上形成了逻辑相对清晰完善的独特体系。自《唐宫夜宴》走红起，河南广电全媒体策划中心即围绕舞蹈中的唐宫舞女形象衍生出“唐小妹”的人格化 IP。这一形象最先以 Q 版人物画的形式见于全媒体策划中心于 2021 年春节期间为其开设的微博账号“@ 唐宫夜宴唐小妹”中。在同年的《清明时节奇妙游》中，“唐小妹”以漫画和 3D 动漫的形象代替了传统晚会中主持人的角色，以“唐小妹”打卡河南文化地标为线索串联起各个节目。到《2021 端午奇妙游》时“唐小妹”进一步细分为“唐小玉”“唐小彩”“唐小可”“唐小竹”四个具有不同人设的形象，并成为支撑起各个段落叙事的真人角色。在之后的系列内容中，“唐小月”“唐小天”等一系列新角色根据需要相继登场，逐渐丰富着“唐小妹”的角色阵容。与此同时，随着其他内容的走红，全媒体策划中心再相应地打造新的 IP 形象。“我们现在推出的有三个比较经典的 IP 形象，一个是唐宫小姐姐唐小妹，一个是洛神，还有就是龙门金刚…… 目前来说比较成熟…… 在这三个 IP 的基础上做了很多的延伸与开发。”（C07）这些优质 IP 自带势能，以较低、可控的成本有效强化了中华优秀传统文化视听内容的人格化与感染力，显著提升了主流话语的连接力与影响力。

（二）产业化的价值延伸

互联网营销从业者认为,IP 概念包含起源、拓展与获利三个层次[①]，这一观点也直接明了地点明了 IP 运营的一般历时性规律。在对独家资源进行发掘、转化以及培育成熟的基础上，主流媒体谋求以市场化思维进一步推动 IP 资源的产业化，积极同上下游行业建立商业关联，通过跨渠道、跨行业的生产服务联动延伸价值链条，促进商业变现，从而实现资源的最大化利用。依托中华优秀传统文化与高影响力视听内容端口，主流媒体主要面向电商、文创、文博、艺术、游戏、教育等领域开拓产业化路径，深度激活内容品牌的

---

① 陈巧燕，不花公子 . 泛娱乐营销 IP 化运营之路 [M]. 北京：电子工业出版社，2018：22.

商业潜力。例如，《上新了·故宫》背靠故宫这一首屈一指的大IP，将文创产品的设计开发巧妙地接入视听内容的主框架中。在各期节目中脱颖而出的文化创意衍生品由节目组上线电商平台淘宝，开启项目众筹与商品预售，文创产品“畅心睡衣”在众筹期间获得一万三千余人的参与，所筹款项超750万元，远远超过5万元的筹款目标，展现出了故宫IP惊人的价值变现能力。再如，《唐宫夜宴》走红之后，河南广电旗下的声利企业营销策划有限公司更名为河南唐宫文创传媒有限公司，根据天眼查平台上该公司的工商信息变更情况，企业所登记的经营范围发生较大程度的调整，新增业务包括组织文化艺术交流活动、文化场馆管理服务、园区管理服务、日用百货销售、服装服饰销售、工艺美术品及收藏品零售、食用农产品零售、数字文化创意内容应用服务等25项，从多个角度、多个行业推动“中国节日”IP的产业化价值延伸。这些产业化的精耕细作使中华优秀传统文化以具象化的产品与服务的形式落地，通过视听内容的高热度传播带动相关消费的提升，释放中华优秀传统文化视听内容的长尾价值，在用户与传统文化间建立起双向互动的新连接。

第三节　一种探索：“破圈”传播条件组合的定性比较分析

韦伯（Max Weber）在关于社会学基本概念的阐释中指出，“明确”是所有围绕社会行动的说明性理解所孜孜以求的目标。特别是在理性认知的层面，明确意味着对“逻辑判断关系上互相关联的意向结构”[①]完全、透彻地把握。在前文的论述中，我们已经探讨了主流媒体在打破圈层、强化连接与辐射以推动中华优秀传统文化视听内容之有效传播的过程中所形成的行动机制，同时上一章针对中华优秀传统文化视听内容的话语分析客观上也侧面勾勒出生产端的若干新因素。但至此仍无法仅就目前所达到的研究范围

① 韦伯.社会学的基本概[M].胡景北，译.上海：上海世纪出版集团，2005：3.

宣称已实现对这一问题的明确理解，在了解正是由这些条件因素对中华优秀传统文化视听内容的“破圈”传播发挥主要作用的基础上，我们还应尝试进一步探寻这些共时性行动如何对行动结果施加组合性影响，这在现有研究成果中亦鲜有触及。基于以上考量，本节试图通过定性比较分析（qualitative comparative analysis，简称 QCA）的方法探索与回答以下三个问题：

（1）是否存在某些行动因素是实现中华优秀传统文化视听内容高热度传播的必要条件？

（2）是否存在某些因素以条件组合的形式共同作用于中华优秀传统文化视听内容的高热度传播？

（3）在条件组合内，各因素间呈现怎样的关系，如何互动？

一、方法的使用与合理性

（一）定性比较分析

定性比较分析是社会学与现代数学中集合论思想相结合的产物，由美国学者查尔斯·拉金（Charles C. Ragin）于 1987 年出版的专著《比较方法》中首次提出，目前已发展出清晰集（Crisp-set QCA, csQCA）、模糊集（Fuzzy-sets QCA，fsQCA）、多值集（Multi-value QCA, mvQCA）三种主要分析方式。这一方法的基本立场在于，社会科学中的绝大部分命题都可以写成主系表结构句式，因而可以用集合之间的隶属关系来表述[①]。那么考察某一现象/事件发生的原因，就转化为求证若干条件变量在多大程度上是作为结果变量的集合的子集。其基本操作流程包括样本抽样、变量设计与赋值、单变量必要性检测、真值表构建、条件组合分析，由此通过具体案例向集合数学的转换与运算最终在致使结果发生的多重因素中发现最具解释力的条件组合方式。

定性比较分析主要运用布尔代数进行数据运算。研究者根据变量出现或不出现的实际情况以 0 或 1 代码对后者进行赋值，出现为 1，反之为 0，由

① 毛湛文. 定性比较分析（QCA）与新闻传播学研究 [J]. 国际新闻界，2016，38（4）：6-25.

此搭建起逻辑真值表（truth table），记录导致结果发生的所有变量组合的情况。随后分析软件基于“布尔最简化”法则对条件组合进行合并与简化。“如果在两个布尔代数表达式中只有一个条件取值不同，且他们得出相同的结果，那么这个取值不同的条件是冗余的、可以删除的”[①]。用逻辑表达式表示如下：

若变量A、B、C同时发生导致Y出现，即A*B*C=Y；
且B不发生，A、C发生时导致Y发生，即A*~B*C=Y；
则（A*B*C）+(A*~B*C)=Y，
化简得A*C=Y[②]。

在完成对条件组合的最简化操作后，通过对简化后的条件组合进行基于所有样本的覆盖率与一致性的计算，分析软件最终确定对结果影响最为显著的组合。

综合国内外已有研究来看，定性比较分析在电子商务、信息系统、社交平台、公共管理等领域已有较为成熟的应用。国内新闻传播学界大约自毛湛文的引入[③]后开始关注这一方法，整体上仍处于起步阶段[④]。案例分析与比较研究是我国新闻传播学研究中善用的思路，与定性比较分析的结合，将进一步提升同类研究的严谨性与可信度。

（二）应用合理性阐释

第一，从视听传播的客观实际来看，并不存在单个因子发挥作用的理想状态。中华优秀传统文化视听内容能够打破圈层，实现高热度传播同样是一

① RAGIN C C. The comparative method：Moving beyond qualitative and quantitative strategies[M]. Univ of California Press,1987.

② 布尔代数用大写字母表示集合，表达式中的其他符号为运算符号，“*”表示“逻辑和”，“+”表示“逻辑或”，“~”表示“逻辑非”，“→”或“=”表示“推导出”。

③ 毛湛文.定性比较分析（QCA）与新闻传播学研究[J].国际新闻界，2016，38（4）：6-25.

④ 吴炜华，张守信.全媒体人才之业界需求：基于定性比较分析方法[J].现代传播（中国传媒大学学报），2020，42（3）：154-161，168.

个多因并发的事件，这从前文所提炼出的一系列关键要素便可管中窥豹：中华优秀传统文化视听传播涉及多个阶段，每个阶段又有多个主体参与其中，其面向网络用户的创新以及打破圈层的行动实践更是系统化、规模化的。从简单的因果逻辑出发，这个过程中所出现的，有别于以往主流媒体视听传播实践的因素，均能被视为对最终结果有影响作用的条件。另外，中华优秀传统文化视听内容能否实现广泛、高热传播也并非这些因子平均或线性作用下的累积性结果①，而是这些因子在相互作用下形成的组合型条件结构影响的最终结果。

第二，尽管实现中华优秀传统文化视听内容的高热度传播受多种、多方面因素影响早已是学界共识，但常用的传统分析路径未必能充分说明产生某一特定结果的原因。无论是质性研究方法还是量化的回归分析，在具体的论述时均不可避免地回到特定因子与结果一对一关系的独立解析中，实际上仍无法站在系统整体的视角对复杂性问题形成解释力，在研究方法上亟待进一步发展提升。与之相对应，定性比较分析在技术进路上不再过分关注主流还原论的边际效应，而是重点考虑整体论下的组态效应，客观上为解决视听传播研究的相关问题提供了一种新的参考范式。

第三，作为一种多案例分析方法，定性比较分析能够避免单一案例研究的局限，兼顾不同案例的异质性与预警性。同时，其对样本规模的要求不高，理论上研究样本量保持在10—60个这一区间均可②，因此在研究中运用更加灵活。另外，定性比较分析对质性与量化两种进路的吸收与融合使其一方面具有丰富的情境信息，另一方面也具备处理大量案例的逻辑和经验强度③。

基于以上三点，在本小节研究中引入定性比较分析的方法可认定为合理且必要的。

---

① 彭祝斌，范岳鋆，朱晨雨.欧洲焦点事件在华传播热度的影响因素及作用机制——基于30起案例的模糊集定性比较分析[J].新闻与传播研究，2021，28（2）：106-125，128.

② BENNETT A, ELMAN C. Qualitative research: Recent developments in case study methods[J]. Annual Review of Political Science 2006,9:455-476.

③ RAGIN C C. The comparative method: Moving beyond qualitative and quantitative strategies[M]. Univ of California Press,1987.

二、样本选取与变量设计

（一）样本抽样

为满足“保证案例总体的充分同质性与案例总体内的最大异质性”[①]的抽样原则，研究选取B站作为案例来源。B站是我国年轻世代进行媒介活动的主要网络聚集地，其2019年第一季度财报数据显示，18至35岁的用户权重达到78%[②]。同时，作为青年亚文化高度聚集的网络社区，B站拥有大量亚文化圈层，圈层文化发展较为成熟。因此，主流媒体视听内容在B站的传播情况能够较为典型地反映主流媒体面向年轻群体进行“破圈”传播所取得的实际效果。另外，相比其他视频平台，B站对视频播放情况数据的统计更为细化、全面，除播放量与评论外，还包括弹幕、点赞、收藏、转发以及投币等多项数据，这些数据指标为更加准确地评估视听内容的传播效果（尤其是同网络用户的互动情况）提供了有利条件。本项研究从主流媒体在其B站账号于2022年内正式发布的中华优秀传统文化视听内容中选出20件代表性产品作为分析样本。在筛选过程中，研究者借助百度搜索、微博、豆瓣等平台的相关资料进行判定与选择，以尽可能保证样本的多样性与典型性。样本详见表7-1。

表7-1　主流媒体在B站发布的20个传统文化视听内容典型案例

编号	视听内容	发布账号	编号	视听内容	发布账号
1	斯文江南第一期 绍兴风骨	东方卫视番茄台	11	美炸天！当敦煌飞天遇上冰雪运动 跨越千年的同框竟然如此动人	新华网
2	【2022元宵奇妙游】《回马枪》二次元国风！416女团宿舍遁入异空间？	河南春晚官方	12	中国传统文化创意短片《这些都是中国的》华美上线！	央视频

① 里豪克斯，拉金[M].QCA设计原理与应用——超越定性与定量研究的新方法.杜运周，李永发，译.北京：机械工业出版社，2017：19.

② 陈睿：B站成年轻人的主流平台，新增主要来源是三四线城市[EB/OL].（2019-05-28）[2023-01-22]. https://www.sohu.com/a/317139295_226897.

续表

编号	视听内容	发布账号	编号	视听内容	发布账号
3	中国节气－春分奇遇记	河南春晚官方	13	“中国茶”申遗成功 | 完整版非遗申报片来了！	央视频
4	《长城长》第 1 期 雄关漫道	内蒙古广播电视台	14	这十年流行过什么？都画进清明上河图	央视网
5	《中国礼 中国乐》1：中式婚礼可以有多美？张晓龙推荐中华婚仪	齐鲁频道	15	开展啦！国宝亲口告诉你，他们是怎么到达香港的	央视网
6	【屠洪刚《定军山》】“征衣轻弹，拜见我一统江山”	人民日报	16	【忆江南】这群老戏骨把“富春山居图”演活了	央视新闻
7	文物开口唱嗨了！你一定没听过的《达拉崩吧》	人民日报	17	还有诗和远方·浙江诗画篇第三季第 1 期 温岭篇（上）：初见	浙江卫视
8	整个活！让国宝文物来场说唱 battle	人民日报	18	老外第一次穿汉服的反应：太香了	中国日报
9	2022 花开天下·国韵新年演唱会	四川卫视	19	汉服小姐姐法国街头古筝演绎中国风	中新视频
10	首部三星堆 8K 纪录片：走进三星堆	新华社	20	《最美中轴线》第二季，和希林娜依·高一起踏上中轴拾音之旅吧～	最美中轴线

（二）变量设计与锚定

变量共分为结果变量与条件变量两种。本次分析的结果变量设定为样本内容的传播效果，具体量化为视听内容热度指数（H）。以往对于视听内容传播效果的判断主要基于其在平台之上的播放量，这种评价方式标准相对单一，未能更加全面地体现用户对于视听内容的反馈情况。与此同时，各视频平台的播放量计算方式各不相同[①]，未有统一的行业标准，因此基于播放量进行跨平台的对比并不具有现实意义。随着头部网络视频平台爱奇艺、腾讯视

① 如爱奇艺在 2018 年以前的播放量统计包含视听内容正片与高相关度片段（如预告片与花絮）的播放量，腾讯视频的播放量包括正片播放量与专辑播放量两大类。优酷、芒果 TV 也有着各自的计算标准。

频先后建立内容热度系统，综合传统播放行为、用户对内容的喜爱程度以及内容社交活力三个方面的数据指标，对视听内容的传播表现进行综合、科学分析，这种评估方式逐渐成为受到普遍认可的新标准。以公开资料中可查询到的 2019 年 B 站视听内容热度值的计算方式为例，其基本逻辑为对投币、收藏、弹幕、评论等数据的加权取和。本研究主要据此进行视听内容传播热度的计算，即计算公式为：

$$H=0.4N_{coin}+0.3N_{fav}+0.4N_{danmaku}+0.4N_{reply}+0.25N_{view}+0.4N_{like}+0.6N_{share}$$

其中，N_{coin} 为用户投币数，N_{fav} 为收藏数，$N_{danmaku}$ 为弹幕数，N_{reply} 为评论数，N_{view}、N_{like}、N_{share} 分别代表播放量、点赞量与转发量。变量赋值以截至 2023 年 1 月 22 日 24 点 B 站平台的实际数据为标准。考虑到所有样本传播热度指数的平均数易受数据中的极端值影响，故使用中位数来了解本组数据的中间水平。经计算，20 个案例的热度值中位数为 93217.85，高于这一中间水平认为该传统文化视听内容“破圈”传播效果较好，赋值为 1。反之，低于中间水平的赋值为 0。

在条件变量的识别与提炼上，一般常用的方法共有五种，分别为理论视角法、研究框架法、问题导向法、现象总结法与文献归纳法[①]。本项研究对条件变量的确定综合了问题导向与研究框架两种方法。在前文的论述中，我们已对主流媒体推动中华优秀传统文化视听内容面向年轻群体、多元话语社群实现有效连接的主要行动要素进行了详细分析，围绕进一步探索它们对于结果变量的组合性作用这一中心问题，研究采用“内容—传播”框架从两个维度在已讨论过的要素中进一步筛选中心条件，最终提炼出 8 个条件变量。内容维度变量包括文化融合（CC）、话语风格（DS）、前沿技术（AT）、内容形态（CF）四个变量，传播维度的变量分别是传播矩阵（DM）、多元联

① 张明，杜运周．组织与管理研究中 QCA 方法的应用：定位、策略和方法 [J]. 管理学报，2019，28（16）：1312-1323.

动（JC）、社交互动（AI）与热点话题（SL）。各变量内涵及赋值方式说明如下：

（1）文化融合。如在第三章围绕中华优秀传统文化视听内容的扎根理论分析所发现的，通过不同文化元素的融合混搭进行内容的流行化形塑是主流媒体推动“年轻化”、吸引年轻群体的重要途径。文本内容中明显调用流行亚文化元素以及网络热点模因的样本赋值为 1，反之赋值为 0。

（2）话语风格。通俗化、接地气的语态转向作为主流媒体“破圈”实践的关键抓手已成为学界与业界的共识。言语表达主动贴近年轻群体的文化旨趣，找寻同“Z 世代”的共同语言，被认为能够拉近主流媒体与网络用户间的距离，为互动对话、情感共鸣的实现提供了基础[①②]。视听内容在语言表达中采用口语化、网络化的表述方式，并展现出“萌”“燃”“暖”“软”等明显情感基调的样本被认为话语风格有明显改变，赋值为 1，反之赋值为 0。

（3）前沿技术。前沿技术应用在打造视觉奇观、强化沉浸感体验方面具有重要支撑作用，既为中华优秀传统文化可视化呈现的想象力与创造力的释放创造了可能，也是视听内容吸引力的主要来源。样本中在视频主体部分（除片头、片尾及节目包装以外的部分）运用 8K、XR、AI 等数字技术的赋值为 1，反之为 0。

（4）内容形态。锚定轻量化、短平快的内容形态创新以适配移动社交传播场景的行动路径受到广泛认可，但鲜见有实证性分析论证其是否为决定视听内容传播效果的必要条件。故内容形态亦值得在本次分析中予以考量。B 站本身的技术特性决定了平台上的中华优秀传统文化视听内容以视频形态作为载体，因此内容形态这一变量在本次分析中主要考察传统节目形态与短视频、Vlog 等对结果影响力的差别，具体以视频时长为分类依据。目前关于短视频时长问题并未形成较为明确的统一标准。有观点认为，短视频是一个宽

① 王若彤．网感表达：主流媒体的创新趋势——以央视融媒体实践为例 [J]. 电视研究，2021（5）：59-60.

② 何天平，宋航．以产品化思维推动媒体融合创新——基于主流媒体短视频传播的考察 [J]. 中国记者，2022（8）：49-52.

泛的概念，时长在30秒到20分钟范围内的视频均可称为短视频[①]。本项研究主要依据第三十一届中国新闻奖对短视频专题时长的规定，以8分钟作为短视频认定的标准[②]。内容时长不超过（含等于）8分钟的样本赋值为1，超过8分钟的赋值为0。

（5）传播矩阵。该变量主要考查样本是否通过立体式的传播矩阵进行分发。同一视听内容通过3种及以上渠道进行传播的样本被认为形成传播矩阵，赋值为1，反之赋值为0。

（6）多元联动。借助具有较强传播影响力的头部“自媒体”创作者进行合作联动是一种行之有效的引流方式。通过策划运维整合优质外部资源参与中华优秀传统文化视听内容的传播，有助于完善主流媒体的传播网络，丰富末端传播链路，形成网络环境中的正向传播合力[③]。在样本中，如有除主流媒体本身以外的其他创作者，赋值为1，反之赋值为0。

（7）社交互动。社交性、互动性的打造被视为主流媒体深度融合创新的必要性策略[④⑤]，其最基本，也是最直接的体现是就网络用户的评论进行回复与互动。在本次分析中，如样本有在B站评论区，或对应的官方微博账号对用户评论进行回复的行为，则赋值为1，反之赋值为0。

（8）热点话题。一般认为，话题热点的出现将显著提升对应事件在公共空间中的曝光率与关注度。无论是主动策划还是客观形成的相关话题热点，往往对中华优秀传统文化视听内容的“出圈”产生有力的推动效果。研究选取微博热搜作为判定样本在传播过程中是否出现话题热点的依据。微博是中国网民获取信息的主要公地，截至2022年第三季度，其月活跃用户规模达

---

① 杨纯．古永锵：微视频市场机会激动人心[J]．中国电子商务，2006（11）：112-113.

② 第三十一届中国新闻奖评选办法[EB/OL].（2021-04-02）[2023-01-24]. http://www.zgjx.cn/2021-04/02/c_139854653.htm.

③ 翁旭东，曾祥敏．在场、组局、破圈——突发重大公共事件中主流媒体移动社会化传播的破与立[J]．电视研究，2020（9）：56-60.

④ 曾祥敏，刘日亮.2019年中国媒体融合发展综述[M]// 中国新媒体研究报告2019. 北京：人民日报出版社，2019：2-25.

⑤ 黄志凌．主流年轻态表达的创新策略——以川观新闻2021年全国两会报道为例[J]．青年记者，2021（14）：77-78.

到 5.84 亿人，在年龄、地域以及圈层方面均有较广的覆盖率。微博热搜榜反映了微博用户共同关注的信息，已经成为反映网络舆情的重要窗口，是公众判断某个人物、事件或现象在全国范围得到高热度传播的重要依据[①]。在传播过程中曾有相关话题登上微博热搜的样本赋值为 1，反之为 0。

变量设计与赋值情况见表 7–2。

表 7–2　变量设计与赋值

变量类型	变量名称	类型	赋值	权重（%）
内容维度条件变量	文化融合（CC）	调用流行亚文化元素及网络热点模因	1	40
		未调用流行亚文化元素及网络热点模因	0	60
	话语风格（DS）	使用口语化、网络化的表述并带有鲜明情感基调	1	45
		保持传统话语风格	0	55
	前沿技术（AT）	采用 XR、AI 等数字前沿技术	1	50
		未采用 XR、AI 等数字前沿技术	0	50
	内容形态（CF）	时长≤ 8 分钟	1	55
		时长＞ 8 分钟	0	45
传播维度条件变量	传播矩阵（DM）	分发渠道≥ 3 个	1	100
		分发渠道＜ 3 个	0	0
	多元联动（JC）	多元化的内容创作者合作联动	1	40
		创作者仅为主流媒体本身	0	60
	社交互动（IT）	B 站评论区或对应官方微博上存在同用户评论的互动行为	1	30
		在 B 站评论区或对应官方微博未见对用户评论的任何反馈	0	70
	热点话题（SL）	相关话题登上微博热搜	1	70
		于微博热搜榜未见相关话题	0	30
结果变量	传播热度（H）	热度值≥ 93217.85	1	55
		热度值＜ 93217.85	0	45

① 刘胜枝．微博热搜的价值、问题与完善 [J]. 人民论坛，2020（31）：100–102.

三、数据分析及结果

（一）单变量必要性检测

首先将所有变量及对应数据输入 fs/QCA3.0（Mac）软件中，执行单变量必要性检测，以探测在被分析的条件变量中是否存在导致结果变量发生的必要条件。举例来讲，若事件 A 是导致事件 B 发生的条件之一，如果事件 B 发生时事件 A 一定同时存在，那么 A 就是 B 的一个必要条件。也就是说，B 是 A 的一个子集。一致性指标（consistency）是探测必要条件的主要依据，所谓一致性，指的是“纳入分析的所有样本在何种程度上共享了导致结果发生的某个给定的条件”[①]。当一致性超过0.9时，则可以认定这一条件变量是中华优秀传统文化视听内容实现高热度传播的必要条件。其算法为：

$$\text{Consistency}(xi \leqslant yi)= \Sigma\,[\min(xi, yi)]/\,\Sigma\,(xi)$$

经分析软件运算，发现变量传播矩阵的一致性超过 0.9，说明当结果变量发生时，这一条件变量一定存在，即当中华优秀传统文化视听内容成功达到打破圈层、高热度传播的效果时，在视听内容的传播环节主流媒体一定通过立体化的平台矩阵进行分发。构建中华优秀传统文化视听内容的复合分发渠道是影响结果变量发生的必要条件。其他条件及相反条件的一致性均在0.9以下，且不足0.8[②]，也就是说，除传播矩阵以外，其他变量以条件组合的方式共同对结果形成影响，需进一步通过条件组合分析来对其作用力进行认识与阐释。单变量必要性检测结果见表 7–3。

---

① 曾祥敏，翁旭东．信息疫情形成与扩散的要素组合研究——对涉疫假新闻的模糊集定性比较分析 [J]. 青年记者，2021，715（23）：51–55.

② 一致性指标大于 0.8 的条件变量被认为是结果变量的充分条件。

表 7-3　单变量必要性检测结果

条件变量	结果变量 = 传播热度（H）	
	一致性（Consistency）	覆盖率（Coverage）
文化融合（CC）	0.363636	0.500000
~ 文化融合（~CC）	0.636364	0.583333
话语风格（DS）	0.636364	0.777778
~ 话语风格（~DS）	0.363636	0.363636
前沿技术（AT）	0.636364	0.700000
~ 前沿技术（~AT）	0.363636	0.400000
内容形态（CF）	0.636364	0.636364
~ 内容形态（~CF）	0.363636	0.444444
传播矩阵（DM）	1.000000	0.550000
~ 传播矩阵（~DM）	0.000000	nan
多元联动（JC）	0.454545	0.625000
~ 多元联动（~JC）	0.545455	0.500000
社交互动（IT）	0.272727	0.500000
~ 社交互动（~IT）	0.727273	0.571429
话题热点（SL）	0.727273	0.571429
~ 热点话题（~SL）	0.272727	0.500000

（二）条件组合分析

首先，通过 fs/QCA3.0（Mac）软件执行真值表运算，去除其中频数为 0 的若干行条件组合，因为这些理论上存在可能性的条件组合并未在 20 个样本案例中实际出现。其次，以 0.5 作为判定是否达到一致性的标准，不小于 0.5 的条件组合在其结果列中输入 1，反之赋值为 0。完成上述步骤后执行标准分析，得到简约解（parsimonious solution）、中间解（intermediate solution）与复杂解（complex solution）三种方案。由于中间解会“纳入有意义的逻辑余项并且不允许消除必要条件”，兼顾了运算的逻辑性与事实合理性，一般而言优于其他两种方案。且经对比发现，在本项研究中复杂解与中间解的分析结果完全一致，所以选择中间解进行解读与分析。中间解和简约解结果如

图 7–4、图 7–5 所示。

```
--- INTERMEDIATE SOLUTION ---
frequency cutoff: 1
consistency cutoff: 0.5
Assumptions:
                            raw          unique
                          coverage      coverage     consistency
                          ----------    ----------   ----------
cc*ds*at*cf*~it*sl        0.181818      0.0909091    0.666667
ds*at*cf*jc*~it*sl        0.181818      0.0909091    1
~cc*ds*~at*~cf*jc*~it*~sl 0.0909091     0.0909091    1
cc*~ds*~at*cf*jc*~it*~sl  0.0909091     0.0909091    1
~cc*ds*at*~cf*~jc*it*~sl  0.0909091     0.0909091    1
~cc*~ds*at*cf*~jc*~it*sl  0.181818      0.181818     1
cc*ds*at*~cf*~jc*it*sl    0.0909091     0.0909091    1
~cc*ds*~at*cf*jc*it*sl    0.0909091     0.0909091    1
solution coverage: 0.909091
solution consistency: 0.909091
```

图 7–4　中间解结果

```
--- PARSIMONIOUS SOLUTION ---
frequency cutoff: 1
consistency cutoff: 0.5
                  raw          unique
                coverage      coverage     consistency
               ----------    ----------   ----------
jc*~sl          0.181818      0.0909091    1
~cc*ds          0.363636      0            1
~cc*cf          0.363636      0            1
ds*at           0.454545      0            0.833333
at*cf*~it       0.454545      0            0.833333
at*~it*sl       0.454545      0            0.833333
at*~jc*sl       0.363636      0            0.8
solution coverage: 0.909091
solution consistency: 0.909091
```

图 7–5　简约解结果

根据拉金与皮尔·菲斯（Peer C. Fiss）提出的标记方法[①]，可将条件组合分析结果可视化为表 7–4。变量发生在表中用符号“●”表示，不发生的情况用符号“⊗”表示。同时，在中间解与简约解中出现的变量 / 变量组合为核心条件，对应符号的字号相对较大，中间解相对于简约解所独有的变量 / 变量组合为边缘条件，对应符号的字号相对较小。在中间解方案中一共出现 7 条组合构型一致性为 1，超过阈值 0.9，对中华优秀传统文化视听内容的高热度传播这一结果变量的影响力最高。对覆盖率做进一步观察，可得构型 2

① RAGIN C C, FISS P C. Net effects analysis versus configurational analysis: An empirical demonstration[J]. Redesigning social inquiry: Fuzzy sets and beyond,2008,240:190−212.

与构型 6 相对更高。也就是说，“话语风格 * 前沿技术 * 内容形态 * 多元联动 *~ 社交互动 * 热点话题”与“~ 文化融合 *~ 话语风格 * 前沿技术 * 内容形态 *~ 多元联动 *~ 社交互动 * 热点话题”两种条件组合在样本范围内对中华优秀传统文化视听内容高热度传播的实现影响更为突出，对结果变量有更强的解释力。

表 7-4 中间解中各条件组合的可视化标记

变量构型	中间解							
	H1	H2	H3	H4	H5	H6	H7	H8
文化融合（CC）	•		⨂	•	⨂	⨂	•	⨂
话语风格（DS）	●	●	●	⊗	●	⊗	●	●
前沿技术（AT）	●	●	⊗	⊗	●	●	●	⨂
内容形态（CF）	●	●	⊗	•	⊗	●	⊗	●
多元联动（JC）		•	●	●	⊗	⨂	⊗	•
社交互动（IT）	⨂	⨂	⊗	⊗	•	⨂	•	•
热点话题（SL）	●	●	⨂	⨂	⊗	●	•	•
一致性	0.666667	1	1	1	1	1	1	1
原覆盖率	0.181818	0.181818	0.0909091	0.0909091	0.0909091	0.181818	0.0909091	0.0909091
净覆盖率	0.0909091	0.0909091	0.0909091	0.0909091	0.0909091	0.181818	0.0909091	0.0909091
全部结果覆盖率		0.909091						
全部结果一致性		0.909091						

四、两种行动组合路径的分析与阐释

通过以上数据分析环节，本研究发现中华优秀传统文化视听内容在网络圈层环境下实现广泛触达与高热度传播的两种典型行动组合路径。

（一）DS*AT*CF*JC*~IT*SL=H

DS*AT*CF*JC*~IT*SL 即“话语风格 * 前沿技术 * 内容形态 * 多元联动 *~ 社交互动 * 热点话题”，其中除多元联动外，其他变量均为核心条件。对这一条件组合的解读为：在视听内容以短视频形态进行呈现，采用年轻态、网感化的话语风格并展现出鲜明的科技感、沉浸感，同时在传播期间有相关热点话题登上微博热搜的情况下，即便传播主体未有效做好同受众的社交互动，且无论在视听内容上是否调用流行亚文化元素，中华优秀传统文化视听内容也能够实现高热度传播。例如，新华社 B 站官方账号发布的《首部三星堆 8K 纪录片：走进三星堆》以微纪录片的形式展现了自 2020 年新一轮发掘启动以来在三星堆遗址新发现的祭祀坑中出土的文物。在话语风格上，视频从文物纪录片宏大、严肃的风格转向平民化的个体叙事，由年轻的考古发掘队员用自己的话语风格向观众介绍新出土的文物，“开盲盒”“小猪佩奇”“金龙鱼”等表述使内容表达更为鲜活有趣，这也引发了大量的弹幕互动。不仅 8K 技术的运用极大地丰富了用户的视觉体验，而且“首部三星堆 8K 纪录片”的宣传也起到了吸睛的作用。在传播运维上，新华社同拥有百万级粉丝规模的历史国风类“自媒体”史图馆联动合作，有效推动了视听内容在相关圈层中的触达与扩散。此外，同一时期关于三星堆新发现以及视听内容本身的多个话题登上微博热搜，更是将这一短视频带入受各圈层普遍关注的舆论公地，有效发挥了曝光与引流的重要作用。在这一系列多重因素的共同作用下，该视听内容取得 131.9 万次播放量、6 万次点赞、2766 条弹幕的显著成绩。

（二）~CC*~DS*AT*CF*~JC*~IT*SL=H

~CC*~DS*AT*CF*~JC*~IT*SL 即“~ 文化融合 *~ 话语风格 * 前沿技术 * 内容形态 *~ 多元联动 *~ 社交互动 * 热点话题”，其中发挥主要作用的核心条件为前沿技术、内容形态与热点话题。这一条件组合的含义为，在呈现要素与叙事方式上未有明显变化，且以传统方式进行传播的中华优秀传统文化视听内容仍然有可能获得较高的传播热度。在这种情况下，“短视频 + 技术奇观 + 热点话题”是扭转视听内容传播效果的重要路径。也就是说，若视听内容具有技术亮点，以短视频形态进入传播渠道，那么借助主动策划或客观形成的相关热搜话题的“东风”，能够面向青年亚文化圈层形成可观的穿透力与影响力。例如，新华网上线的短视频《美炸天！当敦煌飞天遇上冰雪运动 跨越千年的同框竟然如此动人》以 Milo 与 XR 技术所打造的结合飞天仙境与冰雪世界的奇幻空间构成主要亮点，并选择在北京冬奥会开幕前一天在全网各主要端口置顶推送多语种版本，借力重要历史时刻形成全民热点，以全面、精准的策划运营，收获 2.8 亿人次的全网访问量。这种变量构型也证实了从大型节目中拆条而来的视听内容同样能够得到网络用户的广泛关注，实现高热度传播。例如，总台虎年春晚节目《忆江南》凭借基于 XR、CG 等技术所营造出的“人在画中游”的视觉奇观引发广泛关注，在相关热点话题持续发酵的同时，总台将其单独拆条，以“【忆江南】这群老戏骨把‘富春山居图’演活了”的标题于央视新闻 B 站账号发出，让用户在移动端快速重温甚至“无限循环”。尽管未主动同用户进行互动，却赢得用户上千条评论与大量弹幕刷屏，在用户“再来亿遍”“准备开头见吧”“20 遍了谁懂”等一系列积极反馈中，节目的传播热度实现最大限度的延伸。

五、结论与思考

显然，通过上述针对主流媒体在 B 站发布的 20 个传统文化视听内容样本的定性比较分析，以及最终得到的两条具有较高覆盖率的典型行动组合路径，在本节开篇提到的三个问题已然有了答案：

第一，在所分析的八个条件变量中，探测到传播矩阵是实现中华优秀传统文化视听内容高热度传播的必要条件。全方位、立体式的传播矩阵体系已成为新语境下主流媒体建设中的基础设施，同一产品的多元、多次分发也已经从早期的探索性尝试转化为一种规范性操作。这也为上一节中有关立体分发行动的逻辑性与必要性的阐述提供了有力的实证支撑。

第二，经分析，可认定中华优秀传统文化视听内容的高热度传播是一种多因并发而非单因主导的事件。在本研究中，除传播矩阵以外的七种变量以条件组合之形式共同对结果变量发挥作用，其中“话语风格 * 前沿技术 * 内容形态 * 多元联动 *~ 社交互动 * 热点话题”与“~ 文化融合 *~ 话语风格 * 前沿技术 * 内容形态 *~ 多元联动 *~ 社交互动 * 热点话题”是两种最典型，也是成功率相对最高的条件组合形式。此外，纵观所有一致性达到 1 的条件组合，中华优秀传统文化视听内容高热度传播的实现至少需要同时满足两种条件。

第三，构型内的诸个影响因子处于一种相互缠绕的状态。结合中华优秀传统文化视听传播实践的一般实际，至少能够有以下三点认识：

（1）中华优秀传统文化视听内容的高热度传播，是内容生产与传播运维两个维度共同作用的结果。条件组合中至少出现一个内容维度的变量和一个传播维度的变量。也就是说，实现中华优秀传统文化视听内容的“破圈”传播要将生产环节与传播环节摆在同一高度，两手同时抓，两手都要硬，解决“酒香不香”之间的同时，须兼顾“巷子深”的化解之法。

（2）从提炼出的两种典型构型的核心条件来看，前沿技术与热点话题两个变量有较强的相关性。这意味着生产过程中运用前沿数字技术的视听内容在传播过程中可能更具话题性，更容易受到网络用户的关注。

（3）传播端相比生产端建设仍有待进一步强化。综合各有效条件组合中的核心变量分布来看，目前整体上内容层面的行动因素所发挥的作用更多。在传播端，尤其值得注意的是社交互动这一变量指标，在不少条件组合中为缺失状态，而在该变量出现的构型中也均为边缘条件，影响力相对有限。可以看出，在以“破圈”传播为指向的行动体系中，生产端的建设更为成熟与系统化，而传播端则是当下中华优秀传统文化视听传播体系建设中应重点提升的领域。

回顾整个研究过程，需要指出的是，本研究仍有进一步优化的空间。首先，为基于统一的计量标准对样本案例进行赋值、比较，研究选取样本内容在B站平台的一揽子数据作为参考。尽管所选案例均来源于隶属于主流媒体的官方账号，但仍然不能排除不同媒体在实际传播运营中因各自的策略定位及整体资源分配的差异，所导致的对B站平台运营的实际重视程度各异的可能性。是否能够避免此类可能存在的情况对样本变量测量的潜在干扰，能否进一步将样本置于相对更加均质的环境中进行比较，有待于进一步探索和改良。其次，本项研究主要采用清晰集定性比较分析方法，对变量状态进行0、1二分的赋值。然而在赋值过程中发现，部分变量呈现的状态并非只有两种，也有变量本身属性较为模糊，处于“是”或“否”之间的中间地带，对这些变量进行二分法赋值并不准确。因此，在后续研究中，可以尝试引入模糊集定性比较分析的方法，通过在0到1的区间设置多个值来使变量对于相应状态的隶属度更为细化，从而进一步提升研究的科学性与有效性。最后，在本次研究中还有一个较为有趣的发现。从分析结果来看，中华优秀传统文化视听内容对流行亚文化元素的调用对于高热度传播的影响相对并不突出。为何有这样的数据呈现，还需深入理论、数据与实际情境，在后续的相关研究中寻找答案。

借用马克思关于货币流通的诠释[①]，在视听传播的场域之中，意义的流通是作为载体的视听内容的传播为其赋予的运动形式。当精细编织的话语从起点出发，在以社会为尺度的空间中由其生产者不断流转于其他个体/群体之间时，才为这种意义赢得广泛认同、实现社会性主导创造前提。相比专注于同文本、形象与景观对话的内容生产，传播通路的建立则因其不得不随时处理同外界环境及其中的多种行动者的关系而更为复杂和难以控制。如今，这种结构性矛盾主要来源于网络传播生态的圈层化。本章也正是在探寻中华优秀传统文化视听传播如何应对这一挑战的答案中不断深入，在层层追问中逐步拼起了关于主流媒体行动方法论的完整认识。

---

① 原文为“商品流通直接赋予货币的运动形式，就是货币不断地离开起点，就是货币从一个商品所有者手里转到另一个商品所有者手里，或者说，就是货币流通”。参见马克思，恩格斯．马克思恩格斯全集（第二十三卷）[M]．中共中央马克思恩格斯列宁斯大林著作编译局，译．北京：人民出版社，1972：134.

本章首先通过文献梳理与逻辑思辨的方式实现对“圈层”这一生活生产热词的学理性认识与理论化抽象。由圈层的类聚与区隔所带来的是异质性意义体系的壮大与多元话语间的竞争。要实现和巩固认同建构，主流媒体须着手寻找不同群体的共同话语，弥合不同立场的差异。落实在实际行动层面，最基础也是最关键的就是依托圈层间的结构洞广泛建立连接，通过关系赋权实现对不同话语圈层的辐射。在对 10 位主流媒体的中华优秀传统文化视听内容的创作者的半结构访谈中，研究细细考察了受访者所在团队围绕上述行动目标所设立的机制与实际开展的工作，发现组织架构与人事制度优化、复合式传播矩阵与差异化分发策略、以社群运营强化用户黏性、发力人格化 IP 打造、通过产业化实现价值延伸组成了主流媒体在中华优秀传统文化视听内容传播环节的主体行动逻辑。在清晰集定性比较分析的方法驱动下，研究试图进一步廓清这些行动要素与中华优秀传统文化视听内容“出圈”效果之间的关系以及它们的相互作用形式。经数据检验，本研究在样本案例的范围内发现，搭建复合式传播矩阵是有效强化中华优秀传统文化视听内容在圈层环境中传播影响力的必由之路，同时证明其他行动要素同视听内容的最终传播效果之间的关系并非独立与线性的，而是以条件组合的方式形成作用合力。作为一种探索的尝试，本研究亦从数据分析结果中提取出两条具有较高可能性与解释力的行动路径，它们阐释了在不同条件组合下实现中华优秀传统文化视听内容高热度传播的策略框架，希望以此能够为中华优秀传统文化视听传播的实践实际与本土方法论的发展提供启发与参考。

第八章　网络用户群体的媒介参与与认同塑造

话语理论分析的中心任务在于求索如何在多元、开放的话语性场域之中以一种特定的方式形成相对固定的意义结构以及主客体认同，最后所达成的这种状态便是话语理论分析中所说的领导权。那么针对作为有机的话语实践体系的中华优秀传统文化视听传播这一研究对象，在先后完成对其所置身的历史语境，接合实践的具体机制，以及意义流通策略的考察后，本章聚焦作为话语实践的实际影响力与引导力，尝试在对传播效果的深描中阐释认同的建构机制（图 8–1）。

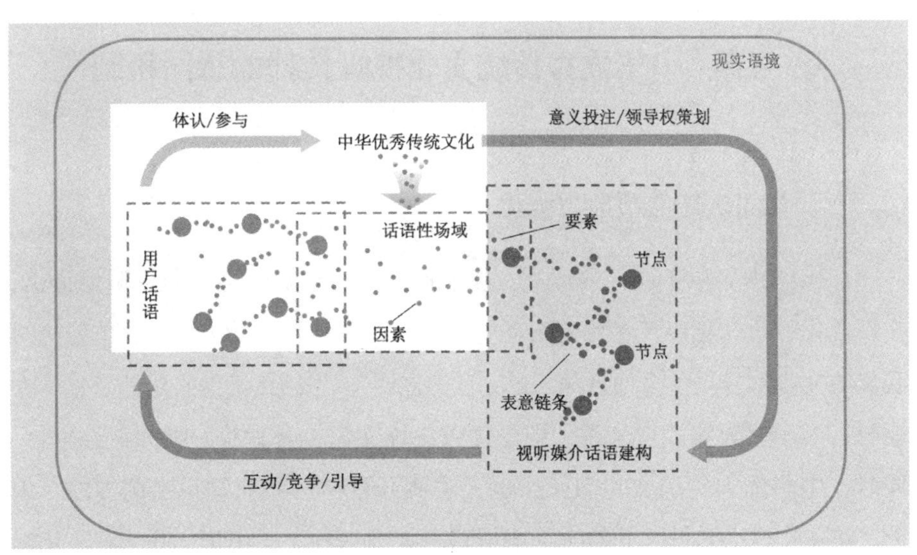

图 8–1　本章主要研究内容示意

作为被给予创新中华优秀传统文化的转化利用、推动民族复兴、繁荣发展社会文化、强化社会主义意识形态建设以及提升主流媒体融合转型竞争优势等多项诉求的话语实践，中华优秀传统文化视听传播的价值引领至少体现在两个相互关联的维度上。首先，面向广泛的社会主体提供了一套具有说服力的、被广泛接纳的表征、阐释中华优秀传统文化的模型，使主流媒体所构造的视听景观与意义体系成为全社会关于中华优秀传统文化之想象的基本秩序，也就是媒体战线所强调的传播力、引导力、影响力、公信力的提升与实现。在对媒介化的中华优秀传统文化——中华优秀传统文化视听内容形成认同的基础上，传播主体得以在消费者自主多元的身份立场建立纽结点进行勾连，实现对这些差异性的主体立场的同一性改造，进而围绕民族文化乃至民族、国家唤起或构造起普遍文化身份认同，即党的二十大报告与《关于实施中华优秀传统文化传承发展工程的意见》所强调的文化自觉与自信的明显增强。中华优秀传统文化视听传播如何成功地实现面向广泛社会主体的意义与价值的认同召询，从而真正完成认同建构？这是本章所致力于回答的问题。

第一节　中华优秀传统文化视听传播的认同机制

一、共同认知的塑造与强化

认同的建立源于认知的形成。费孝通“文化自觉”之论断鲜明地指出，在现代化、全球化以及多元化新环境中取得适应与转型的主动权，首先应对我们的文化本身具备全面且深入的“自知之明”[①]。相比其他娱乐性、艺术性题材，对于业界实践者来说，中华优秀传统文化本身就是一种知识性素材。同时，中华优秀传统文化的弘扬也无法离开具体的文化知识点的支撑。因此，将中华优秀传统文化搬上大小屏幕可视为一种关于中华优秀传统文化知识的生产方式。能够最为直观且突出地体现中华优秀传统文化视听内容这一客观属性的便是《中国汉字听写大会》《中华好诗词》，以及一直延续至今的

① 费孝通．对文化的历史性和社会性的思考[J]. 思想战线，2004（2）：1-6.

《中国诗词大会》这类知识竞赛型的内容。在信息大爆炸的网络空间中，关于中华优秀传统文化的内容铺天盖地，质量却参差不齐，更存在大量误读、曲解，甚至盲目否定的声音。而来自主流媒体的优质内容则构成了用户获取中华优秀传统文化权威知识信息的重要来源，引导用户形成对于中华优秀传统文化的正确认识，培养起其对于中华优秀传统文化一般事实的基本判断能力。如此，通过知识的不断生产与传播，社会大众对中华优秀传统文化的认知得以进一步得到深化与整合，形成关于中华优秀传统文化的基本共识，为更高层次的认同的孕育与形成奠定基础。

（一）满足全面、多元的认知需求

中华优秀传统文化视听内容如雨后春笋般地集中涌现与快速迭代，无疑推动了其整体规模的显著扩大。与此同时，在新技术与新理念的加持下，传播主体对于中华优秀传统文化资源的开掘范围也得到进一步扩展，更多子领域及相关的文化知识被转化为视听化的数字符码进行传播。在这两方面因素的共同作用下，中华优秀传统文化知识的产能在视听传播领域得到极大释放。这种品质优、密度高、规模大的硬核知识输出，满足了用户在认知中华优秀传统文化方面迫切且多元化的需求，使用户能够对中华优秀传统文化的基本外在表现与主要价值内核形成全面了解，形成正确认知，摸清自己国家与民族的文化家底。

对此，来自前文对于近三年具有代表性的中华优秀传统文化视听内容的抽样样本的一组简单分析数据便是一个很好的论据。52 件用于扎根理论分析的视听样本涵盖了古诗词、传统戏曲、民族节日、国宝文物、非物质文化遗产等 23 个细分知识领域，可见展现种类之多元，观照范围之广泛。随着中华优秀传统文化视听内容的不断改进推新，一些往常难以用视听手段进行表达与传播的中华优秀传统文化知识也活灵活现地出现在用户的掌上、眼前。例如，《秒墨中国心》在普及书法美育方面的突破性探索，《衣裳中国》对于传统民族服饰及相关文化的深入开掘，为弥补中华优秀传统文化的视听传播空白，强化公众对于这些不甚熟悉的领域的了解发挥了宝贵作用。

（二）重塑知识传播方式与认知意愿

诚如麦克卢汉所提出的“媒介即信息”的观点，知识的形态与传播方式随主导性媒介形态的流变而不断演化。“媒介技术的变革一方面从根本上优化了传播环境，另一方面通过塑造主体的观察方式、感知方式、思维方式来现实地推动知识生产与知识传播”[①]。长期以来，无论是学院教育还是日常生活中知识的获取，知识传播被打上印刷媒介鲜明的烙印。知识被高度抽象为文字符号，并要求人类以一种抽离于自身以外的视角线性、理性地学习。而在“大视听”时代，可视化成为知识传播演进的突出特征。知识信息被转化为直观、具象的图像文本，更多感官卷入知识传播的过程中，人们在“拟真”叙事与“联觉”体验中，完成对知识由具体感性到理性认知的升华[②]。

视听传播使优秀传统文化得以通过一系列多样化的表现手段实现具象化呈现。特别是对于那些受到时空以及人类自身感官限制而不可见的中华优秀传统文化知识，如上古神话、历史故事、制度文化、思想观念这些更多见于书籍文献中的文化构成，传播主体通过艺术化演绎或视觉技术特效使其变得可视可听。尽管最终目的在于中华优秀传统文化知识的有效传播，但传播主体并不想使视听内容如课堂一般运行。“（虽然）确实有点像老师上课，知识就是这些，但我就是要尽各种方法增强知识的趣味性，让大家对它感兴趣。”（C04）“我们其实是……寓教于乐，在观看的时候接受到美的享受，感受到传统文化的美，然后去了解它，认知它。”（C07）创作者不断强化视听内容的趣味化与审美化，让用户在视听内容带来的身心愉悦感所激发的心流体验（flow experience）中实现知识获取。如此，知识获取与理解的难度减小，用户更乐于主动了解中华优秀传统文化。

① 赵涛．电子网络时代的知识生产问题析论 [J]. 哲学动态，2015（11）：22-28.

② 王晟添．知识观的重塑与视听微叙事传播——以短视频媒介下的知识传播为例 [J]. 求索，2022（5）：68-76.

二、基于感性体验的情感动员

在事实认知的基础之上，中华优秀传统文化视听传播也对内容消费者的情感世界施加了不可忽视的影响。所谓情感动员，指“通过情感运作以唤起、激发或者改变人们对事物的认知、态度以及评价的过程”[①]。作为人类的本能反应，情感是人们快速做出决策的首要依据，对个体行动具有重要的影响。有研究证明，受众在选择媒介产品的活动中显著受到情感的引导与影响[②]。中华优秀传统文化视听内容依托视听要素与意义表达实现对用户的情感刺激，给用户以积极的情感体验，促使用户对视听内容及其承载的话语进行正向解码，也为更加深度的良性互动建立基础。在不断巩固个体与视听内容间日渐紧密的情感关联的同时，传播主体也通过视听内容在异质化的个体间培养起相似的情感体验，使其依靠“共同感情”这一天然的亲近性实现内聚与整合，构建起想象的共同体，不断扩大对中华优秀传统文化的认同。

（一）情感耦合的建立

从“互动仪式链”的角度来看，中华优秀传统文化视听传播本质上是一种互动仪式的构建以及一段时间内的维系。在开始阶段，个体受传播者通过诸种视听要素所构建的视觉奇观的吸引，或在主观或客观形成的相关舆论热点所激发的群体传播和人际传播的推动下，实现同中华优秀传统文化视听内容的“巧遇”，产生瞬时的感同身受、如临现场般的沉浸式情绪体验。随着同视听内容间互动的积累（如“追剧”这样稳定关系的形成，或如网友所说的对同一视听内容的“魔性循环”等），以及充满情感与艺术张力的视听展演所带来的持续性移情，最初短暂的情绪转而演变为长期的、稳定的情感力量。横亘在传者与受者之间的情感畛域得以消解，从而为中华优秀传统文化视听传播过程中持续保持双方的可沟通性创造了条件，在共同心理与情感之

① 白淑英，肖本立 . 新浪微博中网民的情感动员 [J]. 兰州大学学报（社会科学版），2011，39（5）：60-68.

② VORDERER P. Appraisal of Emotions in Media Use：Toward a Process Model of Meta - Emotion and Emotion Regulation[J]Media Psychology,2008,11(1):7-27.

上促进对传播内容的接纳与认同，实现心智的共通与意义的共享。

（二）主动的情感表达

持续的情感动员与情感积累驱动着用户主动进行情感表达，展示与分享其在中华优秀传统文化视听内容消费过程中的情感体验。这种个人情感世界的外显主要通过点赞、评论以及发弹幕的方式实现。其中，点赞或点亮红心是个体对视听内容表达正向反馈最简单的一种形式。给予赞 / 红心的反馈，直接且直观地反映了个体在观看过程中所获得的愉悦与满足，展现了对视听内容的肯定与喜爱。同时，点赞 / 红心数进一步将用户的正向情感量化，使传播者能够清楚地了解视听内容的传播效果，对中华优秀传统文化视听传播活动形成激励。其次，通过发表评论，个体能够使用文字、emoji 表情符号[①]以及网络表情包更为详细地阐述自己对于中华优秀传统文化视听内容的感受，实现个人情感体验的完整传达。其他用户也能够对评论进行回复和讨论，由此进一步形成基于同一视听内容的持续性情感共享。弹幕的使用则更进一步，它改变了内容传递与用户反馈的异步分离[②]，更加清晰地展现了唤起用户情感反应的耦合点在视听内容中的位置，也让用户在观看的同时参与共时性的情感交流，从而构建起集体性狂欢的情感场域。

（三）情感共同体的形成

情感具有感染性与运动性，以达成情感传播的最大化为出发点与落脚点。当个体通过转发进行情感扩散，以及通过评论、弹幕相互进行彼此情感表达的解析与交流时，一种具有显著共通性的情感体验在个体之间形成，激发群体积极建立情感联结。而当社会关系中包含了共同的情感时，群体成员才得以形成一种共同体关系，构建起具有显著凝聚与整合功能的有机结构。这种情感共同体以服膺中华优秀传统文化视听内容之话语意义作为维系整体

---

① emoji 与图片、表情包相区别，是一种文本类型的象形符号，能够在文本输入的地方使用，这也是其原本被称为“绘文字”（日语词汇，假名写法为“えもじ”）的原因。Emoji 最早出现于日本，自被苹果公司在 iOS 5 输入法中引入后，这种表情符号开始席卷全球，目前已被大多数现代计算机系统所兼容的 Unicode 编码采纳，普遍应用于各种手机短信和社交网络中。

② 谭雪芳 . 弹幕、场景和社会角色的改变 [J]. 福建论坛（人文社会科学版），2015（12）：139−145.

结构的价值观，在共同情感的持续高涨之下，以诸如“此生无悔入中华”“如果奇迹有颜色，那一定是中国红”的集中表达，不断对共同体身份进行确认。同时，在共同情感的维系与驱动下，群体成员也被广泛动员起来，积极参与关于中华优秀传统文化的视听媒介活动，以集体行动所迸发出的巨大能量进一步推动中华优秀传统文化在更广阔的社会层面中的弘扬与发展。

三、参与式文化下的社会性生产

用户主动地将中华优秀传统文化视听内容的消费过程转化为创造性的文本生产也是中华优秀传统文化视听传播引领机制的重要维度。这种基于已有媒介文本的积极再创作被前数字时代的德赛杜（Michel De Certeau）视为一种消费者从生产者手中争夺文本意义阐释权的“盗猎”（poaching）战术[①]，一种日常生活中“权且利用”（the art of making do）的艺术[②]。沿着这一理论脉络，詹金斯（Henry Jenkins）在针对美国电视剧粉丝的“文本盗猎”（textual poacher）活动的观察与描述中发展出“参与式文化”（participatory culture）的概念。如今，将个体经验同媒体文本中的有益碎片进行融合创作，从德赛杜所言的游击战术演变为习以为常的日常媒介实践，流行范围也从粉丝群体几乎延展到整体网络用户。在中华优秀传统文化视听传播的引领与激发下，用户通过“改写、修改、补充、扩展、赋予其广泛的多样性”[③]等方式，按照自己的想法创作出同主流媒体所生产的中华优秀传统文化视听内容相关的大量全新文本。源自用户自身以及流行于网络的碎片化的图像、文字、言论、音乐等，同原本的视听内容连接成为一个远超后者本身的互文性网络，进一步完善并拓展了主流媒体围绕特定中华优秀传统文化所构建的意义世界。这种广泛的、滚雪球式的内容生产使主流媒体生产的中华优秀传统文化视听内

① DE CERTEAU. The Practice of Everyday Life[M]. S RENDALL trans. University of California Press, 1984:174.

② DE CERTEAU. The Practice of Everyday Life[M]. S RENDALL trans. University of California Press, 1984:37.

③ 詹金斯 . 融合文化：新媒体与旧媒体的冲突地带 [M]. 杜永明，译 . 北京：商务印书馆，2012：371.

容获得更为持久的传播热度，来自用户个体或圈层群体的各种话语也被有效调用起来，自主参与对关于中华优秀传统文化的主流话语的阐释、演绎与补充，在全社会范围内形成强大舆论合力。更重要的是，参与式文化对民间集体智慧的激发极大地推动了文化生成的社会化，中华优秀传统文化的继承弘扬与创造性转化、创新性发展转变为全民参与、全民共创的公共文化事业，显现出更旺盛的活力与强劲的动力。

（一）围绕媒体内容的文本同构

在对媒体内容的挪用中，用户主要通过拼贴（bricolage）与戏仿（parody）两种策略实现不同文化材料的并置与融合，从而实现同主流媒体的意义同构与价值共享。拼贴指的是"一种即兴或改编的文化过程，客体、符号或行为由此被移植到不同的意义系统与文化背景之中，从而获得新的意味"[①]。有学者将其通俗地解释为利用近在手头的事物完成创造的过程与成果[②]。也就是说，拼贴最大的特点在于，若仔细观察其内部的每个部分，它们都是已有的，甚至是熟悉的，而共同构成的整体却是全新的，具有截然不同的气质。因此，能否处理好各个文本碎片的相互关系，将其进行巧妙的整合是拼贴的关键。在围绕主流媒体生产的中华优秀传统文化视听内容所展开的拼贴实践中，将内容相类似的段落组合在一起以强化情感的表达，或将反差较大的元素相组接以形成搞笑效果，都是用户较为常用的手段。

如果将拼贴看作一种"拿来主义"式的挪用，那么戏仿则更接近于"旧瓶装新酒"的形式。戏仿是对媒体内容文本或风格的模拟与仿效。"那些风格的独特性在戏仿中被夺取和使用，从而创作出模拟原作的摹仿"[③]。戏仿的特殊魅力源于戏仿文本与源文本之间的相似性，相似性非常接近或相差甚远都能够产生鲜明的滑稽感与反差感。在以往有关亚文化的研究当中，戏仿通

---

① 费斯克．关键概念：传播与文化研究辞典（第二版）[M]. 李彬，译．北京：新华出版社，2004：31.

② MARKHAM A.Bricolage.[M]//E NAVAS,O GALLAGHER,X BURROUGH. Keywords in remix studies. New York & London: Routledge,2018:44.

③ 何静，王春平．戏仿·拼贴·反讽——影片《大电影之数百亿》后现代叙事策略探析 [J]. 电影评介，2007（18）：39–40.

常被理解为借用反差形成荒诞效果以对源文本及其承载的话语发挥戏谑、颠覆以及解构的作用。但在中华优秀传统文化的参与式文化实践的实际语境中，戏仿的功能则更多是正向的、建构性的。以2023年总台春晚舞蹈节目《碇步桥》为例，节目在春晚的走红吸引了大量用户在短视频平台上对舞蹈动作的模仿。这些来自民间的舞蹈版本或惟妙惟肖，或憨态可掬，以身体展演的方式实现对《碇步桥》的个体体验，展现出用户对于节目的认同与喜爱。它们所发挥的作用更多是延展性外化而非颠覆性异化，为节目内容更广范围、更持久的传播注入了活力。

（二）中华优秀传统文化类UGC内容的生成

在充分调动起用户对于特定传统文化视听内容的关注与体验的同时，中华优秀传统文化视听内容的高热度传播也进一步提升了用户对于中华优秀传统文化本身的兴趣，吸引、鼓励用户广泛投入关于中华优秀传统文化的UGC内容生产与分享当中，同主流媒体相呼应，成为中华优秀传统文化视听传播场域中的重要补充，共同推动中华优秀传统文化的传承、发展与创新。例如，汉服、古装、民族舞蹈、民乐演奏等中华优秀传统文化已融入年轻用户群体的日常记录之中，成为较为常见也较具流量的UGC内容。以B站为例，在2021年一年内，仅民族舞蹈一类的自制原创视频增长达到155%①。从创作者规模来看，围绕中华优秀传统文化进行内容生产的“自媒体”规模也在明显扩张。以短视频平台抖音为例，根据字节跳动与武汉大学、中国传媒大学的联合调研，截至2019年初，拥有过万粉丝的传统文化类抖音创作者突破2000人，粉丝超过50万的头部创作者超过400人②。此外，一部分具有较强传播影响力的优质UGC创作者参与到主流媒体的中华优秀传统文化视听传播实践当中，同主流媒体合作，共同进行优质视听内容的生产。通过参与式文化实践的广泛接力，用户碎片化的表达得以凝聚为一种集体性的话语协

① bilibili年度国风数据报告[EB/OL].（2022-02-04）[2023-02-04]. https://www.bilibili.com/read/cv15258656/.

② 【报告】抖擞传统：短视频与传统文化研究报告发布[EB/OL].（2019-05-14）[2023-02-04]. https://www.sohu.com/a/314012549_750267.

同，在规模化的网络参与中不断强化对主流话语的确认与支持。

第二节　基于《2022 端午奇妙游》弹幕的情感分析

2021 年，河南卫视牛年春晚中的舞蹈节目《唐宫夜宴》在网友的自发推广下“意外”走红，此后，在各省级卫视中相对低调的“河南力量”成为全国关注的热点。在进一步围绕《唐宫夜宴》进行灵感开掘与拓展的基础上，河南广电推出了“中国节日”系列内容，着力围绕重大民族传统节日讲好中国故事，由此缔造了中华优秀传统文化视听传播实践中的“河南现象”。截至 2023 年初，“中国节日”系列已完成 2021、2022 两季的播出，每季包含元宵、清明、端午、七夕、中秋与重阳六期内容[①]。同时，几乎每期内容均涌现出若干话题性节目，如 2021 年《端午奇妙游》中的《祈》（又称《洛神水赋》），《七夕奇妙游》中的《龙门金刚》，2022 年《清明奇妙游》中的《陇上踏歌行》等。据统计，“中国节日”系列 2021 季全网流量突破 300 亿次[②]，2022 季更是达到 605 亿次[③]，取得了受众较高的认可度、美誉度与忠诚度。作为中华优秀传统文化视听传播实践中的“焦点事件”，“中国节日”系列可以说是考察用户对于中华优秀传统文化视听内容认同实况的鲜活材料。本节内容选取 B 站上《2022 端午奇妙游》的弹幕文本作为研究对象，采用内容分析法对受众的情感倾向予以测量与计算，试图通过这一个案的深入调查，具体考察中华优秀传统文化视听内容的实际传播效果，从情感维度检验相关主流话语所产生的认同效应。

① “中国节日”系列最开始的两期内容名字分别为《元宵奇妙夜》与《清明时节奇妙游》，从 2021 年 6 月的《端午奇妙游》起，这一系列的视听内容的命名方式统一为“节日 + 奇妙游”。

② 钱林林 .“中国节日”系列节目的艺术表达创新 [J]. 文化月刊，2023（1）：60–62.

③ 文旅文创“融”起来 [EB/OL]. 河南省人民政府门户网站 .（2023–01–07）[2023–02–05]. https://www.henan.gov.cn/2023/01-07/2668882.html.

一、情感分析方法综述

文本情感分析也被称为意见挖掘，属于内容分析法中的一种常用进路。情感分析以自然语言处理与文本挖掘技术为基本手段，通过对文本中蕴含的情感态度的挖掘与归类，实现对文本观点以及主观倾向的获取与分析。钟佳娃等对于2011年到2020年情感分析相关文献的计量分析显示，情感分析研究随着大数据的发展在10年内整体呈现持续增长态势，特别是自2013年谷歌推出针对自然语言处理的深度学习工具Word2Vec以来，情感分析进入发展的快车道①。作为自然语言处理领域的研究热点，情感分析在舆情监测、市场感知、用户画像、传播效果分析等方面具有较为突出的应用价值。综合已有研究来看，情感分析主要可通过三种分析技术实现，分别为情感词典法、机器学习法以及深度学习法。

（一）情感词典法

情感词典法即借助一定的情感词典对文本中抽取出的与情感表达相关的情感特征词的语义倾向进行打分，通过加权算法或简单加总的方式进行情感值计算，根据最终的计算结果判定文本整体的情感极性。这些情感词典一般为人工构建，常用中文情感词典有知网的HowNet、大连理工大学的中文情感词汇本体库、台湾大学的NTUSD等。例如，张公让等通过词性标注的方法对HowNet词典进行自定义添加，进而构建起专门的情感词典，针对快递服务业的网络客户评论数据的整体情感偏向进行计算，并以此为参照分析影响因素，为快递企业提出改进服务的方法②。宣长春、林升栋采用情感词典法对国外关于“一带一路”的英语新闻报道进行情感分析，发现共建国家相对非共建国家报道情感更为正面，文化距离过近或过远都会造成情感的负面化。情感词典法相对便于理解和分析，在文本充足的情况下解析准确度较

① 钟佳娃，刘巍，王思丽，等.文本情感分析方法及应用综述[J].数据分析与知识发现，2021，5（6）：1-13.

② 张公让，鲍超，王晓玉，等.基于评论数据的文本语义挖掘与情感分析[J].情报科学，2021，39（5）：53-61.

高。这种方法依赖于先行构建的成熟的情感词典，因此需要提升扩充与迭代的速度才能更好地适应当前网络用语层出不穷之下的分析需求。

（二）机器学习法

机器学习法首先以带有标注的语料作为训练集对计算机进行训练，从中抽取特征，形成基于依赖关系进行判断的算法模型，也就是情感分类器，之后再由分类器实现对新语料中情感倾向的自动分析。常用的机器学习方法有朴素贝叶斯（naive Bayes, NB）、支持向量机（support vector machine, SVM）、K 最近邻（K–nearest neighbor, KNN）与隐含狄利克雷分布（latent Dirichlet allocation，LDA）主题模型。在媒介与传播学研究中，任中杰等运用基于朴素贝叶斯方法形成的分类器对 2015 年天津“8・12”危化品爆炸事故的网络舆情的情感态势演化进行分析[①]；杨艺明、潘一嘉综合采用情感词典与 LDA 主题模型对党史知识科普系列视频《长征始末》的弹幕文本进行分析，验证了青年群体对于由新媒体传播的红色文化表现出主动接近的态度[②]。相较于情感词典法，机器学习法的扩展性与可重复性相对更高[③]。但训练集本身的质量以及分类器的选择都会对分析结果造成影响。另外，王婷、杨文忠指出，机器学习法不能充分利用文本上下文的语境信息，导致分类的准确性受到一定影响[④]。

（三）深度学习法

深度学习本质上属于机器学习的一个分支，但随着近年来的快速发展，成为文本情感分析中的一种热点技术。与机器学习训练机器形成算法模型不同，深度学习的“深度”体现在其致力于建立深层次的人工神经网络，更进

① 任中杰，张鹏，兰月新，张琦，夏一雪，崔彦琛．面向突发事件的网络用户画像情感分析——以天津“8・12”事故为例 [J]. 情报杂志，2019，38（11）：126–133.

② 杨艺明，潘一嘉．青年的党史情感表达与媒介实践方式——基于 B 站“长征始末”系列视频弹幕情感分析 [J]. 新媒体研究，2021，7（13）：79–82，89.

③ 钟佳娃，刘巍，王思丽，杨恒．文本情感分析方法及应用综述 [J]. 数据分析与知识发现，2021，5（6）：1–13.

④ 王婷，杨文忠．文本情感分析方法研究综述 [J]. 计算机工程与应用，2021，57（12）：11–24.

一步地模拟大脑的学习过程[①]，从而实现理解与分析数据的功能。比如，长短时记忆网络（Long Short-Term Memory，LSTM）、卷积神经网络（Convolutional Neural Network，CNN）为相对常见同时具有一定代表性的深度学习模型，在针对媒介文本的分析中展现出较强的解释效力。例如，周娜、何润奇基于 LSTM 模型对网络评论数据的情感分析来评价《国家宝藏》的传播效果，以尝试改变以收视率为主的传统评价方法[②]。再如，张海涛等运用卷积神经网络设计出针对微博舆情的情感分类模型，并通过对 # 打呼噜被室友群殴 # 的微博话题下相关数据的分析检验了模型的实际分析效果[③]。深度学习法能够更加主动地对文本的语境、顺序等方面的信息进行主动学习，其智能化水平也使其避免对特定模型结构的过度依赖，然而深度学习模型的建立要基于大规模数据集的训练，同时对于研究人员对于神经网络相关知识储备的要求较高，具有较高的理论与技术门槛。

二、基于 Python 与 ROST CM6 的研究设计

在研究设计上，本项研究的实验过程分为三个环节，按实验流程依次为数据集获取、语义网络分析与情感分析。

使用 Python 编辑器 PyCharm（版本 2022.3.2）进行脚本编写（见附件二），从《2022 端午奇妙游》的 B 站平台页面中提取弹幕文本。由于 B 站对同一视听内容上可显示的弹幕数设有限制，若总数超过一定的阈值，则早期弹幕内容就会被自动覆盖。一般情况下这一阈值为 1000。调取《2022 端午奇妙游》的弹幕端口进行源代码检查，发现平台对该视频的最大弹幕显示数设定为 3000，2023 年 1 月 10 日实际抓取 3427 条弹幕，占历史弹幕累积总数的 81%，覆盖率较大。随着传播时间的增长与传播效果的沉淀，这些发布

---

① 陈钊．面向中文文本的情感分析方法研究 [D]. 哈尔滨工业大学，2016.

② 周娜，何润奇．基于文本情感分析的文化综艺节目综合评价——以央视文化类综艺节目《国家宝藏》为例 [J]. 中南民族大学学报（人文社会科学版），2019，39（5）：175-180.

③ 张海涛，王丹，徐海玲，等．基于卷积神经网络的微博舆情情感分类研究 [J]. 情报学报，2018，37（7）：695-702.

时间相对更近的弹幕文本也更能展现平台用户对于视听内容的真实态度。

接着，对初步得到的原始数据预处理。在以人工方式完成弹幕内容的繁简字体统一、无关语句剔除、表情符号转化为同义文字、同义词归并等操作后，在 Python 语言环境中编辑新的脚本，引入哈尔滨工业大学停用词表去除各条弹幕文本中的停用词[①]。由于中文文本中的汉字是连续书写的，不像英文文本单词之间存在天然间隔，因此还需执行分词处理，按照词组将文本转化为用空格间隔的字符串。在所编辑的脚本中使用中文分词组件 jieba，采用精准模式进行分词，最终得到有效数据集做进一步分析。

下一步，将完成清洗与分词处理的数据集输入内容挖掘工具平台 ROST Content Mining 6 中执行语义网络分析（semantic network analysis）。语义网络分析主要通过词语出现的频率以及词语间的共现关系来挖掘文本的含义，进而以可视化的方式揭示文本生产者的认知结构[②]。先使用软件执行文本内容的词频与共词矩阵分析，之后执行共词语义网络分析，从而获得可视化的共词分析图，供进一步进行解读与分析。

在对弹幕文本的整体信息内容建立起初步认知的基础上，使用情感分析进一步挖掘隐含于这些信息背后的情绪状态。相比于其他类型的文字性文本，弹幕语句较为简短，且数据集规模相对较小，故情感词典法更适合用于执行本项研究中的情感分析。本研究所选用的情感词典为大连理工大学林鸿飞团队开发的中文情感词汇本体库[③]，该词典在保罗·艾克曼（Paul Ekman）情感六分体系[④]上进一步扩展、细化，建立起包含七大类、二十一小类的中文情感分类体系（见表 8-1）。在 Python 脚本上采用杨秀璋提出的算法框

① 停用词（stop words）指人类语言中被频繁使用，但基本没有实际意义的词，如汉语中的“的”“地”“得”等，这些词语无助于表达一个主题，在信息检索时也不能作为主题词来使用。因此，为节省存储空间和提高处理效率，这些词语会在处理自然语言数据时被自动过滤掉。

② DOERFEL M L, BARNETT G A. A semantic network analysis of the International Communication Association[J]. Human Communication Research, 1999(4):589−603.

③ 参见徐琳宏，林鸿飞，潘宇，等 . 情感词汇本体的构造 [J]. 情报学报，2008，27（2）：180−185.

④ EKMAN P. Facial expression and emotion[J].American psychologist, 1993,48(4):384−392。

架[①]，先后进行情感词分布分析与情绪值计算，以实现对于用户情感态度的量化评估与有效判断。

表 8-1 中文情感词汇本体库情感分类

编号	情感大类	情感类	示例
1	乐	快乐（PA）	喜人、欢快、庆幸、眉开眼笑
2		安心（PE）	安好、平定、自在、合意
3	好	尊敬（PD）	先贤、致敬、祭拜、颂扬
4		赞扬（PH）	热潮、脆爽、新意、雄劲
5		相信（PG）	信奉、妥靠、铁定、有理有据
6		喜爱（PB）	甜头、爱上、如痴如狂、心动
7		祝愿（PK）	渴望、希望、展望、马到成功
8	怒	愤怒（NA）	失落、气愤愤、急眼、没好气
9	哀	悲伤（NB）	坠毁、伶仃、贫寒、心如刀割
10		失望（NJ）	叹息、死心、心灰意冷、无语
11		疚（NH）	抱疚、抱愧、失悔、抱恨终生
12		思（PF）	思念、望眼欲穿、挂记、期盼
13	惧	慌（NI）	慌乱、紧急、五色无主、忡忡
14		恐惧（NC）	可骇、凝惧、幽灵、在劫难逃
15		羞（NG）	脸红、丢脸、露丑、面红耳赤
16	恶	烦闷（NE）	折辱、昏黑、板脸、下不了台
17		憎恶（ND）	战祸、剥削、猖獗、苟延残喘
18		贬责（NN）	脏乱、招灾、株连、不成话
19		妒忌（NK）	嫉妒、醋意、红眼病、情敌
20		怀疑（NL）	猜忌、疑团、猜疑、动摇
21	惊	惊奇（PC）	错愕、我去、god、神奇

① 杨秀璋. 基于大连理工情感词典的情感分析和情绪计算 [EB/OL].（2020-08-09）[2023-02-13]. https://blog.csdn.net/Eastmount/article/details/ 107877713.

三、语义网络挖掘与关联特征分析

经 ROST Content Mining 6 分析后，得到关于弹幕文本的词频统计与共现语义网络。从表 8–2 来看，在 3427 条弹幕中，出现频率在 20 次以上（含 20 次）的高频词共有 28 个。从这些高频词及其排序可以解读出以下四点主要信息：第一，B 站平台上所上传的《2022 端午奇妙游》是由原本的 57 分钟压缩至 29 分钟的“纯享版本”，共包括《王风 · 采葛》《飞龙在天》《艾草青青》《定军山》《中国人的浪漫究竟有多浪漫》《屈子吟》六个节目，基本上均为表中的高频词覆盖到，也就是说，每个节目都受到了用户的关注与欢迎，并成功吸引用户在观看过程中开启话题进行表达与交流。第二，“好听”“好看”“漂亮”“好美”是弹幕中较为突出的带有明显个人态度的词语，反映了用户对于视听内容主导性的评价方向，而这类评价是否代表全部弹幕的整体情感倾向，仍有待更为精确的情绪计算做进一步验证。第三，“一统江山”词频最高，结合具体的视频内容来看，含有这一关键词的弹幕在屠洪刚表演、演唱的《定军山》最后一句歌词“征衣轻弹 拜见我一统江山”处密集出现，可见视听内容有效引发用户的情感共振。第四，“音源”“特效”“声音”同样也是弹幕的主要关注点，这印证了呈现方式的创新在提升传播效果上所发挥的实际效能。

表 8–2　弹幕文本高频词统计（词频≥ 20）

序号	关键词	词频	序号	关键词	词频	序号	关键词	词频
1	一统江山	130	11	新乡	39	21	特效	24
2	好听	128	12	定军山	37	22	三岔口	22
3	好看	105	13	飞龙在天	36	23	意公子	21
4	河南卫视	102	14	节目	32	24	鸡皮疙瘩	21
5	漂亮	62	15	中国	30	25	黄忠	21
6	河南	54	16	屠洪刚	27	26	声音	21
7	吴宣仪	54	17	音源	27	27	八里沟	20
8	好美	51	18	完整版	26	28	排面	20

续表

序号	关键词	词频	序号	关键词	词频	序号	关键词	词频
9	南阳	50	19	文化	26			
10	京剧	47	20	前方高能	25			

高频词反映舆论的主要内容与关键客体，共现关系则能够展现不同舆论中语义之间的关联特征[①]。图 8-2 是一个由 96 个节点与 141 条连线构成的语义网络。其中的节点表示弹幕文本里的高频词语，连线表示词语之间具有共现关系。节点拥有的连线越多，表示该关键词在不同弹幕文本中出现的次数越多，那么这一节点的中心度也越高。从视频弹幕的语义网络来看，“河南卫视”“河南”“文化”“屠老师”四个词语构成整个网络的核心子群，它们与其他词语联系最为紧密，更容易出现在弹幕之中。由此可见，河南的地域性特征以及文化的弘扬（在本项研究的样本语境中，文化指中华优秀传统文化），是用户评论《2022 端午奇妙游》内容质量与传播效果的核心指标。以“文化”节点为例，用户将视听内容同中华民族文化与地方文化关联在一起，也将“奇妙游”作为文化知识科普、为高考积累作文素材的重要渠道，同时用户也通过“感动”“自豪”等词语来表达自己对于视听内容所承载的中华优秀传统文化本身的文化力量的触动与感慨。在核心子群中，“屠老师”相对其他节点较为特别，因为它所对应的是整个“奇妙游”内容中的一个子节目《定军山》。其居于整个语义网络中如此中心的位置，直观地反映了这一节目在整个《2022 端午奇妙游》中的支柱性地位，如以往的《龙门金刚》《洛神水赋》一样，对视听传播的整体效果发挥关键性的拉动作用。对于《定军山》，用户首先关注到的是歌唱家屠洪刚的深厚唱功，在其歌声与表演的感染下注意力转移至歌曲主人公——老将黄忠，再由黄忠的形象与故事谈论到其老当益壮、忠义报国的精神，由此形成联系较为紧密的外围子群。

① 曾祥敏，杨丽萍．自媒体环境下首都网络舆论话语空间生产与引导——基于 2019—2021 年微博热搜的共词分析和案例研究 [J]. 现代传播（中国传媒大学学报），2022（3）：40-49.

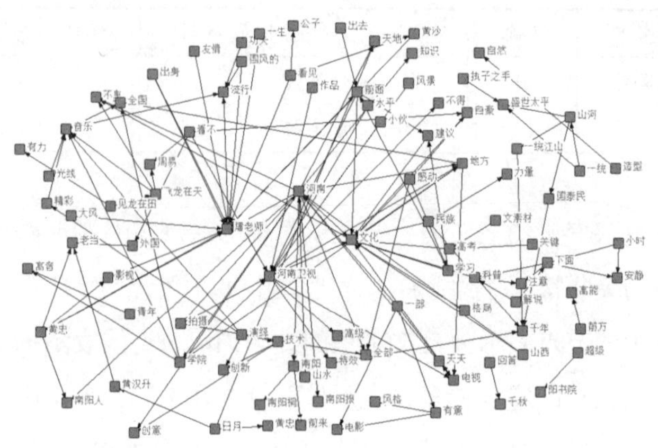

图 8-2 视频弹幕的共现语义网络

四、弹幕文本的情感计算和可视化

本研究依托中文情感词汇本体库对数据集里的情感词的识别，经 Python 算法模型分析，共抽取出 1280 个具有典型情绪特征的词语。在七类情感的分布上，情感“好”占比达到 75.488%，在所有带有明显情绪性表达的弹幕文本中居于绝对主导位置。仅次于“好”的情感类型为“乐”，占比 9.680%。占比最少的情感类型为“怒”，仅占整体的 0.078%。居于“乐”与“怒”之间的依次是“恶”（7.494%）、“惧”（4.294%）、“哀”（2.576%）与“惊”（0.781%）（图 8-3）。根据中文情感词汇本体库对于各类情感的极性划分，“好”“乐”“惊”三类下的情感词语绝大部分为褒义，小部分为中性，其他四大类情感词语则绝大部分为贬义，小部分为中性，因此可以根据七大类情感词语的分布情况做出初步判断，关于《2022 端午奇妙游》的弹幕评论整体主要呈现积极的情感倾向。

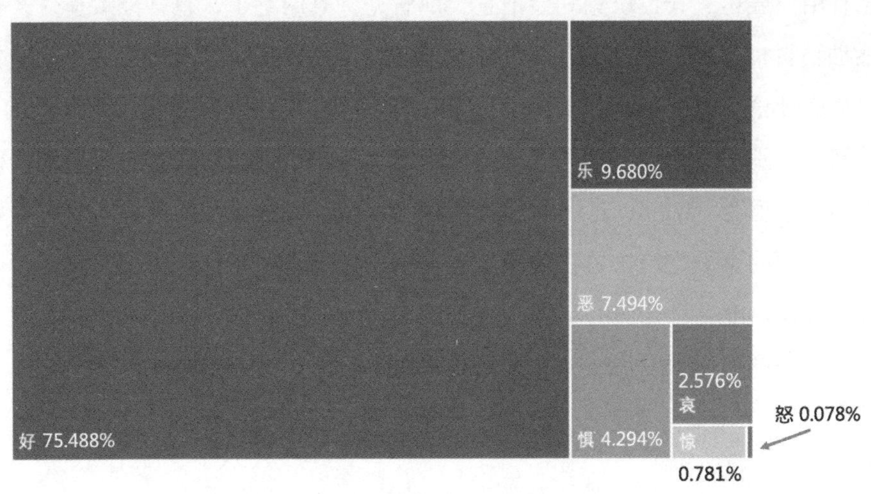

图 8-3　弹幕文本中七类情感词的分布

文本情绪值计算是通过对情感特征词进行赋值从而量化地计算每个语句的情感强度的一种方法。在本项研究中，弹幕的情绪值的计算公式为：

$$\sum_{i=1}^{n} S_i，S_i = P_i \times V_i$$

式中，n 代表每句弹幕中所包含的情感词语的数量，*S* 代表词语最终的情感值。*P* 为词语的情感极性，为便于计算，将中文情感词汇本题库中对中性、褒义与贬义这三种情感极性的赋值调整为 0、1、–1。*V* 是情感强度，即对于 *P* 值的加权值。中文情感词汇本体库将词语的情感强度设定为 1、3、5、7、9 五档，由 1 到 9 情感强度次第增大。此外，若在情感特征词前出现否定词，则将词语的情感值乘以 –1，出现程度副词则对词语情感值再次进行相应的加权。通过计算，最终得到每条弹幕的情感值，制成反映整体情感波动情况的折线图。可以看出，绝大部分弹幕的整体情感值为正，且用户在个人表达上情感的强烈程度不一。情感值最高（49 分）的弹幕谈道："河南卫视挚爱传承，弘扬中华优秀传统文化方面的确做得很杰出了，希望其他地方电视台也都跟起来呀。每个省都有自己独特的历史文化，都应该弘扬传统。"

也有用户表达“我也没想到会把它全部看完，真的绝了，感官极致享受，很感动！！！！！！”（27 分）、“好喜欢啊啊啊”（10 分）、“有创意”（3 分）。在负面评论中，有个别弹幕提出了视听内容画面切换较为生硬、画面光线不够亮、个别演员唱功不行等评论。将所有弹幕的情感分数取和，获得整个样本的情感值为 6228.5，这一情感强度相当可观，充分说明了用户对于“奇妙游”强烈的喜爱之情，更直观且具体地回答了这一中华优秀传统文化视听内容的传播热度究竟几何的问题。

各条弹幕文本的情绪分数如图 8–4 所示。

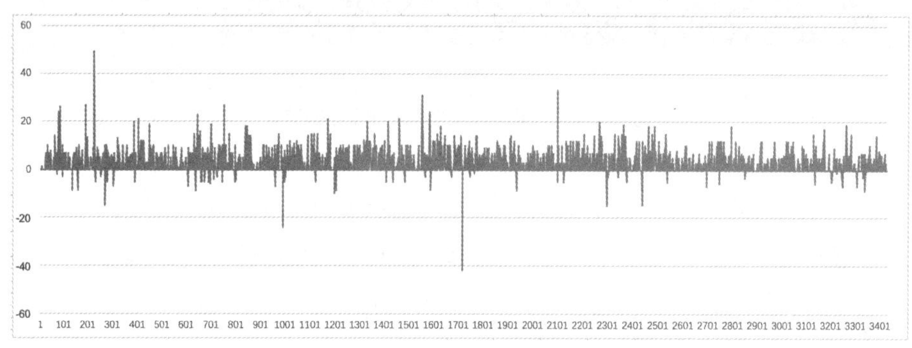

图 8–4　各条弹幕文本的情绪分数

将分布最广的“好”与“乐”两个大类的情感词汇以词云的方式进行可视化呈现，可以进一步反映用户对于《2022 端午奇妙游》的情感性意见的内容。在情感大类“好”的情感词词云图中，除了前文已经讲到的“江山”与“漂亮”，“喜欢”与“不错”同样是用户表达对于“奇妙游”内容的接受与认同较常用的表达。“宝藏”“精彩”“高级”“用心”“进步”“认真”等关键词的高频出现则更为细致地描绘出“奇妙游”在用户眼中的具体印象与心理定位。通过词云图也可以看出，《2022 端午奇妙游》最受用户认可的是视听内容的“创意”和“审美”，以及形成的“意境”与“气势”。以对于节目所营造的气势的弹幕为例，有用户以“气势磅礴”“气势如虹”等成语概括，有用户直言“这气势绝绝子”，也有用户不吝赞美道：“这气势，真是叹为观止。”（图 8–5）从情感大类“乐”的情感词词云可以看出，用户对于“乐”

的情感表达相对一致。很多用户习惯用含有“起来”的词语来形容自己在观看过程中获得的愉悦感，如弹幕中含有大量类似“鸡皮疙瘩起来了”“笑起来很好看”的语句，也有用户表示“看起来真是让人心旷神怡啊”，呼吁大家“捧起来”。此外，“舒服”“狂喜”“纵情”“悠悠”也是用户进行分享快感的主要词汇。另外，诸如“端午”“恭喜”“太平”“安康”等词语的大量出现说明用户在观看过程中积极进行端午佳节的祈福与祝愿，这意味着《2022 端午奇妙游》更为深层次的传播目标的实现，观看视听内容的愉悦体验有效转化为用户认同与弘扬中华优秀传统文化的内生动力（图 8-6）。

图 8-5　情感大类“好”的情感词词云

图 8-6　情感大类“乐”的情感词词云

五、结论与讨论

本节以《2022 端午奇妙游》作个案研究，通过对 3427 条 B 站弹幕的文本情感分析量化地考察了中华优秀传统文化视听内容所承载的主流话语与多元化的用户话语之间的互动过程，对这一传播过程中实际的引领与认同的效应如何产生进行了检验。经研究分析，本项研究得出结论：从情感的角度来看，《2022 端午奇妙游》在 B 站平台面向年轻网络受众群体实现了意义传递与价值引导，在视听传播过程中具备显著的引领力与影响力，展现出较好的传播效果与文化效应。这一结论主要由以下四点研究发现支撑：

第一，剪辑版“奇妙游”中的六个节目均受到用户的高度关注与热烈讨论，节目《定军山》更是现象级的，其弹幕热度、密集度甚至同核心关键词“河南卫视”处于同一级别。

第二，“河南卫视”“河南”“文化”是用户通过弹幕进行表达与交流的核心词，与“奇妙游”议程设置和舆论引导的大方向相契合。

第三，弹幕内容情感倾向多为正面，且情感表达整体较为积极、热烈。在其情感类型构成中，“好”一类情感词汇占据绝对主导位置。所有弹幕的情绪分值总和达 6228.5，情感强度较高。

第四，“江山”既是弹幕中最多被提到的词语，也蕴含着用户最为集中的情感表达，这反映了《2022 端午奇妙游》显著激发起用户的民族意识与爱国热情，提升了用户的认同感、归属感与自豪感。

从分析结果也可以看出，明星艺人、网红自媒体对于中华优秀传统文化视听内容引导、吸聚流量的效果明显。弹幕文本的高频词统计表与语义网络显示，吴宣仪、屠洪刚、意公子等都是用户弹幕意见的密接交汇点，具有较高的中心性与话题性。这也为前述章节中关于通过策划运维强化连接与黏性的行动选择之论述进一步提供了效果性辅证。

当然，本项研究也存在着一定的不足。首先，较大的样本规模给数据的整理与清洗带来一定的挑战。其次，尽管在实操过程中基于现有的情感词典进行了扩充，但由于网络用语更新速度快，从分析结果来看还是有一些较新的语汇未被有效识别，情感词典的构建还需进一步丰富和完善。最后，情感分析中情感值计算主要依托对关键词的检索和识别来实现，还不能做到对整个语句的表达意思的完全、准确理解。这样就可能出现句子中的每个情感词都做了正确的识别计算，但整个句子的情感倾向却相反的情况，如弹幕“这该死的高级感”由于“该死”比“高级”情感强度更大而被机器认定为负面，而实际上这一弹幕的情感极性为正；另外还会出现情绪打分与对应视听内容语境相悖的情况，如被判定为消极情绪的弹幕“那是，英语是最 low 的表达，生硬的一批”。在未来的研究中，这一问题或可从强化量化与质性分析方法的结合，或优化模型算法、强化训练的方向来进行改善，以进一步提升情感分类与分数计算性能的提升。

第三节　《典籍里的中国》相关用户内容生产的网络民族志考察

罗斯·梅菲尔德（Ross Mayfeild）提出的媒介参与的幂次定律表明，相对于观看、点赞与评论，内容的生产与重构意味着用户对于所消费的视听内容的更层次卷入[①]，这也意味着两种话语结构将产生更为系统与深入的互动。而从纵向的时间效力来看，仅就中华优秀传统文化视听内容而言，情感催化的认同是短暂的，而深度参与的成功动员所形成的影响力则是持久性的，因为其能通过内容生产获得丰富的个体经验，并同分布式生产的成果共同构建起一种更为稳定的共享文化体系。尽管有关参与式文化的研究早已指出其对专业媒介生产内容充盈与保鲜的总体性作用，但我们仍需深入这些承载着完整意义结构的用户生成内容之中，具体考察生产了什么，又是以哪些方式实现同主流话语的价值共创的。

① MAYFEILD R. Power law of participation[EB/OL].(2006-04-27)[2023-02-25].http://ross.typepad.com/blog/2006/04/power_law_of_pa.html.

对于这些问题的回答，还需还原到具体的案例情境之中，在普通用户的个体性经验回归与社会实践挖掘中寻找蛛丝马迹，提炼认知。本节研究选取《典籍里的中国》作为个案，考察网络用户围绕其所展开的相关内容生产实践。《典籍里的中国》是中央广播电视总台自 2021 年起推出的重点建设项目。节目从英国国家剧院戏剧电影项目 NTlive（National Theatre Live）汲取灵感，结合本土实情进行原创打造，以“戏剧 + 影视化”的创新模式讲述中华优秀文化中的典籍故事。《典籍里的中国》自开播起便迅速成为中华优秀传统文化视听内容中的“顶流”，第一季平均每期收视率达 1.132%，相关微博话题的阅读量超过 13 亿次，更掀起用户积极展开 UGC 内容生产的参与热潮。

在研究方法上，本项研究主要采用网络民族志的方法，概括地说，即“在虚拟环境中进行的、针对网络及利用网络开展的民族志研究”[①]。研究选取 B 站、微博、抖音、豆瓣、小红书五大主要社交平台作为线上田野，通过标签或关键词“典籍里的中国”进行检索，从而对这一中华优秀传统文化视听传播过程中用户的内容生产活动展开观察。观察进行的时间为 2022 年 10 月 5 日到 2023 年 1 月 12 日，主要观察对象为除基本的转赞评以外的用户生成内容。经过对所获取的典型文本的分析解读，研究发现，除了经常提到的局部凝视与重组（如粉丝文化中的“个人向 cut”[②]、片段集锦），用户围绕《典籍里的中国》展开的内容生产包括文本共享、意义阐释、身体实践、空间勾连和反向认同五种主要类型。

一、文本共享：打卡与推荐

《从莎草纸到互联网：社交媒体简史 2000 年》一书甫一开篇，作者斯丹迪奇（Tom Standage）便指出了分享是人类的天性[③]。在以分享为核心文化

① 卜玉梅．虚拟民族志：田野、方法与伦理 [J]. 社会学研究，2012，27（6）：217–236，246.

② 在粉丝文化中，个人向 cut 指粉丝从完整的视听内容中单独把偶像的镜头剪出来，再将这些镜头组合成一个新的视频。

③ 斯丹迪奇．从莎草纸到互联网：社交媒体简史 2000 年 [M]. 林华，译．北京：中信出版社，2015：19.

基因的网络环境中，用户的内容生产极大地受到了本能的驱使。关于一定内容文本的分享包含着两种逻辑：一是信息资源的分配方式，二是一种沟通方式。从有关《典籍里的中国》的用户生产内容来看，这两种逻辑常常交织在一起同时显现。而这些旨在分享《典籍里的中国》的内容生产实践又可主要分为两种类型——打卡与推荐。

在日常网络用语的词典中，"打卡"被赋予利用媒体对个体活动进行标记的意涵。通过图片或视频"打卡"，用户以类似"到此一游"般的隐喻完成对于《典籍里的中国》这一"网红"视听内容的标记与展现，并由此实现"我"同"他人"一样看过的群体性身份的彰显。如部分网友在自己的 Vlog 中所记录的：

> 我是小伟子呀："最近她一直给我推荐看《典籍里的中国》，昨天正好有机会一起看了一段。"
>
> 我是多多酱啊我："相信很多朋友应该之前就有听说过这档节目……我也是听过好多人安利过……然后我昨天看了第五期，论语的那一期，我觉得特别的好，所以我就迫不及待地今天和大家分享。"

也有用户通过短视频记录下观看《典籍里的中国》时的个人感受与实时反应。网友"别叫我 CC 老师"涕泗横流地讲述自己在观看《楚辞》一集时从彩排画面就忍不住开始哭泣，并把最打动她的屈原吃橘子皮的段落拍摄分享给他人，直言"为什么他哭我也哭"。在这一视频的简介中，她备注道"央视永远的神"。也有网友将镜头转向外国人，策划外国人看《典籍里的中国》时作何反应的视听内容。这类内容一般具有相对更为可观的传播效果，如用户"娱乐哔哔机"制作的视频《【外国人反应】给韩国人看典籍里的中国，只能说中华文化，源远流长！》仅在 B 站平台便收获 13.5 万次的播放量与超过 2800 次的点赞量。

在标记、展现自身的观看行为外，用户也主动向他人推荐这一在他们眼中被视为“宝藏”的传统文化视听内容。从 UGC 创作者的角度来看，这种推荐一方面展现出鲜明的利他倾向，即个体即使提前明晓将在时间、精力等方面做出投入与牺牲，也乐于实施亲社会的行为[①]；另一方面也或多或少地杂糅着创作者对于潜在回报的期待，这种回报可以是自我兴趣的满足，也可以是高流量、高关注度所带来的经济收益。例如，用户“网友苏苏不喝酒啊”以“我求你去看看，不好看你打我”作为视频标题，以朴素的感情向他人真诚推荐《典籍里的中国》。在视频中，她信誓旦旦地保证道：“就是天塌了地陷了，这个综艺也绝对不会出现任何塌房的情况，让扫雷区 up 主极度舒适的一个综艺。”网友“谁又 emo 了啊”更是把自己向朋友分享推荐的微信聊天过程录屏发到了网上，微信聊天界面中图文并茂的内容、苦口婆心的语句呼应了视频的标题——《给朋友按着头安利〈典籍里的中国〉的我》。再有“哇哇哇妹”将《典籍里的中国》纳入“冷门高分国综”推荐名单，为网友解决假期剧荒提供收视指南，相对于前两个例子，这一内容的专业化水平较高，在账号信息页也专门注有用于商务合作的联系方式。

二、意义阐释：解读与扩展

在文本由作者转移至读者手中时，对于文本意义不断反复进行阐释的开关就被开启了。在詹金斯看来，重读是形成粉丝文化所不可或缺的必要前提。进一步言之，重读也是参与式文化实践的突出特征。在本研究的田野视域内，存在一定数量的网络用户基于自身的兴趣点与知识结构对《典籍里的中国》进行个性化的阐释。这些星星点点的解读随着网络传播凝聚成一种社会化的意义生产过程，为元文本补充进大量更为细致与具体的细节与信息，从而形成一个远超过传播者明确表达以外的意义宇宙。

在线上田野中，许多用户选取《典籍里的中国》中的一个具体的知识点

---

① DICKERT S, SAGARA N, SLOVIC P. Affective motivations to help others:A two-stage model of donation decisions[J]. Journal of Behavioral Decision Making, 2011,24(4):361-376.

进行深入挖掘，制作相关的解读内容，供网友进一步了解学习。如账号“孙德一【老子道德经】”在《道德经》第一期节目播出后制作内容进一步讲解何为“上善若水”之智慧。身份标注为屈原传说非遗传承人的“橘圃开学”就《楚辞》一期中所提到的《橘颂》推出一系列内容进行专门的文学品读。《典籍里的中国》也受到中国台湾地区网络用户的关注。在观看之后，账号“番茄红了台湾”制作了长达 14 分钟的视频交流对于民族观与国家观的思考：

> “……我就突然深刻地认识到只有我们中华民族能够为共同的利益团结在一起……说真的看到这部剧后我去联想……这些（西方）殖民者，他们为了分裂和掌控，才告诉你，相同的民族也可以成为不同的国家。到现在我们台湾有这么多的人，他们接受了这些最初从杀戮和掠夺起家的这些人创造出来的谎言……我们中华民族的史观，反而被他们给忘记了……从这一部剧联想了很多东西，就慢慢发现，这样的观点其实非常非常的无知，我觉得大家真的要溯本清源地回来看一下。”

如上所述，很多意义的丰富性其实是在重读与重写的过程中由用户代入到元文本之中，并非在其中直接发现[①]。这种丰富性不仅来源于用户向纵深挖掘的解读，亦和在横向上的扩展密切相关。这些再造的或重新关联起的内容与已有的内容组合在一起形成新的意义空间，进一步拓展了人们对于《典籍里的中国》的整体性想象。

凭借着节目中所展现的伏生的形象、故事以及个人的理解，有微博网友创作出题为“伏生传经”的平面插画，温暖却不失大气苍劲的画面让人们对伏生传经的历史故事有了更多可感的认识。类似的还有小红书用户吸取节目中的视觉设计风格绘制了古风插画，以此在教师节为教育工作者送上节日祝

---

① 詹金斯．文本盗猎者：电视粉丝与参与式文化 [M]. 郑熙青，译．北京：北京大学出版社，2016：71.

福。除此以外，不少网友还延伸到与节目同名的系列书籍，以解读的方式带领人们熟悉除节目涵盖范围以外的其他二十四史中所载的重要历史人物以及他们的故事与精神，进一步提升了《典籍里的中国》相关意义世界的广度。这些 UGC 内容生产与传播的过程，在重铸人们对于节目内涵的认识上发挥了显著的作用。

三、身体实践：模仿与演奏

“身体是主体性存在的依托，是一切感知产生的基础”①。对《典籍里的中国》的兴趣与情感推动着网络用户展开身体实践，通过身体的操演表达对于视听内容的确认，展现自己的理解。在这种对于中华优秀传统文化视听内容具身化体验之中，身体的活动使对于媒体文本的体认变得更为稳固，同时情感在这一过程中也得以进一步加深。在线上田野的观察中，研究发现用户主要通过模仿与演奏两种方式展开身体实践。

“菲比爱丽”是一名汉服爱好者，她和朋友合作，尝试用家中的穿衣镜还原《典籍里的中国》里主要嘉宾演员的换装致敬环节。制作的短视频中尽管正片只有 18 秒，但在细节上却并不含糊。为了生动展现镜子中的前世形象，“菲比爱丽”穿着一身黛色明制汉服，搭配着精致的古典妆发，随着现代的自己接近镜子而在镜中缓缓出现。无论是人物的动作设计，还是镜头组接、视频配乐，“菲比爱丽”都在努力同节目原片保持一致。用户“十亿梦想人士”也进行了类似的模仿性创作，以镜子为时空界限，一边是鸭舌帽搭配休闲西服的时尚潮男，一边是手捧书简、举止儒雅的古代书生，两个时空的自己在镜前相遇，以各自时代的方式向对方致意。当其他用户好奇地在评论区询问这种“对镜穿越”的效果如何实现时，“十亿梦想人士”也大方地分享了视频蒙版与特殊的拍摄机位相结合的制作方法。

除了这种依靠一定视频技术的还原外，网络用户对于演绎《典籍里的中

---

① 吕宇翔，方格格．时空、流动与身体：传播仪式观下的故宫云展 [J]. 艺术设计研究，2021，98（6）：91-96.

国》中的经典段落同样表现出浓厚的兴趣。例如，山西省临汾市新华中学的学生在语文课上表演《楚辞》一期中屈原在楚王面前向大臣解释诗歌《橘颂》的桥段（图 8-7）。四名中学生分别扮演楚王、屈原、上官大夫与臣子，按照节目中的台词进行表演。尽管“舞美”颇为简陋：平时上课的教室就是学生的表演舞台，大家身穿校服，并未有专门的服装和额外的道具，但四名学生的表演惟妙惟肖，台词、动作以及神情上均表现得十分传神。这段视频不仅在网络上广泛流传，还受到河北新闻广播、掌心长兴、九派新闻等多家新闻媒体的报道。

图 8–7　山西临汾新华中学的课堂表演

网络用户的身体实践不单围绕《典籍里的中国》中的视觉文本展开，听觉文本同样是用户进行内容生产的重要挖掘点，线上田野中存在的一系列音乐演奏类的视听内容便是主要体现。节目中悦耳悠扬、震撼人心的配乐，特别是那些在感人肺腑的段落内容响起的脍炙人口的旋律，给人们留下了深刻的印象，也吸引着掌握一定器乐的网友进行演奏。比如，B 站用户“国风古韵—阮”用传统乐器阮演奏节目中换装致敬环节的配乐；用户“半阙书笺”“琴殇 2016”分别用古筝和钢琴诠释节目最能打动受众的同一段配乐。多样的乐器，不同的编曲，代表着每一个用户对于《典籍里的中国》的独特理解，这些个性化的演奏视频共同形成情感的复调，进一步确认并强化了中华优秀传统文化视听内容在网络空间中的传播。

同样值得注意的是，在用户围绕《典籍里的中国》生产的模仿或演奏类内容中，基本上看不到具有颠覆性的调侃、戏仿以及解构，这从侧面也展现了在身体实践的层面网络用户对于这一中华优秀传统文化视听内容的普遍认知与态度。

四、空间勾连：在场与应用

基于线上田野的观察同样发现，网络用户围绕《典籍里的中国》的内容生产实践与不同结构性空间发生勾连。用户通过上传的内容展示了不同空间中观看的在场，同时《典籍里的中国》作为元文本也被用户应用到线下的多种场景之中。

媒介实践的场域既包含公共空间，也包含共享的家庭空间[①]。用户“一定要瘦鸭”用手机记录下自己在录制现场观看《典籍里的中国》的情景，和网友们分享最近距离“见证”古今对话的现场感与体验感。在内容标题中，她写道:“现场感受《典籍里的中国》古今对话，沉浸式体验中华文化的魅力。”同样在抖音分享自己观看体验的还有河北省某中学的教师。在课堂上，她组织全班同学集体观看《典籍里的中国》。镜头由位于黑板中央的显示屏缓缓摇到同学们的身上，可以清楚地看到每位同学都看得非常专心认真。这位教师写道：“和同学们一起看视频《典籍里的中国》既有乐趣又长知识！孩子们可以好好放松一下 # 孩子说在学校比在家里有意思。”《典籍里的中国》不仅是学习中华优秀传统文化的一种渠道，更同“放松”“趣味”紧密关联，成为课堂以外学生校园生活的重要补充。也有用户记录了女儿在家中客厅观看《典籍里的中国》中《论语》一期的情形。尽管是在相对私人化的家庭空间，女儿还是专门换上了汉服，以古时跪坐的姿势认真观看。当节目中的孔子诵读《论语》经典时，她也双手抱拳行礼，大声朗读。看完节目后，女儿

① COURTOIS C, MECHANT P, PAULUSSEN S, DE MAREZ L. The triple articulation of media technologies in teenage media consumption[J]. New Media & Society,2012,14(3):401−420.

回到了自己的房间休息。望着女儿熟睡的背影，视频作者在字幕中写道：“不知道是不是在梦里，穿越到了两千年前的春秋时期，也做了孔夫子的一名弟子，将‘仁’的思想发扬光大呢，晚安。”

在媒介实践的场景上，除了一般的观看，以及在符号与身体层面进行的文本游戏外，围绕《典籍里的中国》所展开的用户媒介实践中也包含着其他更为实际的应用场景。这一中华优秀传统文化视听内容为真实世界中受众的日常生活实践提供了灵感与方法。来自山东的教师“小兔紫 Nina”将《典籍里的中国》作为升华语文课堂的重要素材运用到教学比赛当中。在赛课的舞台上，她向学生讲授小学四年级语文课本中选自《世说新语》的文言文课文《王戎不取道旁李》。在课堂的结尾，她一边播放《典籍里的中国》的宣传小片，一边情感充沛地启发学生，如《王戎不取道旁李》这样有趣的文章在中华优秀传统文化中比比皆是，每一部典籍都凝聚着前人的心血与智慧，只有读懂典籍才能知道我们缘起何处、迈向何方。教师的精彩总结与节目小片共同将课堂的氛围提升到一个新的高度，学生的课堂情绪被积极调动起来。最终，课程在同学们齐声诵读课文“时光如川浪淘沙，青史留名多俊杰”中而画上句号。

来自南洋师范学院 2018 级播音主持专业的学生，和班里的同学们以《典籍里的中国》为蓝本，设计了自己的毕业汇报演出节目《典籍里的医圣》。同《典籍里的中国》相似，汇报演出分为新冠疫情期间医学研究者的刻苦攻关与古时医圣张仲景向学生讲学的两个时空，再由主持人将两个时空串联起来，实现古今对话，致力于表达我国传统中医药对于抗击疫情所发挥的重要作用。与此相类似的还有南京市第九中学学生会借鉴《典籍里的中国》自编自演自导的团课《九说今朝之剑胆琴心》。

五、另类追问：疑问与争论

在话语理论分析的进路看来，话语的偶然性与对抗性特征决定了任何一个话语结构都无法实现使意义完全闭合的终极目标。也就是说，“任何一个试图建构领导权的话语都无法将所有差异性因素的身份认同加以统一化形塑”[①]。从前文关于各类用户内容生产活动的分析阐释可以看出，在话语建构以及认同传递机制的共同影响下，《典籍里的中国》整体上取得了良好的受众口碑与可观的主流价值传播效果。但这种话语构型仍然无法做到对流动性的差异化因素的彻底抑制，以及在以整体社会为尺度的话语场域中形成完全主导，因此在用户作为话语主体的 UGC 内容中同样会展现出众口难调的一面。

实际上，不乏有用户就节目的学术严谨性、呈现形式、主旨传达等方面提出另类追问。这些疑问同绝大部分用户所表现出的认同，以及节目本身所蕴含的话语结构形成紧张对抗。这些反向认同的用户对自身疑问性话语进行表达与阐释的过程，构建起了一个富有张力的空间，这也是整个认同建构图景中的不可忽视的一角拼图。

> “看了第一集。弘扬传统文化是好事，倒也不必紧跟学界前沿，但是尚书‘伪古文’问题必须要交代清楚，否则就是以伪书为经典了。”
>
> “本来寓意很深刻，思想内涵很深邃的一部好综艺节目，可惜了每一集，是每一集，的结构、过程、情感都一模一样，刚开始的几集让人很感动，可是看到后面简直都审美疲劳了，建议如果有第二季的话可不可以换个套路？”
>
> “# 是也乎，(￣▽￣）可惜那么多老戏骨了，主持人实在用力过猛，舞美很高科技，可惜对典籍的意义叙述全靠专家尴吹，比较囧……”

在网络用户的另类追问中，节目《天工开物》一期中明代科学家宋应星的剃发形象成为反向认同话语最为集中的话题。账号介绍中标有“汉服”“明

---

① 汤敏.《建军大业》传播中的主流意识形态领导权建构：第三代话语理论进路的分析 [J]. 国际新闻界，2019，41（6）：122-144.

制汉服”的抖音用户在自己创作的短视频中将节目前段的宋应星明代衣冠形象与后段的清代装束形象放在一起进行盘点，同时援引相关纪念币、纪念邮票等资料。该用户在短视频中表达道，宋应星是明朝人，且在所有资料、教科书中都是汉服形象，节目中清代装束的形象设计颠覆了人们的认知。还有用户在短视频评论中谈道，不能否认节目本身很有意义与价值，但宋应星晚年生活在明末清初就一定会剃发易服吗，这本身依旧是存疑的。在视频中，该用户从宋应星的个人际遇、清初的剃发政策的实际执行情况，以及同时期顾炎武、王夫之画像等方面论证了自己的看法。来自宋应星家乡江西奉新的B站用户则前往宋应星纪念馆进行实地探访，并以Vlog的形式将求证过程记录下来。这一疑问也进一步引起了网友间的争论。比如有用户认为不应对弘扬民族文化的节目过于吹毛求疵。还有用户评论道：“中华民族一脉相承从未断绝。倒是现在很多人听信一些神奇逻辑，割裂中华传承世系，这些人皆是跳梁者而已。”这些疑问与争论表明，一种话语对于社会主导位置的争取必然面临着对抗性因素的挑战，认同效应的实现存在一定的偶然性与不确定性。

六、发现与思考

杨国斌指出，对于网络传播的研究“不能没有人的故事”[①]。在对于《典籍里的中国》传播下认同建构的考察中，本小节运用网络民族志的方法，将研究置于网络用户之媒介实践的日常情境中，竭尽可能与网络空间中更多的“普通人”相连接，在观察、讲述与分析他们与《典籍里的中国》所发生的故事中找寻研究问题的答案。

从经田野观察所发现的五种主要的用户内容生产实践类型可以看到，在《典籍里的中国》的传播过程中，组织化传播与个体化传播深度交织，形成了由主流话语与多元用户话语共同构成、相互作用的复杂舆论空间。尽管有一定用户展现出对于这一中华优秀传统文化视听内容的话语争议，但绝大部

① 杨国斌．中国互联网的深度研究[J].新闻与传播评论，2017（1）：22-42.

分用户不但完成对主流话语的确认，而且通过自己的符号文本或符号化的行为实现共谋。

进一步审视用户围绕《典籍里的中国》所展开的内容生产活动，我们还可以得出以下三点认识：

第一，用户生成内容延伸加工贡献明显。用户生成内容不单是对节目内容的简单剪辑与搬运，在原内容基础上做进一步接续加工成为用户参与的主要形式，由此形成大量同《典籍里的中国》相关的衍生内容。这些新内容的涌现为《典籍里的中国》不断贡献了新的热度与传播点。

第二，内容共创的参与角度相对垂直。用户关于《典籍里的中国》的二次内容生产往往将节目原内容与自身所处或所关注的垂直新闻领域建立联系，以小切口切入进行纵深挖掘或向外延展。

第三，个性化交叉有效推动整体性互补。在《典籍里的中国》的网络传播过程中，多元视点与声音的出现，意义的不断关联和补充，是传播场域内多元参与者的共时性供给。而这些 UGC 内容基本上又具有相似的情感矢量方向，因此这些新的内容能够累积叠加、相互补充，形成更大的互文性网络，进一步强化、放大中华优秀传统文化视听内容的引领效力。

总而言之，作为一次有关弘扬和传播中华优秀传统文化的主流话语实践，《典籍里的中国》较大程度地实现对话语场域中多元话语的有效统摄，完成对于差异性的主题身份的统合，进而相对成功地实现面向以青年群体为主体的网络用户群体的意识形态认同召询，更从社会范围动员多元主体进行普遍性参与和相互合作，共同参与推动价值的共创与共享。网络用户将中华优秀传统文化视听内容所提供的视听形象与叙事文本作为想象资源与生产资料。他们在对后者进行重新加工、阐释与表达的生产性使用过程中，已然对原本的视听内容打上了认同的烙印。这些用户生成内容凝结着感动与喜爱的情感，承载着用户的愉悦与个性化的意义。它们在彼此互文、交叉、共鸣、衍生中创造更为庞大的再生性文本体系，以此作为中华优秀传统文化视听内容新的“磁柱”，吸引更多用户进行参与和互动，形成更为广泛的兴趣群体[①]。

引领与认同是话语社会主导性的一体两面。引领是推动认同形成的途径与手段，认同则是引领期待实现的目标与结果。二者互为表里，辩证统一。本章将研究视角转向兼具认同召询客体与能动的产消行动者双重身份的网络用户，以话语理论分析中关于领导权的分析逻辑与方法，重点考察中华优秀传统文化视听传播中受众认同的形成过程，以此形象地观照传播主体的引领效力，反映主流话语的实际作用机制。

认同是一个较为复杂的现象，包含着多个层次。认同的形成不仅体现在群体性共识的建立，更在于共同情感的形成，以及更深程度的集体性行动的开展。针对后两个认同维度，本章以个案研究的方式将它们分别置于具体语境之中进行深入分析。在针对《2022 端午奇妙游》B 站弹幕的情感分析中，研究发现传播主体在视听内容中的议程设置与意义投注基本均能够得到用户的识别与响应，对于视听内容的弹幕评价呈现突出的正面情感倾向，且将情感进一步量化后得到情感指数超过 6000，足以说明用户的情感表达的强烈程度。针对《典籍里的中国》的用户生成内容的网络民族志调查则发现，在网络传播环境中，除了对原视听内容的拆条提取与拼贴式混剪，用户围绕《典籍里的中国》所进行的媒介实践至少包括对视听内容进行打卡与推荐、解读与扩展所蕴含的意义、以模仿与演奏的方式进行具身化体验、观看空间的标记与多种线下情境中的应用。这些丰富且复杂的参与式文化实践有力推动了围绕主流话语的价值共创与共享，进一步放大了视听内容的传播影响力与文化引导力。与此同时，另类追问与反向认同的存在表明话语认同的建构始终面临对各种对抗性因素的艰难接合。然而从另一方面来看，这种负面的反应同样驱使着用户与原视听内容之间展开积极互动。

尽管本章主要以两组个案研究支撑起实证性的分析与论证，但若直接依据网络用户对于这两件中华优秀传统文化视听内容的经验来直接推断中华优

① 李镓，陈飞扬．网络虚拟偶像及其粉丝群体的网络互动研究——以虚拟歌姬“洛天依”为个案[J]．中国青年研究，2018（6）：20-25.

秀传统文化视听传播的整体的社会性效果显然是不现实的。因为这些媒介接受与媒介实践本身具有特殊性的一面。然而，作为受到广泛关注的“焦点事件”与频繁出现于学术文本与行业专家推荐名单中的典型案例，不可否认，《典籍里的中国》与《2022 端午奇妙游》的实际情况具有参与式文化与多元话语背景下网络用户对于中华优秀传统文化视听内容的态度与行为中的一些共性，它们可以说是中华优秀传统文化视听传播之认同建构的理想状态的一个缩影。正所谓一叶知秋，两个案例的情境化探究能够协助我们理解话语认同的效应如何具体展开，更让我们对主流话语的社会性主导的发展趋向形成一定程度的清晰把握。

结　语

循着话语理论分析进路与研究总体逻辑框架的导航，行文至此，本书已经完成了对于本项研究中所有子课题的探索和讨论。

在上篇内容中，研究从话语理论分析的视角出发，将主流媒体在电视与短视频领域的专业实践中对中华优秀传统文化的视听化呈现与传播视为一种典型的主流话语实践，旨在通过一系列具有明确指向的实证分析认识和理解关于中华优秀传统文化的主流话语的形成与作用机制。认识论层面，借助一级敏感性概念“话语”，中华优秀传统文化视听传播中生产环节、传播环节以及传播效果得以转译为话语建构、话语传递与话语互动；在“接合”“节点”“领导权”等二级敏感性概念的中介下，得以进一步对话语内的意义接合、话语社群间的意义流动、话语间社会性主导建构与认同效应的产生做理论抽象。在方法论层面，秉持“由广至深、层层提升；质性为主、混合探索”的理念，在话语理论分析模型的统摄下，采用半结构访谈、网络民族志、扎根理论以及定量的情感分析与混合研究方法定性比较分析作为数据/资料收集、处理与分析的基本分析工具，以支撑上层的理论性解读的展开。由此，在这样一套相对完整的分析体系的支持下，整个研究得以按照一定逻辑系统化地串联起来，并始终保持多元情境信息与较为充分的经验强度。

在下篇的五到八章，每个章节都是一个独立的研究专题，围绕总的研究目标，分别对中华优秀传统文化视听传播的历史语境，话语建构机制，话语传递的物质性行动，以及话语认同进行针对性研究。根据各专题研究的实际情况，每章之下又包括数目不等的若干完整的子项研究。第五章基于“后视镜”理论对中华优秀传统文化类电视节目到新媒体视听内容的发展历程做发生学式考察，从而首先完成对于研究对象历史语境流变的感知与当下现实语境中的定位。第六章着眼于作为意义结构的视听内容文本内部的接合实践，通过“节点—要素”揭示主流媒体对于中华优秀传统文化的一般性建构模式。第七章聚焦于传播结构重大变化与形成多元认同主要因素的传播“圈层”，对主流话语在不同话语社群中获得可见性、实现流动的行动逻辑与规律进行提炼。第八章对受众对于中华优秀传统文化视听内容的情感反应与产消行为进行细致描摹，通过对认同效应的分析映照主流话语的实际引领。正是这些通过经验性分析从不同维度建立的知识，共同拼接成解开中心研究问题的钥匙。

一、中华优秀传统文化视听传播话语实践的总体机制

现在，我们重新回到研究的中心问题：在媒体深度融合、“创造性转化”与“创新性发展”的全新语境下，中华优秀传统文化何以在视听传播中实现话语建构，这种建构又如何在移动社会化传播过程中建立主流价值的广泛认同？综合各个章节的研究发现，我们可以用图 9–1 所示的模型来揭示与描绘中华优秀传统文化视听传播这一结构化的意义实践体系内部的总体运行机制。

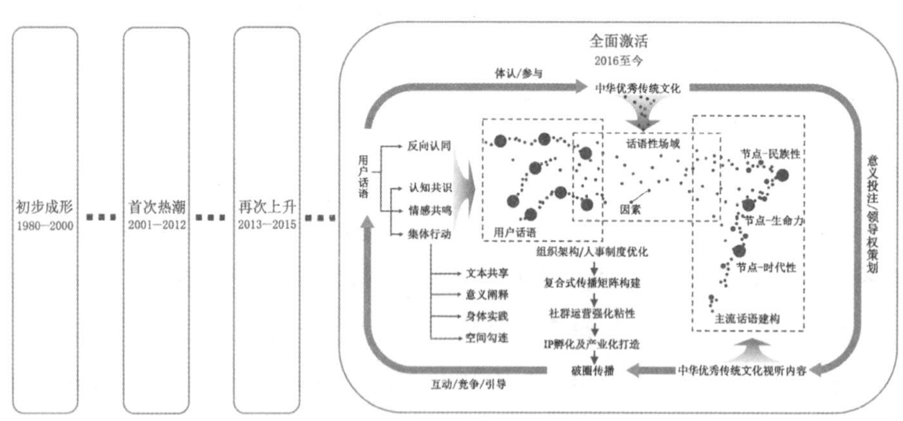

图 9–1　中华优秀传统文化视听传播话语实践机制

中华优秀传统文化视听传播的根本意义来自现代化进程中重塑中华文化主体性的历史性、持续性求索。全球化以及 Web 2.0 技术深刻催化下的社会

文化与身份认同的多元化成为中华优秀传统文化视听传播在现阶段所面临的主要挑战。以主流媒体的主观视角审视其所处的开放性话语场域，中华优秀传统文化视听传播要着手整合的主要因素包括：形成、积累于漫长的前现代时期，且相对复杂与抽象的中华优秀传统文化；承载中国特色社会主义核心价值的主流话语；全面进入现代生活方式的社会大众，特别是“网生代”年轻群体及其文化生存方式与消费惯习；移动互联网下新的传播结构与效应模式；以及市场化、数字化深度发展下形成的视听新生态。因此，围绕中华优秀传统文化视听传播所展开的话语实践的主要任务便是填补主体、客体以及环境间的空白，重新缝合三者间的话语错位。

走向人们日常生活的中华优秀传统文化视听传播随着20世纪80年代文化类电视节目的出现而逐渐兴起，在国家政策的支持与纠偏的持续牵引下，经历四个主要发展时期，话语形态由“载道”“娱乐”与“狂欢”走向强调体验与参与的“具身体悟”。在技术赋能、多元文化、公众参与三种力量的形塑下，中华优秀传统文化视听传播走入当下的全面激活阶段。这些构成了中华优秀传统文化视听传播的话语实践所扎根与运行的现实语境。

由发生语境转向整体性的话语实践体系。在意义建构的环节，关于中华优秀传统文化的话语接合实践主要依靠“民族性”“生命力”与“时代性”三个关键节点施加整体性影响，将话语性场域中的其他具有多种意义可能性的漂浮能指接入表意链条之中，并使其呈现特定的意义面向，以此共同实现对中华优秀传统文化之意义结构的相对固定。在主流话语由话语主体流向认同客体的过程中，圈层是当下主流媒体在内容分发与触达过程中需要解决的主要问题。为提升圈层穿透力，实现广泛连接与有效辐射，传播主体在实践过程中主要形成四种行动逻辑：组织架构与人事制度优化、复合式传播矩阵构建、社群运营强化黏性、IP孵化及产业化打造。中华优秀传统文化视听内容的认同建构则主要体现在认知共识、情感共鸣与集体行动三个方面，由此得以确认主流话语对于用户多元化主体立场的统合以及认同召询的实现。在参与式文化语境下，用户不仅通过点赞、评论等方式表达观点，抒发情感，还深度参与主流价值的共创。除了局部凝视与重组，主要媒介参与还包括文本共享、意义阐释、身体实践、空间勾连。而同时出现的反向认同话语也表明，意指实践领域并不存在所指的先验性，认同的形成具有一定的不确定性，意图成为社会性意义秩序的话语始终面临对规范性、对抗性因素的艰难接合。这些积极的个性化书写与生产，无论正向或负向，都是具有一定的完整意义结构的个体话语的表达，这些话语连同其表意链条上的各节点、要素同样进入开放性的话语场域之中，其中不乏一部分能指符号又被接合进入主流媒体的话语接合实践中，参与主流话语建构、传递、互动，以及认同的再生产中。如此，集结成一定规模的个体话语以这种方式对主流话语形成一定的影响。

主流媒体的中华优秀传统文化视听传播是一个在传统与现代、高雅与流行、民族与世界三个维度进行熔炼，并同时具有突出历时性与共时性特征的动态的意义实践体系。全媒体时代群众路线作为逻辑主线贯穿于整个体系之中。无论是意义的建构、流通以及认同的塑造，均展现出对全媒体时代群众路线的践行。《关于加快推进媒体深度融合发展的意见》指出，要走好全媒体时代群众路线，坚持以人民为中心的工作导向，坚持贴近群众服务群众[①]。在中华优秀传统文化的视听传播实践中，在保持主流话语的经典表述方式与核心内容的基础上，主流媒体积极使用受众感兴趣的内容与形式来赋予中华优秀传统文化新的解释力，采用受众日常使用的渠道为连接受众增效，同时吸引、鼓励受众参与到相关内容生产传播的实践当中，在广阔的网络空间中围绕中华优秀传统文化推进“开门办报”。从这个层面上，可以认为，群众路线是中华优秀传统文化视听传播的话语实践实际展开中所依据的一个基本逻辑。很大程度上正是在其指导下，中华优秀传统文化视听传播才得以在流动化、泛在化的图像经验中型构出为人们普遍接受与认可的共同文化体验。

① 中共中央办公厅 国务院办公厅印发《关于加快推进媒体深度融合发展的意见》.[EB/OL].（2020-09-26）[2023-02-28]http://www.gov.cn/zhengce/2020-09/26/content_5547310.htm.

二、针对传播实践中几对关系的再思考

不论是从纵向的历史性对比还是横向的个案分析来看，现阶段以主流媒体作为行动主体推进的中华优秀传统文化视听传播实践在推动中华优秀传统文化的创造性转化和创新性发展，有效引导国民树立、强化文化自觉与身份认同上所发挥的作用是相当显著的。然而在观察与分析的过程中，研究同样发现在业务实践层面仍存在着一些值得注意的矛盾关系。对这些张力结构进行认识和反思，同样具有重要的意义。

第一，内容与技术。前沿技术无疑是中华优秀传统文化视听传播中推动创新、吸引受众的关键抓手。然而随着新技术的大量应用，一股盲目的“技术崇拜热”逐渐显现出来。技术被看作创新创优的捷径，市场宣发的卖点，以及评奖评优的亮点。在所观察、分析的样本中，不乏有技术上精雕细琢，内容却简单空洞的情况出现。其结果是，制作团队投入较高的经济成本，分发后也获得了一定的传播热度，但关于中华优秀传统文化的实际信息却并未在这个过程中得到有效传达。因此，传播主体须做好内容与技术两者关系的平衡。中华优秀传统文化视听内容的创新首先是内容的创新，要坚持内容为本，根据内容的实际需要进行技术的适配与创新。这样的技术观才是理性、成熟的，对于中华优秀传统文化的转化与呈现才是真正有意义的。

第二，集合与融合。对于偶像艺人、网络亚文化的接合是必要的，但不应是对这些符号元素搞简单的大拼盘、一锅烩。从话语认同形成的偶然性来讲，若不做深入考量地将网友、粉丝所喜爱的元素接合进入中华优秀传统文化视听内容的意义实践体系，则有可能导致认同客体的模棱两可。也就是说，受众的意义体验并非对作为主要表征对象的中华优秀传统文化及其意涵的体认，反而给明星、流行文化元素附上一层“古典”“浪漫”的气质而促进了对后者的现实消费，视听内容的深度与严肃性因而遭到消解。因此，对于这些流行化、娱乐化元素不能做简单的集合以迎合受众，而应坚持“以我为主”的立场，在选择性借鉴吸收的基础上推动其与中华优秀传统文化的有效融合，通过既具备网络传播特质又凸显媒体格局格调的新型主流声音的自

我生成，实现文化与价值的有效引领。

第三，艺术性与严谨性。相比其他类型的视听内容，中华优秀传统文化视听内容具有突出的知识性、文化性与公共性。这些自身属性与其所担负的弘扬中华文化的责任要求对于中华优秀传统文化的视听表征在尽可能提升艺术吸引力的同时，必须严守科学性、严谨性的底线，加强对于历史文化知识的考据，尽最大可能实现真实还原。从用户关于中华优秀传统文化视听内容的反向认同话语来看，大部分质疑、批评的声音来自视听内容中服饰、妆发、甲胄、知识解读等方面出现的事实性错误。这些失误的出现往往会直接扭转受众（特别是中华优秀传统文化爱好者）对视听内容的情感态度，更会对社会大众的认知形成误导。

第四，评价标准与实际效果。本研究根据受访者的访谈内容以及网络上的公开报道、资料，发现主流媒体主要通过收视率调查，平台播、赞、转数据，微博话题阅读量、讨论量这些直接性的量化数据来评价受众对于视听内容的反馈情况。这一评价标准较为宏观、笼统，缺乏对于用户具体反馈内容的挖掘与了解。一位受访者提到，作为内容的主创人员，她们常通过在B站自行阅读弹幕的方式了解受众的真实想法。另外，主流媒体的数据调查一般并不包含受众线上的参与式生产以及线下自发组织的社会活动这些间接数据，而这些恰恰能够体现视听内容的长远传播力与社会影响力。因此，为了更为准确、全面地对传播效果进行评估，传播主体应引入多元化的调查方式，进一步健全和完善整个评估体系。如此才能更加精准、及时地调节生产与运营环节，更好地实现主流话语的传播与主流价值的引领。

三、未尽之处与未来展望

本书的研究本身有效论证了从话语的理论视角切入主流价值传播与引领的研究，具有鲜明的适用性、可行性与解释力，并且能够在弥补中华优秀传统文化视听传播以及相关同类研究实证性薄弱环节之上发挥效用。然而，回顾整个研究过程，受主客观因素的限制，研究同样存在一定未尽之处。

第一，在研究样本的界定与选择上，本书面临着一定挑战。随着媒体转向市场化经营以及媒体融合的推进，主流媒体的内容生产早已不再是“自给自足”的形式。除了从21世纪初至今发展多年的传统“制播分离”外，全媒体建设时代下主流媒体还积极同视频网站进行联合出品，与网络自媒体账号团队合作共创，因此相对于新闻的产制，中华优秀传统文化视听内容生产的方式变得多样化、复杂化。这客观上就提升了回答“什么是主流媒体视听内容”这一问题的难度。而这一基本的界定在已有研究文献中也往往被研究者忽视。对此，本项研究将由主流媒体参与制作或出品、在主流媒体的平台/渠道首发的视听内容界定为主流媒体生产的视听内容，以此标准来进行样本的搜集。如此处理的基本考量在于：研究的根本落点在于考察关于中华优秀传统文化的主流话语、主流价值的建构与传播情况，因此，即便主流媒体并未实际介入到相关内容的创作之中，其也须通过上线前必不可少的把关对所生产内容实现主流价值形塑。这一处理方式有待于在更多实际研究中进行检验。关于当下主流媒体生产内容这一概念的界定问题，也希望能在与各位方家进一步的商榷与探讨中得以廓清。

第二，研究在方法上也仍有进一步提升的空间。本书致力于通过质性与量化两类方法的有机配合以达到研究兼具情境信息厚度与数据分析强度的目标。虽然能够有效满足研究的需要，但在质性研究的方法设计上仍可进一步更新与升级。研究尝试将当下在各个领域受到广泛应用的自然语言处理技术引入到内容分析之中，但受分析样本的特点以及研究者自身相关知识储备的限制，对人工智能在学术研究上的运用客观来说仍相对粗浅。今后还应在卷积神经网络、长短时记忆网络分析等深度学习方法上做深度学习和挖掘，制订长期计划持续、反复对分析模型进行训练，同时尝试进一步扩大文本数据的规模量级，从而有效提升内容分析的准确度，不断丰富和完善研究发现。

如布鲁诺所言，智力绝不会在已经认识的真理上停滞不前，而始终会不断前进，走向尚未被认识的真理。对于中华优秀传统文化视听内容的话语内涵与传播过程中认同的建构，以及差异性社会文化与主体立场和主流话语的相互作用的研究，远非这单单一项研究所能涵盖。与此同时，囿于研究对象以及研究者所选择的研究方向，对于话语理论分析的概念体系与逻辑框架的阐释也难以做到面面俱到。基于本文进行展望，在中华优秀传统文化视听传播领域的未来研究中，仍有许多迫切需要关注与回应的重要议题。

第一，中华优秀传统文化视听内容的国际传播。中华优秀传统文化是对外讲好中国故事的重要内容，中华优秀传统文化的有效传播与有力阐释对于加强我国对外话语体系建设、塑造良好国家形象具有关键性意义。在全球舆论场中，美西方仍掌握着对于我国以及我国文化的话语建构的主导权，影响着国外民众对于我们的认知。而近年来儒家文化圈内的一系列受到国人广泛关注的文化挪用事件也更加凸显了关于定义、解释中华优秀传统文化的话语性竞争的紧迫性。比如国外受众对于中华优秀传统文化的国家性话语建构的认同情况，中西围绕中华优秀传统文化的建构与呈现所展开的话语性对抗等都是值得深入研究的具体方向。

第二，中华优秀传统文化视听内容的民间生产与传播。本文主要从具有鲜明官方色彩的主流媒体的视角对中华优秀传统文化视听传播进行考察。尽管有专门章节聚焦受众本身，但本质上仍是通过受众的反应以了解与评价主流媒体的传播效果。作为中华优秀传统文化视听传播中最为庞大与活跃的力量，草根群体对于近年来中华优秀传统文化热潮的形成同样发挥着关键性的作用，甚至在一些情境下走在主流媒体的前面。同时，民间主导的中华优秀传统文化视听传播活动具有自己的逻辑与特点，并涌现出一系列独特的传播现象。然而相对于针对主流媒体的研究，对于大众的视听传播活动的研究层次与力度有待提升。

第三，中华优秀传统文化视听传播对于整个社会结构所发挥的功能。在媒介与传播领域中，绝大多数对于中华优秀传统文化视听传播作用与影响的研究主要着眼于中观层面的信息传播过程。换言之，基于传播者传播目的以及接收者使用与满足情况，管窥中华优秀传统文化视听传播的整体性的社会影响，犹如暗室中的火炬，每次只能照亮部分区域，但仍无法清楚看清暗室的整体结构、布置。另外，从本书准备阶段所做的文献工作来看，文化学、马克思主义以及社会学领域的相关研究对于中华优秀传统文化视听传播勾连清浅，这就形成了一定的空白地带。因此，对于中华优秀传统文化视听传播的研究也应尝试真正上升到宏观层面，思考和挖掘这一社会性的文化活动、现象的结构功能，考察其同政治、经济、教育、社会组织与动员等其他社会构成部分的互动与影响。

在上述领域的探索性开掘，对于构建、完善中华优秀传统文化视听传播的知识大厦，推动中华优秀传统文化的创造性转化与创新性发展无疑具有重要价值。

参考文献

中文著作

[1] 安遇时 . 百家公案 [M]. 北京：群众出版社，1999.

[2] 常江 . 中国电视史 [M]. 北京：北京大学出版社，2018.

[3] 陈先达 . 文化自信中的传统与当代 [M]. 北京：北京师范大学出版社，2017.

[4] 陈巧燕，不花公子 . 泛娱乐营销 IP 化运营之路 [M]. 北京：电子工业出版社，2018.

[5] 费孝通 . 乡土中国 [M]. 北京：生活 · 读书 · 新知三联书店，1985.

[6] 付文忠 . 新社会运动与国外马克思主义思潮：后马克思主义研究 [M]. 济南：山东大学出版社，2009.

[7] 高瑞泉 . 动力与秩序——中国哲学的现代追寻与转向 [M]. 南宁：广西师范大学出版社，2019.

[8] 国家统计局人口统计司 . 中国人口统计年鉴 [M]. 北京：科学技术文献出版社，1991.

[9] 郭小平 . 新媒体导论 [M]. 北京：北京大学出版社，2014.

[10] 郭镇之 . 中国电视史 [M]. 北京：中国人民大学出版社，1991.

[11] 金惠敏 . 积极受众论——从霍尔到莫利的伯明翰范式 [M]. 北京：中国社会出版社，2010.

[12] 林晖 . 断裂与共识：网络时代的中国主流媒体与主流价值观之构建 [M]. 上海：复旦大学出版社，2013.

[13] 廖炳慧 . 关键词 200：文学与批评研究的通用词汇编 [M]. 南京：江苏教育出版社，2006.

[14] 刘强 . 融合媒体受众采纳行为研究 [M]. 上海：上海交通大学出版社，2012.

[15] 刘习良 . 中国电视史 [M]. 北京：中国广播电视出版社，2007.

[16] 罗贯中 . 三国演义 [M]. 北京：人民文学出版社，2019.

[17] 罗姣姣 . 中国电视综艺发展史 [M]. 北京：中国广播影视出版社，2017.

[18] 罗小林 . 圈层经济 [M]. 北京：中国经济出版社，2017.

[19] 祁林 . 电视文化的观念 [M]. 上海：复旦大学出版社，2006.

[20] 覃光光，冯利，陈朴 . 文化学辞典 [M]. 北京：中央民族学院出版社，1988.

[21] 唐兴通 . 引爆社群：移动互联网时代的新 4C 法则 [M]. 北京：机械工业出版社，2017.

[22] 韦森 . 文化与秩序（修订增补版）[M]. 上海：上海三联书店，2020.

[23] 徐仪明，陈江风，刘太恒 . 中国文化论纲 [M]. 开封：河南大学出版社，1992.

[24] 杨秾 . 北京电视史话 [M]. 北京：中国广播电视出版社，2012.

[25] 曾祥敏 . 电视采访：融合报道中的人、故事与视角 [M]. 北京：中国传媒大学出版社，2018.

[26] 赵玉明 . 中国广播电视通史 [M]. 北京：中国人民大学出版社，2002.

[27] 周凡 . 后马克思主义导论 [M]. 北京：中央编译出版社，2010.

[28] 周蔚，徐克谦 . 人类文化启示录 [M]. 上海：学林出版社，1999.

[29] 张岱年 . 中国文化概论 [M]. 北京：北京师范大学出版社，2004.

[30] 张岱年，程宜山 . 中国文化与文化争论 [M]. 北京：中国人民大学出版社，1990.

[31] 张德禄，刘汝山 . 语篇连贯与衔接理论的发展及应用 [M]. 上海：上海外语教育出版社，2003.

[32] 中共中央文献研究室 . 建国以来重要文献选编：第 15 册 [M]. 北京：中央文献出版社，1997.

[33] 中共中央宣传部 . 习近平新时代中国特色社会主义思想学习纲要 [M].

北京：学习出版社，人民出版社，2019.

[34] 中国经济年鉴编辑委员会 . 中国经济年鉴（2000）[M]. 北京：中国经济出版社，2000.

[35]《当代中国的广播电视》编辑部 . 中国的电视台 [M]. 北京：北京广播学院出版社，1987.

[36] 梁漱溟 . 东西文化及其哲学 [M]. 北京：商务印书馆，2010.

中文译作

[1] 贝尔，加勒特 . 媒介话语的进路 [M]. 徐桂权，译 . 北京：中国人民大学出版社，2016.

[2] 伯特 . 结构洞：竞争的社会结构 [M]. 任敏，李璐，林虹，译 . 上海：格致出版社，2008.

[3] 波兹曼 . 娱乐至死 [M]. 章艳，译 . 南宁：广西文学出版社，2004.

[4] 布尔迪厄，华康德 . 实践与反思——反思社会学导引 [M]. 李猛，李康，译 . 北京：商务印书馆，2015.

[5] 德波 . 景观社会 [M]. 张新木，译 . 南京：南京大学出版社，2017.

[6] 德勒兹，加塔利 . 资本主义与精神分裂（卷 2）：千高原 [M]. 姜宇辉，译 . 上海：上海书店出版社 .2010.

[7] 梵・迪克 . 作为话语的新闻 [M]. 曾庆香，译 . 北京：华夏出版社，2003.

[8] 费尔克拉夫 . 话语与社会变迁 [M]. 殷晓蓉，译 . 北京：华夏出版社，2003.

[9] 费斯克，等 . 关键概念：传播与文化研究辞典 [M]. 李彬，译 . 北京：新华出版社，2004.

[10] 格尔茨 . 文化的解释 [M]. 韩莉，译 . 南京：译林出版社，2014.

[11] 葛兰西 . 狱中札记 [M]. 曹雷雨，姜丽，张跣，译 . 开封：河南大学出版社，2016.

[12] 赫勒 . 日常生活 [M]. 衣俊卿，译 . 重庆：重庆出版社，2010.

[13] 亨廷顿 . 文明的冲突与世界秩序的重建 [M]. 周琪，刘绯，张立平，等译 . 北京：新华出版社，2009.

[14] 霍尔 . 表征：文化表征与意指实践 [M]. 徐良，陆兴华，译 . 北京：商务印书馆，2013.

[15] 吉登斯 . 现代性与自我认同 [M]. 赵旭东，方文，王铭铭，译 . 北京：生活 · 读书 · 新知三联书店，1998.

[16] 吉登斯 . 现代性的后果 [M]. 田禾，译 . 南京：译林出版社，2000.

[17] 卡斯特 . 网络社会的崛起（信息时代三部曲：经济、社会与文化·第一卷）[M]. 严铸九，王志弘，译 . 北京：社会科学文献出版社，2001.

[18] 卡斯特 . 认同的力量 [M]. 曹荣湘，译 .2 版 . 北京：社会科学文献出版社，2006.

[19] 卡斯特 . 传播力 [M]. 汤景泰，星辰，译 . 北京：社会科学文献出版社，2018.

[20] 凯尔纳，贝斯特 . 后现代理论——批判性的质疑 [M]. 张志斌，译 . 北京：中央编译出版社，2011.

[21] 库兹奈特 . 如何研究网络人群和社区：网络民族志方法实践指导 [M]. 叶韦明，译 . 重庆：重庆大学出版社，2016.

[22] 拉克劳 . 我们时代革命的反思 [M]. 孔明安，刘振怡，译 . 哈尔滨：黑龙江人民出版社，2006.

[23] 拉图尔 . 巴斯德的实验室——细菌的战争与和平 [M]. 伍启鸿，陈荣泰，译 . 台北：群学出版有限公司，2016.

[24] 里豪克斯，拉金 .QCA 设计原理与应用——超越定性与定量研究的新方法 [M]. 杜运周，李永发，译 . 北京：机械工业出版社，2017.

[25] 列宁 . 列宁选集：第一卷 [M]. 中共中央马克思恩格斯列宁斯大林著作编译局，译 . 北京：人民出版社，2012.

[26] 马克思，恩格斯 . 马克思恩格斯全集（第 20 卷）[M]. 中共中央马克思恩格斯列宁斯大林著作编译局，译 . 北京：人民出版社，1995.

[27] 马克思，恩格斯 . 马克思恩格斯全集（第 23 卷）[M]. 中共中央马克

思恩格斯列宁斯大林著作编译局，译．北京：人民出版社，1995.

[28] 马林诺夫斯基．文化论 [M]. 费孝通，译．北京：华夏出版社，2002.

[29] 齐泽克．事件 [M]. 王师，译．上海：上海文艺出版社，2016.

[30] 史密斯．拉克劳与墨菲：激进民主想象 [M]. 付琼，译．南京：江苏人民出版社，2011.

[31] 斯丹迪奇．从莎草纸到互联网：社交媒体简史 2000 年 [M]. 林华，译．北京：中信出版社，2015.

[32] 泰勒．原始文化：神话、哲学、宗教、语言、艺术和习俗发展之研究 [M]. 连树声，译．桂林：广西师范大学出版社，2005.

[33] 泰勒，威利斯．媒介研究：文本、机构与受众 [M]. 吴靖，黄佩，译．北京：北京大学出版社，2005.

[34] 韦伯．社会学的基本概 [M]. 胡景北，译．上海：上海世纪出版集团，2005.

[35] 韦伯．韦伯作品集Ⅶ：社会学的基本概念 [M]. 顾忠华，译．桂林：广西师范大学出版社，2005.

[36] 西美尔．时尚的哲学 [M]. 费勇，吴雪，译．北京：文化艺术出版社，2001.

[37] 詹金斯．融合文化：新媒体和旧媒体的冲突地带 [M]. 杜永明，译．北京：商务印书馆，2012.

[38] 詹金斯．文本盗猎者：电视粉丝与参与式文化 [M]. 郑熙青，译．北京：北京大学出版社 .2016.

中文析出文献

[1] 阿城．文化制约着人类 [N]. 文艺报，1985–07–06.

[2] 白淑英，肖本立．新浪微博中网民的情感动员 [J]. 兰州大学学报（社会科学版），2011，39（5）：60–68.

[3] 鲍曼，黄晓武．后马克思主义的话语理论 [J]. 国外理论动态，2011（4）：78–86.

[4] 毕芙蓉 . 霸权、话语与政治——论拉克劳、墨菲的后马克思主义 [J]. 哲学动态，2019（3）：46–53.

[5] 卜玉梅 . 虚拟民族志：田野、方法与伦理 [J]. 社会学研究，2012，27（6）：217–236，246.

[6] 蔡雯 . 新闻传播的变化融合了什么——从美国新闻传播的变化谈起 [J]. 中国记者，2005（9）：74–76.

[7] 常江，杨奇光 ."二传手"之失：对我国新闻编译失范现象的批判话语分析 [J]. 新闻界，2015（3）：13–18，45.

[8] 陈国权 . 一字之差 立意有别 [N]. 中国新闻出版广电报，2016–08–30（5）.

[9] 陈来 . 二十世纪思想史研究中的"创造性转化"[J]. 中国哲学史，2016（4）：5–9.

[10] 陈谦 . 群体与仪式：网络"梗"文本的传播符号学研究 [J]. 东南传播，2020（11）：79–82.

[11] 陈荣佳 . 中国共产党传统文化政策的历史演变与经验 [J]. 厦门特区党校学报，2020（6）：65–70.

[12] 陈向明 . 扎根理论的思路和方法 [J]. 教育研究与实验，1999（4）：58–63，73.

[13] 陈悦，陈超美，刘则渊，等 . CiteSpace 知识图谱的方法论功能 [J]. 科学学研究，2015，33（2）：242–253.

[14] 丁智擘 . 文化类电视节目的传播价值与创新路径 [J]. 传媒，2015（11）：49–51.

[15] 丁立群 . 马克思主义时代化的基本路径 [J]. 哲学动态，2016（6）：12–19.

[16] 都永浩，王禹浪 . 中华文化认同的逻辑前提——概念、来源和内部关系 [J]. 青海民族研究，2021，32（4）：13–26.

[17] 段炼 . 视觉叙事的结构与话语 [J]. 美术观察，2011（8）：124–128.

[18] 段然 . 户外真人秀节目的叙事模式 [J]. 青年记者，2014（21）：78–79.

[19] 范慕原 . 国内真人秀节目嘉宾选择方法探析 [J]. 新闻爱好者，2019

（9）：82–83.

[20] 费孝通 . 经济全球化和中国“三级两跳”中的文化思考——在“经济全球化与中华文化走向”国际学术研讨会上的讲话 [J]. 中国文化研究，2001，（1）：2–8.

[21] 费孝通 . 关于“文化自觉”的一些自白 [J]. 群言，2003，（4）：18–21.

[22] 费孝通 . 对文化的历史性和社会性的思考 [J]. 思想战线，2004（2）：1–6.

[23] 傅铿 . 论八十年代中国文化传统的复兴 [J]. 当代青年研究，1990（3）：2–9.

[24] 高长武 . 理解马克思主义与中国传统文化关系的三个维度——学习习近平关于中国传统文化的重要论述 [J]. 党的文献，2015（1）：24–30.

[25] 高海珍，黄淼 .“中国的媒体融合在全球处于领先地位”——专访中国人民大学新闻学院教授宋建武 [J]. 新闻与写作，2016（2）：67–70.

[26] 高宪春 . 构建“大视听”新媒体——论媒体融合背景下广电媒体发展着力点 [J]. 电视研究，2017（11）：41–44.

[27] 顾冠华 . 中国传统文化论略 [J]. 扬州大学学报（人文社会科学版），1999（6）：34–40.

[28] 顾亚奇，张旭 . 传统文化觉醒：符码体系与视听场域的再生产——基于河南卫视“中国节日”系列节目的文化观察 [J]. 中国电视，2021（7）：30–34.

[29] 顾友仁 .“五四”及“后五四”时代反传统思潮的道德透视 [J]. 中国农业大学学报（社会科学版），2009，26（3）：136–142.

[30] 国务院新闻办公室 . 2000 年中国人权事业的进展 [N]. 人民日报，2001–04–10（6）.

[31] 何静，王春平 . 戏仿 · 拼贴 · 反讽——影片《大电影之数百亿》后现代叙事策略探析 [J]. 电影评介，2007（18）：39–40.

[32] 何天平，宋航 . 以产品化思维推动媒体融合创新——基于主流媒体短视频传播的考察 [J]. 中国记者，2022（8）：49–52.

[33] 何威，曹书乐 . 从“电子海洛因”到“中国创造”:《人民日报》游戏报道（1981—2017）的话语变迁 [J]. 国际新闻界，2018，40（5）：57–81.

[34] 胡妍妍 . 优秀传统文化现代表达的创新路径探析——以河南卫视“中国节日”系列节目为例 [J]. 中州学刊，2021（11）：168–172.

[35] 胡智锋，徐梁 . 留存、体验、创造：电视节目应对传统文化的三种理念 [J]. 艺术评论，2017（4）：83–89.

[36] 黄志凌 . 主流年轻态表达的创新策略——以川观新闻 2021 年全国两会报道为例 [J]. 青年记者，2021（14）：77–78.

[37] 霍尔 . 表征的动作 [M]// 霍尔，编 . 表征：文化表征与意指实践 . 徐良，陆兴华，译 . 北京：商务印书馆，2013：17–114.

[38] 蒋金韵 . 融合文化视域下传统文化节目如何实现突围——以河南卫视《唐宫夜宴》等文化节目为例 [J]. 视听，2021（11）：48–50.

[39] 蒋沂霏 . 短视频乡村文化传播的视觉修辞呈现——以李子柒短视频为例 [J]. 新媒体研究，2020，6（17）：96–100.

[40] 寇飞 . 外热内冷，文化综艺类节目如何破局 [J]. 视听界，2018（1）：95–98.

[41] 邝霞，金子 . 网络语言——一种新的社会方言 [J]. 语文建设，2000（8）：21.

[42] 李镓，陈飞扬 . 网络虚拟偶像及其粉丝群体的网络互动研究——以虚拟歌姬“洛天依”为个案 [J]. 中国青年研究，2018（6）：20–25.

[43] 李良荣，周宽玮 . 媒体融合：老套路和新探索 [J]. 新闻记者，2014（8）：16–20.

[44] 李琦，闫志成 . 中国传统文化类节目的乡愁叙事及其意义生成 [J]. 湖南师范大学社会科学学报，2022，51（1）：66–73.

[45] 李炜 .《百家讲坛》的意义——兼议大众媒介对优秀文化的传播 [J]. 中国电视，2006（7）：70–72，1.

[46] 李玮，谢娟 .“媒介”“媒体”及其延伸概念的辨析与规范 [J]. 武汉理工大学学报（社会科学版），2011，24（5）：694–699.

[47] 李维武 . 传统文化的创造性转化与创新性发展——对习近平文化观的思考 [J]. 武汉大学学报（哲学社会科学版），2018，71（3）：5–12.

[48] 李志超、罗家德 . 中国人的社会行为与关系网络特质——一个社会网的观点 [J]. 社会科学战线，2010（1）：159–164.

[49] 李宗桂 . 试论中国优秀传统文化的内涵 [J]. 学术研究，2013（11）：35–39.

[50] 林毓生 ."五四"时代的激烈反传统思想与中国自由主义的前途 [M]// 林毓生 . 中国传统的创造性转化 . 北京：生活 · 读书 · 新知三联书店，2011：184–232.

[51] 刘佳 . 中华传统文化创新性传播的路径与对策 [J]. 传媒，2021（10）：73–76.

[52] 刘建明 . 话语研究的浮华与话语理论的重构 [J]. 新闻爱好者，2018（9）：4–9.

[53] 刘建鸣，徐瑞青，刘志忠 .1997 年全国电视观众调查分析报告（摘要）[J]. 电视研究，1998（11）：4–11.

[54] 刘鲁川，蒋晓阳 . 社区公共服务综合信息平台居民使用行为研究 [J]. 中国图书馆学报，2015，41（6）：61–72.

[55] 刘鲁川，李旭，张冰倩 . 基于扎根理论的社交媒体用户倦怠与消极使用研究 [J]. 情报理论与实践，2017，40（12）：100–106，51.

[56] 刘梦溪 . 百年中国：文化传统的流失与重建 [J]. 南京师范大学文学院学报，2004（1）：1–10.

[57] 刘明洋，李薇薇 ."出圈"何以发生？——基于圈层社会属性的研究 [J]. 新闻与写作，2021（6）：5–13.

[58] 刘胜枝 . 微博热搜的价值、问题与完善 [J]. 人民论坛，2020（31）：100–102.

[59] 刘小龙 . 解构与建构：当前中国网络民粹主义话语的生成逻辑 [J]. 中共浙江省委党校学报，2017，33（4）.

[60] 刘云丹，王雨桐 . 探析传统媒体文化类电视节目复兴的原因——从

《中国诗词大会》等节目说起 [J]. 电视研究，2018（9）：52–54.

[61] 卢焱 . 传播学视野中的文化产业创新——以河南卫视《梨园春》为例 [J]. 郑州大学学报（哲学社会科学版），2007（1）：151–154.

[62] 罗姣姣 . 荧屏新主流的可持续推进——文化类节目的生产创新与解困之道 [J]. 中国编辑，2019（1）：21–26.

[63] 罗姣姣 . 融合、打破、再造——文化类节目的创新模式探析 [J]. 中国编辑，2021（7）：81–85.

[64] 吕宇翔，方格格 . 时空、流动与身体：传播仪式观下的故宫云展 [J]. 艺术设计研究，2021，98（6）：91–96.

[65] 麦克卢汉 . 开脑术 [M]// 麦克卢汉，斯坦斯 . 麦克卢汉如是说：理解我 . 何道宽，译 . 北京：中国人民大学出版社，2006：105.

[66] 毛泽东 . 我们的党已经从两条战线斗争中巩固和壮大起来 [M]// 毛泽东选集 第二卷 . 北京：人民出版社，2005：534.

[67] 毛湛文 . 定性比较分析（QCA）与新闻传播学研究 [J]. 国际新闻界，2016，38（4）：6–25.

[68] 孟登迎 . “亚文化”概念形成史浅析 [J]. 外国文学，2008（6）：93–102，125.

[69] 孟建 . 网络视听：“视听中国”战略的认知与阐释 [J]. 视听理论与实践，2021（2）：3–9.

[70] 穆美琼，周梁云 . 葛兰西文化领导权理论及其启示 [J]. 马克思主义哲学，2021（4）：117–124.

[71] 纳张元 . 应全面理解民族性 [N]. 文艺报，2009–11–21.

[72] 南帆 . 梗：网络空间新型典故的诞生 [N]. 光明日报，2021–09–09（15）.

[73] 宁海林 . “中华优秀传统文化 + 短视频”整合传播研究 [J]. 现代传播（中国传媒大学学报），2018，40（6）：135–138.

[74] 牛凤燕 . 媒介融合视域下中华优秀传统文化传播的现代转换 [J]. 理论学刊，2018（5）：162–168.

[75] 潘佳宝，喻国明 . 新闻传播学视域下中国舆论研究的知识图谱（1986—2015）——基于文献计量学的研究 [J]. 现代传播（中国传媒大学学报），2017，39（9）：1–11.

[76] 潘理安，唐嘉蔚 . 从共鸣到共享："抖音"的中国传统文化传播策略 [J]. 传媒，2020（3）：88–90.

[77] 彭聪，赵昆 . 非物质文化遗产文化活态的传播创新——以安新芦苇画短视频呈现为例 [J]. 出版广角，2019（1）：49–51.

[78] 彭兰 . 假象、算法囚徒与权利让渡：数据与算法时代的新风险 [J]. 西北师大学报（社会科学版），2018，55（5）：20–29.

[79] 彭祝斌，范岳鋆，朱晨雨 . 欧洲焦点事件在华传播热度的影响因素及作用机制——基于 30 起案例的模糊集定性比较分析 [J]. 新闻与传播研究，2021，28（2）：106–125，128.

[80] 钱林林 ."中国节日"系列节目的艺术表达创新 [J]. 文化月刊，2023（1）：60–62.

[81] 秦沈 . 用故事讲出的科学道理——从央视《走近科学》看科教节目创新 [J]. 当代电视，2006（3）：28–29.

[82] 任中峰，彭薇 .《百家讲坛》的"雅俗"变革 [J]. 传媒，2006（3）：60–62.

[83] 任中杰，张鹏，兰月新，等 . 面向突发事件的网络用户画像情感分析——以天津"8・12"事故为例 [J]. 情报杂志，2019，38（11）：126–133.

[84] 商志晓 . 中华传统文化创造性转化创新性发展的哲学审思 [N]. 光明日报 .2017–01–09（15）.

[85] 邵志择 . 关于党报成为主流媒体的探讨 [J]. 新闻记者，2002（3）：15–18.

[86] 宋银桂 . 文化・传统文化・文化传统 [J]. 文史博览，2005（12）：16–18.

[87] 宋昭勋 . 新闻传播学中 Convergence 一词溯源及内涵 [J]. 现代传播（中国传媒大学学报），2006（1）：51–53.

[88] 孙振虎，赵甜 . 溯源与流变：中国纪录片“精英文化”的观念史考察 [J]. 现代传播（中国传媒大学学报），2021，43（5）：113–117.

[89] 谭雪芳 . 弹幕、场景和社会角色的改变 [J]. 福建论坛（人文社会科学版），2015（12）：139–145.

[90] 汤敏 .《建军大业》传播中的主流意识形态领导权建构：第三代话语理论进路的分析 [J]. 国际新闻界，2019，41（6）：122–144.

[91] 田建平，赵瑞交 . 中国电视媒介传播少数民族优秀文化策略 [J]. 长安大学学报（社会科学版），2015，17（3）：58–69.

[92] 王淳，张玉川 . 环境新闻的话语修辞：以中国环境状况公报为基准点的三角对比 [J]. 新闻大学，2021（8）：51–64，118–119.

[93] 王凌芳 . 新媒体时代下中华传统文化的传播策略 [J]. 四川戏剧，2015（8）：44–47.

[94] 王若彤 . 网感表达：主流媒体的创新趋势——以央视融媒体实践为例 [J]. 电视研究，2021（5）：59–60.

[95] 王晟添 . 知识观的重塑与视听微叙事传播——以短视频媒介下的知识传播为例 [J]. 求索，2022（5）：68–76.

[96] 王婷 . 意义生成与语境建构：“语域”视阈下传统文化类节目研究 [J]. 现代传播（中国传媒大学学报），2019，41（1）：103–107.

[97] 王婷，杨文忠 . 文本情感分析方法研究综述 [J]. 计算机工程与应用，2021，57（12）：11–24.

[98] 王前，陈佳 .“行动者网络理论”的机体哲学解读 [J]. 东北大学学报（社会科学版），2019，21（1）：1–7.

[99] 王群英 . 透析中国电视法制节目娱乐化倾向 [J]. 社会观察，2003（3）：30–31.

[100] 王晓红 . 视频文本化及其技术功能初探 [J]. 新闻爱好者，2013（3）：7–12.

[101] 王永 . 原创文化类电视节目兴盛背后的冷思考 [J]. 新闻战线，2019（16）：31–33.

[102] 王源 . 媒介融合视域下中华优秀传统文化具象化传播创新研究 [J]. 东岳论丛，2020，41（12）：45–51.

[103] 王志峰，朱斌 . 论文化类电视节目中传统美学精神的呈现 [J]. 中国电视，2020（3）：53–57.

[104] 翁旭东，曾祥敏 . 在场、组局、破圈——突发重大公共事件中主流媒体移动社会化传播的破与立 [J]. 电视研究，2020（9）：56–60.

[105] 我国电视的社会拥有量发展迅速 [J]. 科学社会主义，1992（3）：30.

[106] 吴畅畅 . 浅议河南卫视“中国节日”系列短片的“文化中国性”[J]. 新闻与写作，2021（12）：92–96.

[107] 吴国盛 . 哲学中的“技术转向”[J]. 哲学研究，2001（1）：26–27，80.

[108] 吴炜华，张守信 . 全媒体人才之业界需求：基于定性比较分析方法 [J]. 现代传播（中国传媒大学学报），2020，42（3）：154–161，168.

[109] 吴毅，吴刚，马颂歌 . 扎根理论的起源、流派与应用方法述评——基于工作场所学习的案例分析 [J]. 远程教育杂志，2016，35（3）：32–41.

[110] 习近平 . 提高国家文化软实力 [M]// 习近平谈治国理政・第一卷 .2 版 . 北京：外文出版社，2018：160–162.

[111] 谢建华 . 媒介批判视野中的电视资讯娱乐化现象 [J]. 北京电影学院学报，2004（2）：19–24，106.

[112] 谢文清 . 做好爱国主义、共产主义的宣传教育 [M]// 中国广播电视年鉴（1986），北京：中国广播电视出版社，1986：209–211.

[113] 徐桂权，陈一鸣 . 后马克思主义视野下的媒介话语分析：拉克劳与墨菲话语理论的传播适用性 [J]. 新闻与传播研究，2020，27（2）：42–57，126–127.

[114] 徐桂权，熊壮 . 中国受众观念的多元表述：一种话语理论分析的进路 [J]. 现代传播（中国传媒大学学报），2015，37（9）：49–54.

[115] 徐琳宏，林鸿飞，潘宇，等 . 情感词汇本体的构造 [J]. 情报学报，2008，27（2）：180–185.

[116] 闫翠萍，蔡骐 . 网络虚拟社区中的圈子文化 [J]. 湖南社会科学，2013（4）：263–266.

[117] 闫国明，任树芳 . 以中国传统文化塑造大学生价值观 [J]. 党史博采（理论），2012（4）：47–48.

[118] 颜梅，何天平 . 电视文化类节目的嬗变轨迹及文化反思 [J]. 现代传播（中国传媒大学学报），2017，39（7）：87–90.

[119] 晏青，付森会 . 粉丝 – 明星关系感知的影响因素与作用机理：基于混合方法的研究 [J]. 国际新闻界，2021，43（10）：6–28.

[120] 严三九 . 中国传统媒体与新兴媒体内容融合发展研究 [J]. 新闻与传播研究，2017，24（3）：101–118，128.

[121] 杨纯 . 古永锵：微视频市场机会激动人心 [J]. 中国电子商务，2006（11）：112–113.

[122] 杨国斌 . 中国互联网的深度研究 [J]. 新闻与传播评论，2017（1）：22–42.

[123] 杨翰卿，李保林 . 论中国传统文化的当代转换 [J]. 中国社会科学，1999（1）：80–89.

[124] 杨艺明，潘一嘉 . 青年的党史情感表达与媒介实践方式——基于 B 站“长征始末”系列视频弹幕情感分析 [J]. 新媒体研究，2021，7（13）：79–82，89.

[125] 杨盈龙，孙百卉 . 媒介融合时代传统文化节目的“故事世界”建构——从跨媒介传播到跨媒介叙事 [J]. 中国电视，2019（12）：70–73.

[126] 叶勤 .《百家讲坛》现象研究——对电视媒体的文化生产机制的反思 [J]. 社会科学论坛（学术评论卷），2008（8）：81–90.

[127] 衣俊卿 . 日常生活批判刍议 [M]// 李小娟 . 走向中国的日常生活批判 . 北京：人民出版社，2005：21.

[128] 易前良 . 透析“电视讲坛”现象——关于《百家讲坛》的思考 [J]. 中国电视，2007（3）：38–41，1.

[129] 易中天 . 这一回我品《百家讲坛》[J]. 学理论，2008（4）：86–88.

[130] 印证，弭秀玲 . 电视与城市社会 [J]. 社会学研究，1986（5）：48–56.

[131] 余琛，朱晨雨 . 中华传统文化短视频跨文化传播效果影响因素研究 [J]. 中国出版，2021（23）：47–52.

[132] 袁瑾 . 媒介转型与当代认同性的变迁 [J]. 华南农业大学学报（社会科学版），2011，10（1）：120–125.

[133] 袁靖华，童威楠 . “影子种族主义”：国际新闻中的话语霸权再生产 [J]. 未来传播，2022，29（1）：63–75，129.

[134] 曾祥敏，董泽萱，况一凡 . 对话、合作、液态化融合：2022 全国两会融媒体产品创新研究 [J]. 新闻与写作，2022（5）：94–106.

[135] 曾祥敏，关伟娜 . 时政报道中的信息可视化产品研究——基于 2015 年全国两会报道的个案研究 [J]. 现代传播（中国传媒大学学报），2015，37（7）：29–33.

[136] 曾祥敏，刘日亮 . 中国主流媒体融合发展现状调查和重点问题探究 [M]// 中国新媒体研究报告 2020. 北京：人民日报出版社，2020：2–29.

[137] 曾祥敏，刘日亮 . “生态构建”：媒体深度融合发展的纵深进路 [J]. 现代出版，2022（1）：50–63.

[138] 曾祥敏，刘日亮 .2019 年中国媒体融合发展综述 [M]// 中国新媒体研究报告 2019. 北京：人民日报出版社，2019：2–25.

[139] 曾祥敏，刘思琦 . 视频化传播为核心的深度融合探索——2022 年总台全国两会报道的创新实践思考 [J]. 电视研究，2022（4）：4–8.

[140] 曾祥敏，杨丽萍 . 论媒体融合纵深发展“合”的本质与“分”的策略——差异化竞争、专业化生产、分众化传播 [J]. 现代出版，2020（4）：32–40.

[141] 曾祥敏，杨丽萍 . 自媒体环境下首都网络舆论话语空间生产与引导——基于 2019—2021 年微博热搜的共词分析和案例研究 [J]. 现代传播（中国传媒大学学报），2022（3）：40–49.

[142] 曾祥敏，翁旭东 . 重塑文化主体性——电视文化类节目创新实践探寻 [J]. 电视研究，2021（6）：22–25.

[143] 曾祥敏，翁旭东 . 信息疫情形成与扩散的要素组合研究——对涉疫假新闻的模糊集定性比较分析 [J]. 青年记者，2021（23）：51–55.

[144] 曾祥敏，翁旭东，黄莉莉 . 时政新闻报道融合创新——基于 2017 年全国两会可视化产品的分析研究 [J]. 编辑之友，2017（7）：5–12.

[145] 曾一果，李蓓蕾 . 破壁：媒体融合下视频节目的“文化出圈”——以河南卫视《唐宫夜宴》系列节目为例 [J]. 新闻与写作，2021（6）：30–35.

[146] 曾一果，朱赫 . 记忆、询唤和文化认同：论传统文化类电视节目的“媒介仪式”[J]. 现代传播（中国传媒大学学报），2019，41（3）：92–98.

[147] 张爱凤 .2013—2014 国内原创电视文化节目建构的多元认同 [J]. 现代传播（中国传媒大学学报），2014，36（8）：73–78.

[148] 张爱凤 .2018：原创文化节目发展与研究新动向 [J]. 中国文艺评论，2019（1）：24–32.

[149] 张爱凤 . 媒介融合背景下原创文化节目创新与审美代沟弥合 [J]. 中国新闻传播研究，2019（5）：107–121.

[150] 张丹 . 西方马克思主义话语理论及其局限——以阿尔都塞、哈贝马斯、拉克劳和墨菲为例 [J]. 世界哲学，2021（2）：33–40.

[151] 张法 . 从“百家讲学”到“百家说书”[M]// 张法等 . 会诊《百家讲坛》. 合肥：安徽教育出版社，2007：1–16.

[152] 张公让，鲍超，王晓玉，等 . 基于评论数据的文本语义挖掘与情感分析 [J]. 情报科学，2021，39（5）：53–61.

[153] 张国涛，欧阳沛妮 . 在中华美学精神层面寻得共鸣——解析河南卫视“中国节日”系列节目 [J]. 中国电视，2021（7）：23–29.

[154] 张海涛，王丹，徐海玲，等 . 基于卷积神经网络的微博舆情情感分类研究 [J]. 情报学报，2018，37（7）：695–702.

[155] 张利红 . 民族文化传承不能靠“死记硬背”[N]. 光明日报，2016–06–07（3）.

[156] 张明，杜运周 . 组织与管理研究中 QCA 方法的应用：定位、策略和方法 [J]. 管理学报，2019，28（16）：1312–1323.

[157] 张旭东．“革命机器”与“普遍的启蒙”——《在延安文艺座谈会上的讲话》的历史语境及政治哲学内涵再思考 [J]. 中国现代文学研究丛刊，2018（4）：3–17.

[158] 张岩，王琳琳，邓月，等．传统文化类电视节目对文化建设影响的研究 [J]. 中国电视，2017（11）：65–71.

[159] 张悦，郭雅妮．主流媒体的用户运营：传播逻辑重构下的用户关照与内容建设 [M]// 中国新媒体研究报告 2020. 北京：人民日报出版社，2020：272–288.

[160] 赵涛．电子网络时代的知识生产问题析论 [J]. 哲学动态，2015（11）：22–28.

[161] 赵勇．从“学术电视”到“电视娱乐”——《百家讲坛》的流播小史与变脸方术 [J]. 艺术广角，2008（1）：66–72.

[162] 赵玉华．中国传统文化基本内涵探析 [J]. 东岳论丛，2003（5）：118–120.

[163] 赵允芳．做电视科教节目的王牌——访中央电视台《百家讲坛》制片人万卫 [J]. 传媒观察，2006（11）：12–14.

[164] 郑海侠．从马克思恩格斯到斯图亚特・霍尔：意识形态研究范式的转变 [J]. 渤海大学学报（哲学社会科学版），2019，41（2）：75–81.

[165] 郑世明．论中国电视娱乐综艺节目的美学特质 [J]. 编辑学刊，2010（1）：35–38.

[166] 郑欣，朱沁怡．“人以圈居”：青少年网络语言的圈层化传播研究 [J]. 新闻界，2019（7）：25–36.

[167] 郑玄，龚逸琳．原生 IP 视角下传统主流媒体的内容创新研究——以央视频《央 young 之夏》为例 [J]. 电视研究，2021（11）：29–32.

[168] 郑义．跨越文化断裂带 [N]. 文艺报，1985–07–13.

[169] 钟佳娃，刘巍，王思丽，等．文本情感分析方法及应用综述 [J]. 数据分析与知识发现，2021，5（6）：1–13.

[170] 周葆华．出圈与折叠：2020 年网络热点事件的舆论特征及对内容

生产的意义 [J]. 新闻界，2021（3）：21–27.

[171] 周逵，黄典林 . 娱乐的正当性：当代中国大陆电视综艺节目的观念与实践流变 [J]. 国际新闻界，2021，43（7）：59–79.

[172] 周敏，卢武 . 浅议影像视域下传统文化年轻化的探索——以央视《国家宝藏》为例 [J]. 青年探索，2020（4）：40–48.

[173] 周娜，何润奇 . 基于文本情感分析的文化综艺节目综合评价——以央视文化类综艺节目《国家宝藏》为例 [J]. 中南民族大学学报（人文社会科学版），2019，39（5）：175–180.

[174] 周宪 . 视觉建构、视觉表征与视觉性——视觉文化三个核心概念的考察 [J]. 文学评论，2017（3）：17–24.

[175] 朱康有 . 传统文化“双创”的几个舆论难点 [J]. 人民论坛，2019（1）：128–131.

[176] 朱天，张诚 . 概念、形态、影响：当下中国互联网媒介平台上的圈子传播现象解析 [J]. 四川大学学报（哲学社会科学版），2014（6）：71–80.

[177] 主流媒体如何增强舆论引导有效性和影响力之一：主流媒体判断标准和基本评价 [J]. 中国记者，2004（1）：20–21.

[178] 邹静祺 . 融合与建构：新媒体环境下传统文化传播研究综述 [J]. 新媒体研究，2019，5（16）：43–45.

中文报告

[1] 第 50 次中国互联网络发展状况统计报告 [R]. 北京：中国互联网络信息中心，2022.

[2] 习近平 . 决胜全面建成小康社会 夺取新时代中国特色社会主义伟大胜利——在中国共产党第十九次全国代表大会上的报告 [R]. 北京：人民出版社，2017.

中文学位论文

[1] 陈鹏 . 当代电视媒体中的传统文化传播 [D]. 山东大学，2009.

[2] 陈钊 . 面向中文文本的情感分析方法研究 [D]. 哈尔滨工业大学，2016.

[3] 郭安元 . 基于扎根理论的心理契约违背的影响因素及其作用机制研究 [D]. 武汉大学，2015.

[4] 胡春阳 . 传播的话语分析理论 [D]. 复旦大学，2005：18–25.

[5] 李新潮 . 中华传统文化“创造性转化、创新性发展”思想研究 [D]. 兰州大学，2021.

[6] 林妹静 . 作为观念的“主流媒体”：以“新媒体”为参照 [D]. 厦门大学，2014.

[7] 宋国栋 . 想象的审美学 [D]. 湖南师范大学，2004.

[8] 孙晓雅 . 马克思主义生命力研究 [D]. 电子科技大学，2022.

[9] 王博 . 中国电视汉字文化益智类节目研究 [D]. 吉林大学，2016.

[10] 冶进海 . 变革中的视听媒体发展格局与传播形态 [D]. 陕西师范大学，2016.

中文电子资料

[1] 北京晚报 . 广电总局解释“屏蔽”外语缩略词称属媒体误读 [N/OL]. 搜狐新闻 .（2010–04–15）[2–22–04–14].https://news.sohu.com/20100415/n271536460.shtml.

[2] 陈睿 . B 站成年轻人的主流平台，新增主要来源是三四线城市 [EB/OL].（2019–05–28）[2023–01–22].https://www.sohu.com/a/317139295_226897.

[3] 第三十一届中国新闻奖评选办法 [EB/OL].（2021–04–02）[2023–01–24].http://www.zgjx.cn/2021–04/02/c_139854653.htm.

[4] 电视节目如何创新创优？高长力司长用五个“新”画了重点 [EB/OL].（2018–04–04）[2022–11–04].https://www.sohu.com/a/227321150_247520.

[5] 杜笑宇 . 中国互联网用户数量超过美国 跃居世界第一 [EB/OL]. 中国经济网 .（2008–04–21）[2022–11–04].http://intl.ce.cn/specials/zxxx/200804/21/t20080421_15227202.shtml.

[6] 国家广播电视总局 . 关于积极开办原创文化节目弘扬和传承优秀传统文化的通知 [EB/OL].（2014–01–23）[2022–10–25].http://www.nrta.gov.cn/art/2014/1/23/art_113_4879.html.

[7] 广电总局关于进一步规范群众参与的选拔类广播电视活动和节目的管理通知 [EB/OL]. 中国政府网 .（2007–09–21）[2022–10–17].http://www.gov.cn/gzdt/2007–09/21/content_757330.htm.

[8] 国家广播电影电视总局 . 互联网等信息网络传播视听节目管理办法 [Z/OL]. 中国政府网 . [2022–08–13].http://www.gov.cn/gongbao/content/2005/content_64200.htm.

[9] 国家广播电视总局办公厅 . 国家广播电视总局办公厅关于开展 2021 年“中华文化广播电视传播工程”重点项目申报工作的通知 [EB/OL].（2021–03–26）[2022–11–29].http://www.nrta.gov.cn/art/2021/3/26/art_113_55557.html.

[10] 国家广播电视总局办公厅 . 国家广播电视总局办公厅关于做好 2021 年广播电视创新创优节目评选扶持工作的通知 [EB/OL].（2021–03–05）[2022–11–29].http://www.nrta.gov.cn/art/2021/3/5/art_113_55308.html.

[11] 国家广播电视总局办公厅 . 国家广播电视总局办公厅关于做好 2022 年广播电视创新创优节目评选扶持工作的通知 [EB/OL].（2022–02–25）[2022–11–29].http://www.nrta.gov.cn/art/2022/2/25/art_113_59637.html.

[12] 国家广播电视总局广播电视规划院 . 晚间时段首播文艺节目收视综合分析（2021 年 10 月 9 日—10 月 15 日）[EB/OL].（2021–10–29）[2023–2–17].https://baijiahao.baidu.com/s?id=1714228154881237036&wfr=spider&for=pc.

[13] 韩亚栋 . 广电总局发出通知：主持人节目中不得说方言 [N/OL]. 人民网 .（2014–01–06）[2022–04–14].http://media.people.com.cn/n/2014/0106/c40606–24028485.html.

[14] 王半仙 . 河南卫视走红背后，有一本二三线卫视的改革经 [EB/OL].（2021–07–07）[2023–01–14].https://baijiahao.baidu.com/s?id=1704606021434080027&wfr=spider&for=pc.

[15] 侯隽 . 引进节目带领电视综艺节目走出“抄”时代？ [EB/OL]. 经济

网 .（2019-10-18）[2022-10-24].http://www.ceweekly.cn/2019/1018/271354.shtml.

[16] 互联网新巴别塔：从圈子到知识分层，我们正在变得更加单向度[EB/OL].（2018-12-04）[2023-01-08].https://www.ifanr.com/1138153.

[17] 监管中心 .《2021 短视频行业发展分析报告》发布 [EB/OL]. 国家广播电视总局 .（2022-08-19）[2023-01-09].http://www.nrta.gov.cn/art/2022/8/19/art_114_61271.html.

[18] 李 杰 . CiteSpace 中 文 版 指 南 [EB/OL].[2022-07-21].http://cluster.ischool.drexel.edu/~cchen/citespace/manual/CiteSpaceChinese.pdf.

[19] 闵大洪 .2005 年的中国网络媒体与网络传播互联网大步迈进“Web2.0 时代”[EB/OL]. 人民网 .（2014-04-15）[2022-11-04].http://media.people.com.cn/n/2014/0415/c40606-24898384.html.

[20] 上海市地方志办公室 . 上海广播电视志 [EB/OL].（1998-12-01）[2022-10-02].https://www.shtong.gov.cn/difangzhi-front/book/detail?oneId=1&bookId=4510.

[21] 慎海雄 . 抓住数字化发展大潮大象也要学会跳街舞 [EB/OL]. 新京报 .（2018-11-09）[2022-11-08].https://baijiahao.baidu.com/s?id=1616603076721351813&wfr=spider&for=pc.

[22] 十八届中央纪律检查委员会向中国共产党第十九次全国代表大会的工作报告 [EB/OL]. 中国政府网 .（2017-10-29）[2022-07-13].http://www.gov.cn/zhuanti/2017-10/29/content_5235228.htm.

[23] 百年瞬间：中央电视台正式开播 [EB/OL].（2021-09-02）[2022-10-03].https://view.inews.qq.com/k/20210902A003QU00?web_channel=wap&openApp=false.

[24] 秦悦 . 五问汉字听写：靠死记硬背能撑多久？ [EB/OL]. 人民论坛网 .（2013-10-25）[2022-11-01].http://politics.rmlt.com.cn/2013/1025/170642.shtml.

[25] 微博发布 2022 年三季报，9 月日均活跃用户数达 2.53 亿 [EB/OL].（2022-11-18）[2023-01-23].https://baijiahao.baidu.com/s?id=1749796182692576255&wfr=spider&for=pc.

[26] 文旅文创“融”起来 [EB/OL]. 河南省人民政府门户网站 .（2023-01-07）[2023-02-05].https://www.henan.gov.cn/2023/01-07/2668882.html.

[27] 新华网首支 XR 创意视频跨界破圈背后的“融媒创新兵法”[EB/OL].（2022-02-11）[2023-01-27].https://baijiahao.baidu.com/s?id=1724420187023128456&wfr=spider&for=pc.

[28] 新闻晨报 . 广电总局禁止电视节目用“NBA”等外语和缩略词 [N/OL]. 搜狐娱乐,（2010-04-07）[2022-04-14].https://yule.sohu.com/20100407/n271344698.shtml.

[29] 习近平：坚持正确方向创新方法手段 提高新闻舆论传播力引导力 [EB/OL]. 新华社 .（2016-02-19）[2022-07-17].http://www.xinhuanet.com//politics/2016-02/19/c_1118102868.htm.

[30] 习近平在纪念孔子诞辰 2565 周年国际学术研讨会讲话（全文）[EB/OL]. 中国政府网 .（2014-09-24）[2022-08-04].http://www.gov.cn/xinwen/2014-09/24/content_2755666.htm.

[31] 习近平在全国宣传思想工作会议上强调 胸怀大局把握大势着眼大事努力把宣传思想工作做得更好 [EB/OL]. 共产党员网 .（2013-08-21）[2022-10-25].https://news.12371.cn/2013/08/21/ARTI1377027196674576.shtml.

[32] 习近平在中共中央政治局第三十九次集体学习时强调 把中国文明历史研究引向深入 推动增强历史自觉坚定文化自信 [EB/OL]. 新华网 .（2022-05-28）[2022-07-13].http://www.news.cn/politics/2022-05/28/c_1128692207.htm.

[33] 习近平主持中共中央政治局第十二次集体学习并发表重要讲话 [EB/OL]. 中国政府网 .（2019-01-25）[2022-08-11].http://www.gov.cn/xinwen/2019-01/25/content_5361197.htm.

[34] 新华社 . 全国科技创新大会 两院院士大会 中国科协第九次全国代表大会在京召开 [EB/OL].（2016-05-50）[2022-09-19].http://www.xinhuanet.com//politics/2016-05/30/c_1118956522.htm.

[35] 杨岚 . 媒体融合蓝皮书：“视频化 + 社交化”正站在行业的风口 [EB/OL]. 中国政协网 .（2021-10-15）[2022-11-03].http://www.rmzxb.com.cn/c/2021-10-15/ 2967529.shtml.

[36] 杨黎 . 诗人杨黎：“汉字听写大会”是一场幽怨的复辟 [EB/OL]. 凤

凰网.（2013-10-29）[2022-07-26].http://culture.ifeng.com/insight/special/hanzitingxiedahui/.

[37] 杨秀璋.基于大连理工情感词典的情感分析和情绪计算[EB/OL].（2020-08-09）[2023-02-13].https://blog.csdn.net/Eastmount/article/details/107877713.

[38] 喻国明.主流媒体与互联网平台的关系[EB/OL].中国社会科学网.（2021-05-06）[2022-09-16].http://www.cssn.cn/zx/bwyc/202105/t20210506_5331203.shtml.

[39] 张守刚.媒体清算百家讲坛：收视率下降 改不改或许都死[EB/OL].（2008-11-21）[2022-10-14].http://www.chinanews.com.cn/cul/news/2008/11-21/1459001.shtml.

[40] 张晓荣.央young之夏首届直播节盛大开幕，央视名嘴团掀起 全网购物狂潮[EB/OL].（2021-08-24）[2023-01-17].https://movie.huanqiu.com/article/44U4dXL5Eh7.

[41] 中共中央办公厅 国务院办公厅印发《关于加快推进媒体深度融合发展的意见》[EB/OL] 中国政府网.（2020-09-26）[2022-07-18].http://www.gov.cn/xinwen/2020-09/26/content_5547310.htm.

[42] 中共中央办公厅，国务院办公厅.关于实施中华优秀传统文化传承发展工程的意见[Z/OL].中华人民共和国中央人民政府.（2017-01-25）[2022-12-27]. http://www.gov.cn/zhengce/2017-01/25/content_5163472.htm.

[43] 中共中央关于繁荣发展社会主义文艺的意见[EB/OL].中国政府网.（2015-10-19）[2022-10-25].http://www.gov.cn/xinwen/2015-10/19/content_2950086.htm.

[44] 中共中央关于深化文化体制改革 推动社会主义文化大发展大繁荣若干重大问题的决定[EB/OL].共产党员网.（2012-09-28）[2022-10-25].https://www.12371.cn/2012/09/28/ARTI1348823030260190_all.shtml.

[45] 中共中央关于制定国民经济和社会发展第十四个五年规划和二〇三五年远景目标的建议[EB/OL].中国政府网.（2020-11-03）[2022-07-17]. http://www.gov.cn/zhengce/2020-11/03/content_5556991.htm.

[46]“中国节日”裂变传播后，河南广电台副总编李波谈“破圈之道”[EB/OL].（2021-10-26）[2023-01-14].http://news.hnr.cn/djn/article/1/1452932350129532929.

[47] 中央广播电视总台与中国书法家协会开展战略合作《中国书法大会》开机启拍 [EB/OL].（2022-02-22）[2022-12-17].https://baijiahao.baidu.com/s?id=1725449712799322350&wfr=spider&for=pc.

[48] 中央全面深化改革领导小组第四次会议审议通过《关于推动传统媒体和新兴媒体融合发展的指导意见》[EB/OL]. 共产党员网 .（2020-08-20）[2022-08-11].https://news.12371.cn/2014/08/20/VIDE1408534807182577.shtml?isappinstalled=0.

[49] 主持人播音员不得刻意说方言 广电总局又发禁令 [N/OL]. 长江商报，2014-01-07[2022-04-14].http://www.changjiangtimes.com/2014/01/466993.html.

[50] 总局发出《关于加强真人秀节目管理的通知》[EB/OL]. 陕西省广播电视局 .（2015-07-23）[2022-10-25].http://gdj.shaanxi.gov.cn/info/1980/19051.htm.

[51] bilibili 年度国风数据报告 [EB/OL].（2022-02-04）[2023-02-04].https://www.bilibili.com/read/cv15258656/.

[52]《抖擞传统：短视频与传统文化研究报告》发布 [EB/OL].（2019-05-14）[2023-02-04].https://www.sohu.com/a/314012549_750267.

[53]《完善中华优秀传统文化教育指导纲要》印发 [Z/OL]. 中国政府网 .（2014-04-01）[2022-08-05].http://www.gov.cn/xinwen/2014-04/01/content_2651154.htm.

[54]《央 young 之夏》公演口碑爆棚破圈传播 [EB/OL].（2021-08-22）[2023-01-17].https://baijiahao.baidu.com/s?id=1708787107970078852&wfr=spider&for=pc.

外文著作

[1] BARTHES R. The Pleasure of the Text[M]. New York: Farrar, Straus & Giroux,1975.

[2] BLUMER H. Symbolic Interactionism: Perspective and Method[M].

Englewood Cliffs, New Jersey: Prentice Hall,1969.

[3] BRUNS A. Blogs, Wikipedia, Second Life, and Beyond: From Production to Produsage[M]. Peter Lang,2008.

[4] BURGESS J, GREEN J. YouTube: Online Video and Participatory Culture[M]. John Wiley & Sons,2018.

[5] CARPENTIER N. The discursive-material knot: Cyprus in conflict and community media participation[M]. Peter Lang, 2017.

[6] CHARMAZ K. Constructing Grounded Theory: A Practical Guide through Qualitative Analysis[M]. London, Thousand Oaks, New Delhi: SAGE Publications, 2006.

[7] CUPITT D. After god: The future of religion[M]. London: Weidenfeld & Nicolson, 1997.

[8] DE CERTEAU. The Practice of Everyday Life[M]. S RENDALL trans. University of California Press, 1984.

[9] DEXTER L A. Elite and Specialized Interviewing. Evanston[M].IL: Northwestern University Press, 1970.

[10] FAIRCLOUGH N. Discourse and Social Change[M]. Cambridge: Polity Press,1992.

[11] FAIRCLOUGH N. Media Discourse[M].London: Edward Arnold,1995.

[12] GEE J P. Social Linguistics and Literacies. Ideology in Discourses, Critical Perspectives on Literacy and Education[M]. Bristol: Falmer Press,1990.

[13] HERITAGE J. Garfinkel and Ethnomethodology[M]. Englewood Cliffs: Prentice-Hall,1984.

[14] HINE C. Virtual Ethnography[M]. Thousand Oaks, USA: Sage, 2000.

[15] HINE C. Ethnography for the Internet: embedded, embodied and everyday [M]. London: Bloomsbury, 2015.

[16] JENKINS H, FORD S, GREEN J. Spreadable media: Creating value and meaning in a networked culture[M].New York: New York University Press,2013.

[17] JOSEPH J. Hegemony: A Realist Analysis[M]. London and New York:

Routledge,2003.

[18] JØRGENSEN M, PHILIPS L. Discourse Analysis as Theory and Method[M]. London: Sage, 2002.

[19] LACLAU E, MOUFFE C. Hegemony and Socialist Strategy: Towards a Radical Democratic Politics[M].2nd ed. Norfolk: Verso,2001.

[20] MCLUHAN M, FIORE Q. The Medium is the Massage: An Inventory of Effects[M]. New York: Bantam Books,1967.

[21] MERTON R K. The Focused Interview[M]. New York: The Free Press, 1956.

[22] MOUFFE C. On the Political[M]. London: Routledge, 2005.

[23] PEARALL J, HANKS P, SOANES C. The New Oxford Dictionary[M]. Oxford: Claendon Press, Shanghai: Foreign Education Publishing House, 2001.

[24] PHILIPS L, JØRGENSEN M. Discourse Analysis as Theory and Method[M]. London: Sage, 2002.

[25] POOL I D. Technologies of freedom[M]. Harvard University Press, 1983.

[26] RAGIN C C. The comparative method: Moving beyond qualitative and quantitative strategies[M]. Univ of California Press, 1987.

[27] RITZER G. Sociological Theory[M]. New York: McGraw–Hill,1992.

[28] SMYTHE D. Dependency road: Communication, capitalism, consciousness and Canada[M]. Norwood: Ablex,1981.

[29] STRAUSS A L. Qualitative analysis for social scientists[M]. New York: Cambridge University Press, 1987.

[30] STRAUSS A, CORBIN J. Basics of qualitative research: Grounded theory procedures and techniques[M]. Sage Publications,1990.

[31] TITSCHER S, MEYER M, WODAK R, et al. Methods of Text and Discourse Analysis[M]. London/Thousand Oaks/New Delhi: Sage, 2000.

[32] TORFING J. New Theories of Discourse. Laclau, Mouffe and Žižek[M]. Oxford: Blackwell,1999.

[33] UNDERBERG N, ZORN E. Digital ethnography: Anthropology, narrative, and new media[M]. Austin, TX: University of Texas Press,2013.

[34] VAN DIJK T. Elite Discourses and Racism[M]. London: Routledge, 1993.

[35] WILLIAMS R. Culture and society, 1780–1950[M]. New York: Harper & Row, 1958.

外文析出文献

[1] ADAMS W C. Conduction semi-structured interviews[M]//WHOLEY J S, HATRY H P, NEWCOMER K. Handbook of Practical Program Evaluation. 4th ed. San Francisco: Jossey-Bass, 2015:492–505.

[2] BENNETT A, ELMAN C. Qualitative research: Recent developments in case study methods[J]. Annual Review of Political Science 2006, 9:455–476.

[3] BOGAERTS J, CARPENTIER N. The postmodern challenge to journalism: Strategies for constructing a trustworthy identity[M]//Rethinking Journalism. Routledge, 2013: 60–71.

[4] CARPENTIER N. Deploying discourse theory. An introduction to discourse theory and discourse theoretical analysis[J]. Media and Communication Studies Interventions, 2010: 251–266.

[5] CARPENTIER N. The Dislocation of the Empty Signifier Freedom as a Tool in Global Political Struggles: A Case Study on RT's Mini-Series How to Watch the News[J]. Javnost –The Public, 2021:1–16.

[6] CARPENTIER N, DE CLEEN B. Bringing discourse theory into media studies: The applicability of discourse theoretical analysis (DTA) for the study of media practices and discourses[J]. Journal of language and politics, 2007, 6(2): 265–293.

[7] CARPENTIER N, HANNOT W. To be a common hero: The uneasy balance between the ordinary and ordinariness in the subject position of mediated ordinary people in the talk show Jan Publiek[J]. International Journal of Cultural Studies, 2009, 12(6): 597–616.

[8] CHARMAZ K. Constructivist and Objectivist Grounded Theory[M]// NORMANK, DENZIN Y S, LINCOLN. Handbook of Qualitative Research. 2nd ed. Thousand Oaks, CA: Sage, 2000:509–535.

[9] CHOMSKY N. What makes mainstream media mainstream[J]. Z magazine,1997,10(10):17–23.

[10] COURTOIS C, MECHANT P, PAULUSSEN S, et al. The triple articulation of media technologies in teenage media consumption[J]. New Media & Society,2012, 14(3):401–420.

[11] DAYAN D. Conquering visibility, Conferring visibility: Visibility seekers & media performance[J].International Journal of Communications, 2013(1): 137–153.

[12] DAĞDELEN M. Vacci–nation: The discursive construction of Turkishness in the news texts about Turkey's Covid–19 vaccine[Z]. the International Association for Media and Communication Research annual conference.Beijing, 2022.

[13] DICKERT S, SAGARA N, SLOVIC P. Affective motivations to help others:A two–stage model of donation decisions[J]. Journal of Behavioral Decision Making, 2011, 24(4):361–376.

[14] DOERFEL M L, BARNETT G A. A semantic network analysis of the International Communication Association[J]. Human Communication Research, 1999(4): 589–603.

[15] EKMAN P. Facial expression and emotion[J].American psychologist, 1993, 48(4): 384–392.

[16] FAIRCLOUGH N, WODAK P. Critical discourse analysis[M]//DIJK, TEUN A, VAN. Discourse as Social Interaction. London/Thousand Oaks/New Delhi: Sage, 1997: 258–294.

[17] GOODENOUGH W H. Cultural anthropology and linguistics[C]// Report of the Seventh Annual Round Table Meeting on Linguistics and Language Studies, P GARVIN, ed. Washington D. C.: Georgetown University, 1957:167.

[18] GROSSBERG L. On postmodernism and articulation: An interview with

Stuart Hall[J]. Journal of Communication Inquiry,1986,10(2),45–60.

[19] HARDY C, THOMAS R. Discourse in a material world[J]. Journal of Management Studies, 2015, 52(5): 680–696.

[20] HOWARTH D. Discourse[J]. Buckingham / Philadelphia: Open University Press,2000:107.

[21] HOWARTH D. Discourse Theory and Political Analysis[M]// SCARBROUGH E, TANENBAUM E. Research Strategies in the Social Sciences. Oxford: Oxford University Press, 1998: 268–293.

[22] HOWARTH D, STAVRAKAKIS Y. Introducing discourse theory and political analysis[M]//HOWARTH D, NORVAL A J, STAVRAKAKIS Y, et al. Discourse theory and political analysis: Identities, hegemonies and social change, 2000:1–23.

[23] JACOBS T. The dislocated universe of Laclau and Mouffe: an introduction to post–structuralist discourse theory[J]. Critical Review, 2018, 30(3–4): 294–315.

[24] KOZINETS R V. I want to believe: a netnography of the X–philes' subculture of consumption [J]. Advances in consumer research association for consumer research, 1997, 24(1): 470–475.

[25] LACLAU E. Metaphor and social antagonisms[M]//NELSON C, GROSSBERG L. Marxism and the Interpretation of Culture. Urbana: University of Illinois, 1988: 249 – 257.

[26] LACLAU E. New Reflections on the Revolution of Our Time[M]//LACLAU E. New Reflections on the Revolution of Our Time. London: Verso,1990:3–85.

[27] LEPIK K, CARPENTIER N. Articulating the visitor in public knowledge institutions[J]. Critical discourse studies, 2013, 10(2): 136–153.

[28] MARKHAM A.Bricolage[M]//NAVAS E, GALLAGHER O, BURROUGH X. Keywords in remix studies. New York & London: Routledge. 2018:44.

[29] MYLONAS Y. Crisis, austerity and opposition in mainstream media discourses of Greece[J]. Critical Discourse Studies, 2014, 11(3): 305–321.

[30] RAGIN C C, FISS P C. Net effects analysis versus configurational analysis: An empirical demonstration[J]. Redesigning social inquiry: Fuzzy sets and beyond, 2008, 240:190–212.

[31] SCHLESINGER P. On national identity: some conceptions and misconceptions criticized[J]. Social Science Information, 1987,26(2):219 - 264.

[32] SHI X. Discourse studies and cultural politics: An introduction[M]//SHI X. Discourse as cultural struggle. Hong Kong:Hong Kong University Press,2007: 3–16.

[33] TORFING J. Discourse theory: Achievements, arguments, and challenges[M]//Discourse theory in European politics. Palgrave Macmillan, London, 2005: 1–32.

[34] VORDERER P. Appraisal of Emotions in Media Use: Toward a Process Model of Meta – Emotion and Emotion Regulation[J]Media Psychology, 2008,11(01):7–27.

[35] WARD K. Cyber–ethnography and the emergence of the virtually new community[J]. Journal of Information technology, 1999, 14(1): 95–105.

[36] WENG X, LIU S. Unsilencing home village: A discursive–theoretical analysis of the construction of the rural in Chines short videos[J]. Zeszyty Prasoznawcze (Media Research Issues),2022(3):43–61.

[37] YEROMIN M. Universal Code of Movies and Influence of Traditional Media[M]// Universal Codes of Media in International Political Communications: Emerging Research and Opportunities. Hershey, PA: IGI Global, 2021:18–51.

外文电子资料

[1] Audiovisual Communication and Audible Communication[EB/OL]. Business Communication Article. [2022–08–12]. https://www.businesscommunicationarticles.com/audio–visual–communication–and–audible–communication/.

[2] EDWARD M. A (Brief) Critique of LacLau and Mouffe's Discourse Analysis[EB/OL]. (2008–09–11)[2022–08–25]. https://struggleswithphilosophy.wordpress.

com/2008/09/11/a-brief-critique-of-laclau-and-mouffes-discourse-analysis/.

[3] European Parliament, Council of the European Union. Directive 2010/13/EU of the European Parliament and of the Council of 10 March 2010 on the coordination of certain provisions laid down by law, regulation or administrative action in Member States concerning the provision of audiovisual media services (Audiovisual Media Services Directive) (Text with EEA relevance) [Z/OL]. (2010-04-15)[2022-08-13]. https://eur-lex.europa.eu/legal-content/EN/ALL/?uri=CELEX%3A32010L0013.

[4] hegemony (n.)[Z/OL]. Online Etymology Dictionary. [2022-08-06]. https://www.etymonline.com/word/hegemony.

[5] hegemony[Z/OL].Merriam-Webster. [2022-08-06]. https://www.merriam-webster.com/dictionary/hegemony.

[6] The Council of the European Communities. Council Directive 89/552/EEC of 3 October 1989 on the coordination of certain provisions laid down by law, regulation or administrative action in Member States concerning the pursuit of television broadcasting activities. [Z/OL]. (1989-10-03)[2022-08-13]. https://eur-lex.europa.eu/legal-content/EN/TXT/?uri=celex%3A31989L0552.

外文学位论文

[1] CHEN Y. The construction of the professional identity of the TV news presenter in two Chinese news programmes: A discourse-theoretical analysis[D]. Universitatis Upsaliensis, 2020.

[2] FILIMONOV K. The performance of participation in Russian alternative media: Discourse, materiality and affect in grassroots media production in contemporary Russia[D]. Uppsala: Universitatis Upsaliensis, 2021.

附　录

附录一　诸案例变量组合情况真值表

文化融合（CC）	话语风格（DS）	前沿技术（AT）	内容形态（CF）	传播矩阵（DM）	多元联动（JC）	社交互动（IT）	热点话题（SL）	传播热度（H）
0	0	0	0	1	0	0	0	0
1	0	1	1	1	1	1	1	0
0	1	1	0	1	0	1	0	1
0	0	0	0	1	0	1	0	0
0	0	1	0	1	0	0	0	0
0	1	0	1	1	1	1	1	1
1	1	1	1	1	1	0	1	1
1	1	1	1	1	0	0	1	1
1	1	1	0	1	0	1	1	1
0	1	1	1	1	1	0	1	1
0	0	1	1	1	0	0	1	1
0	1	0	0	1	1	0	0	1
0	0	0	0	1	0	0	1	1
1	0	0	1	1	1	0	0	1
1	1	1	1	1	0	0	1	0
0	0	1	1	1	0	0	1	1
0	0	0	0	1	0	0	1	0
0	0	0	0	1	0	0	1	0
1	0	0	1	1	1	0	1	0
1	1	0	1	1	1	1	1	0

附录二　Jieba 分词并去停用词脚本

```
import jieba

def stopwordlist( ) :
    stopwords = [line.strip( ) for line in open( 'hit_stopwords.txt' , encoding= 'UTF-8' ) .
readlines( ) ]
    return stopwords

def seg_word(line ) :
    # seg=jieba.cut_for_search(line.strip( ) )
    seg = jieba.cut(line.strip( ) )
    temp = ' '
    wordstop = stopwordlist( )
    for word in seg:
        if word not in wordstop:
        if word != "\t" :
        temp += word
        temp += ' '
    return temp+ '\n'

def output(inputfilename,outputfilename ) :
    inputfile=open(inputfilename,encoding= 'UTF-8' , mode= 'r' )
    outputfile=open(outputfilename,encoding= 'UTF-8' , mode= 'w' )
    for line in inputfile.readlines( ) :
        line_seg = seg_word(line )
        outputfile.write(line_seg )
    inputfile.close( )
    outputfile.close( )
    return outputfile

if __name__== '__main__' :
    print( "__name__" , __name__ )
    inputfilename= 'data.text'
    outputfilename= 'output.txt'
    output(inputfilename,outputfilename )
```

后　记

感谢每一位关心和关注中华优秀传统文化传承与发展这一永不褪色的时代议题的师友，正是你们的热情、求索与思考构成了本项研究的动力，也因为诸君的兴趣、支持与鞭策，这本小书不至于是对空言说。行笔至此，或许我可以暂时停下思考与追问的脚步，说说那些氤氲于书稿写作的日夜里、又难以着墨在正文中的只言片语和千思万绪。

本书受国家资助博士后研究人员计划（项目编号：GZC20241591）与中国传媒大学中央高校基本科研业务费专项资金资助（项目编号：CUC24BH12），同时系 2022 年国家社科基金年度重点项目“加快新型主流媒体国际传播能力建设研究”（项目编号：22AZD073）阶段性成果。本书以我的博士学位论文为蓝本，经过一系列后续研究的发展，以及对原有成果与观点的修改完善后最终面世，前后历时四年有余。

时代是思想之母，实践是埋论之源。我的博上导师曾祥敏教授时常勉励我们，做学问要格局打开，既要牢牢扎根祖国大地，又要紧紧跟进时代发展。传播学研究不应仅仅关注媒介发展之变革，更要与时代对话，为解决国家发展、社会进步中所出现的实际问题发挥作用。在导师的鼓励与指导下，2020 年起，我开始关注并思考如何以视听传播推动中华优秀传统文化创造性转化与创新性发展之问题。经过多年的持续观察、思考与写作，这逐渐发展为我的主要研究方向之一。当得知我选择中华优秀传统文化与视听传播研究作为博士学位论文选题时，曾老师给予了充分的认可和大力的支持。还记得 2022 年的论文写作期间，曾老师每月都会坚持找时间约我深谈一次，了解研究进度，提出修改建议。他开阔的学术眼界、严谨的治学态度与孜孜不倦的努力深深影响了我。

那么如何开展研究？在媒介与传播学领域，关于中华优秀传统文化弘扬与传承的研究方兴未艾，相关论文与专著如雨后春笋般不断涌现。越是热门的研究领域，越应注重新视角与新方法的价值。与此同时，必须承认的是，当前关于中华优秀传统文化与视听传播之研究的系统化、理论化程度仍有相当的提升空间。伴随着阅读的不断深入，一个更加“宏伟”的想法逐渐在我心中萌生，那就是搭建一个能够清晰认识与解释中华优秀传统文化视听传播活动的整体过程与各行动主体关系的分析框架。对于一个初出茅庐的青年学者，这无疑是一个巨大的挑战。

研究视角与方法的确立源于 2021 年我与捷克查理大学尼科·卡彭铁尔教授（Nico Carpentier）在布拉格老城广场的一次散步。2021 年末，我有幸以访问学者的身份来到捷克查理大学社会科学学院传播研究与新闻系，加入尼科·卡彭铁尔教授团队进行研究学习。彼时的布拉格尚处于新冠疫情防控管制之中，高校室内教学活动叫停，尼科与我约定，将我们每月定期举行的一对一学术研讨从办公室换到布拉格的街头巷尾，以现在年轻群体中较为流行的“city walk”的形式进行。作为布鲁塞尔话语理论小组的带头人，尼科致力于围绕话语分析研究前沿推动媒介与传播研究创新，同时，作为国际媒介与传播研究学会 (IAMCR) 前任主席和国际化学者，尼科的研究与全球南方发展紧密相关，并长期关注我国的媒介变革与社会文化发展。在一次老城广场边的散步中，我就当时在研的乡村短视频与网络亚文化课题向尼科请教，尼科建议从话语的角度来解读詹金斯提出的融合文化。亚文化社群对于某一媒介内容的不断模仿与再生产也代表着这一内容背后所蕴含的话语在这一特定范围内不断得到认同和巩固。尼科的回答开启了我对于话语的理论视角与分析方法的关注，经过近一年的理论准备后，我选择以话语实践与认同建构为切入点，研究中华优秀传统文化与视听传播的关系，充分结合我国新闻传播自主体系建设的成果，从话语视角重新定位研究选题，最终形成本书的基本分析体系。

在 2023 年博士毕业后，我有幸进入中国传媒大学博士后流动站工作。对于我一直以来推进的关于中华优秀传统文化与视听传播的研究，我的合作导师刘俊教授非常支持，从传媒艺术学的角度给予了许多宝贵的指导意见，并时常向我分享影视研究领域的前沿成果与理论探讨供学习参考。刘老师的指导与帮助，让我得以对书稿作进一步修改和完善，最终以现在的模样和各位读者、师友汇报交流。

本书力图开阔已有相关研究的视野，将主流媒体围绕中华优秀传统文化开展的视听传播活动重新理论化为一种主流话语实践，于国家叙事与个体话语的动态作用之中，挖掘、揭示该话语实践体系内部的运作机制与外部认同效应的生成机理，从而立足媒体深度融合“大视听”格局与文化认同多元化的语境，尝试回答如何对中华优秀传统文化保持“文化自觉”、自主能动地实现与中国特色社会主义新时代相适应的问题。总的来说，本研究的创新价值可主要归结为四点：第一，立足新时代中华优秀传统文化创造性转化与创新性发展，以及全媒体传播体系建设的新征程，以新观察、新思考及时回应国家与社会的重大关切；第二，通过媒介研究与话语分析、人工智能、定性比较分析等的学科交叉，进一步推动视听传播研究的“话语实践”转向，引入并发展有别于一般模式的阐释路径，为该领域中国特色、中国气派的知识体系的构建提供启发与参考；第三，注重强化学理品质与实证品格，进一步提升研究的系统性与逻辑性，以寻求填补中华优秀传统文化视听传播相关研究中的现存空白；第四，中华优秀传统文化内容也是近年来主流媒体在深入融合背景下的主要着力点。本研究亦将为媒体深度融合背景下新型主流媒体建设提供一定的创新思考与路径参考。

本书的出版得力于中国传媒大学的重点托举。中国传媒大学高度重视青年教师梯队的培养和发展，为青年教师科研创新、职业成长创造了良好的环境与广阔的平台。在此，感谢中国传媒大学科学研究处、人事处、电视学院对本研究提供的各项支持。

本书的出版离不开各位师友的提携与帮助。感谢中国传媒大学新闻传播学部学部长高晓虹教授对我科研教学与个人发展的关怀，电视学院程素琴老师对我刚刚开启的职业道路的教导与指引，涂凌波教授对本书提出的宝贵指导意见；感谢河北广播电视台制片人王鹏老师、高等教育出版社科技期刊中心编辑王孜老师、山西传媒学院史慧琴副教授在访谈调研与资料搜集工作上的热心帮助和积极协调。

特别感谢我的家人的理解和支持。因为本书的写作和工作的关系，惭愧这几年陪伴父母的日子屈指可数。他们在精神上给予我的宽慰和支持，是我前进的最大动力。

本书的出版并非力求为中华优秀传统文化视听传播研究提供一个完美答案，相反，我希望它能够成为一个新的出发点。在四年多的研究过程中，我深深感到中华优秀传统文化创造性转化与创新性发展这一研究富矿的深邃和魅力，更认识到话语的理论视角在视听传播与认同建构领域的现象阐释与知识生产潜力。这给了我一种“抬眸四顾乾坤阔，日月星辰任我攀”的畅快，也让我在研究与写作的每一点进展中饱尝“跬步江山即寥廓”的踏实与幸福。随着研究的深入，更多值得关注和思考的问题进入视野当中，如中华优秀传统文化视听内容的大众生产与传播、跨文化传播、中华优秀传统文化视听传播对于整个社会结构所发挥的功能等，这些问题点有待在后续研究中作进一步跟进。同时，我也清楚地知道，作为一种新的探索，研究注定会留下诸多不足与遗憾。真诚期待同行专家不吝赐教，就本研究的不足与未尽之处提出批评与建议。正如多元行动主体赋予中华优秀传统文化视听传播以生机与动能，多元探索、多种声音，才能共同构建、完善中华优秀传统文化视听传播研究的知识大厦，推动中华优秀传统文化的创造性转化与创新性发展。

2024 年 9 月于中国传媒大学